Lk z/409

HISTOIRE

DE

BRESSE ET DU BUGEY.

HISTOIRE

DE

BRESSE ET DU BUGEY,

A LAQUELLE ON A RÉUNI CELLE DU PAYS

DE GEX, DU FRANC-LYONNAIS ET DE LA DOMBE;

Par M. GACON, Curé de Bagé;

Abrégée et mise en ordre

Par M. DE LATEYSSONNIÈRE,

Membre de la Société d'Agriculture et d'Émulation du département de l'Ain.

A BOURG,

DE L'IMPRIMERIE DE P.-F. BOTTIER,

LIBRAIRE, IMPRIMEUR DU ROI.

1825.

EXTRAIT

DU

PROSPECTUS ET DE LA PRÉFACE

DE L'AUTEUR.

L'UTILITÉ des histoires particulières est généralement reconnue : chacune d'elles contribue à l'histoire générale d'une nation, en raison de l'importance des événemens qu'elle renferme; et même celle-ci ne pourrait être complète, si quelques-unes des premières restaient inconnues ou incomplètes.

Si cette observation est vraie pour toutes les provinces qui ont été successivement réunies au royaume de France, elle l'est encore plus pour celles qui, comme la Bresse et le Bugey, ont eu, pendant plusieurs siècles, une administration et des princes qui ne tenaient par aucun lien aux royaumes et aux empires qui les environnaient.

Guichenon est le premier qui ait publié une histoire de la Bresse et du Bugey. Cet auteur très-estimable a fait des recherches intéressantes; et on ne peut, sans ingratitude, lui refuser de la reconnaissance pour les excellens matériaux qu'il a laissés. On est cependant forcé de convenir, qu'il n'a pas donné au Public tout ce qu'il lui importait de savoir : son histoire de Dombe est restée manuscrite. Les faits historiques que cet écrivain nous a conservés, sont comme perdus dans l'immense nomenclature des généalogies qui remplissent son Ouvrage. Les nombreuses pièces justificatives qu'il y a insérées, offrent plus d'intérêt.

Nous avons pensé que nos compatriotes verraient avec satisfaction une nouvelle histoire de leur pays, qui contiendrait non-seulement tout ce que Guichenon a dit d'essentiel, mais encore tout ce qu'il a pu omettre d'intéressant, et tout ce qui s'est passé dans nos contrées depuis l'échange de 1601, époque où il termine sa narration, jusqu'en 1785. Il sera peut-être intéressant de voir se former, entre le royaume de France et l'empire d'Allemagne, les petits états dont les souverains ont donné pendant long-temps des lois à nos contrées. Ces princes jouissaient de l'autorité dans toute son étendue; ils traitaient d'égal à égal avec des princes voisins beaucoup plus puissans qu'eux, et ils conservèrent leur indépendance pendant plusieurs siècles.

Cependant, on doit en convenir, l'histoire d'une petite province ne peut offrir l'intérêt de celle d'un grand empire, où tous les événemens importans, tels que les révolutions, les guerres, les conquêtes, étonnent ou saisissent d'admiration par la grandeur des résultats. Mais nous éprouvons en lisant l'histoire de notre pays, une sorte d'intérêt qui nous est personnel, et qui augmente à mesure que les événemens se rapprochent de nous. Les lieux et les personnes qui sont mentionnés dans cette histoire, nous intéressent moins par leur célébrité que parce qu'ils nous appartiennent en quelque sorte.

L'époque la plus intéressante pour la Bresse et le Bugey, est celle de leur réunion à la France. Dès-lors ces provinces ont été à l'abri des changemens et des révolutions, si fréquentes dans les petits états. Leur bonheur a été plus assuré, et leur histoire particulière est devenue à-peu-près nulle. Nous avons joint à l'histoire de ces deux provinces, celle du pays de Gex et de la Dombe, qui a eu déjà ses historiens particuliers.

AVERTISSEMENT
DE L'ABRÉVIATEUR.

L'HISTOIRE DE BRESSE ET DU BUGEY, par M. *Gacon*, devait former trois volumes in-4.°; il en fit paraître le prospectus en 1786; l'impression en fut retardée, ensuite empêchée par les événemens survenus depuis cette époque. Les changemens amenés par ces événemens, ont diminué l'intérêt que pouvaient avoir quelques parties de l'Ouvrage de M. Gacon; ils en ont rendu d'autres inutiles. Ce n'était qu'en le réduisant considérablement, qu'on pouvait espérer de le faire accueillir par le Public. Nous allons donner une idée des retranchemens que nous avons faits :

M. Gacon, en donnant le texte des traités et conventions passés entre les petits princes qui gouvernaient nos contrées, a presque toujours donné une liste complète des seigneurs qui y avaient paru comme témoins. Presque toutes les anciennes familles étaient éteintes : cette nomenclature n'a plus aujourd'hui aucun intérêt, et nous l'avons supprimée. Il a inséré dans son Ouvrage, les textes latins des chartes et titres qui lui ont servi de matériaux pour le composer; en outre, il a transcrit presque entièrement des traités et donations faites aux monastères; il a donné le texte d'un grand nombre d'édits relatifs à la jurisprudence ancienne. Nous avons supprimé ou considérablement réduit tous ces objets ; nous avons aussi abrégé les discussions relatives à des lois qui sont abolies.

M. Gacon a inséré dans son Ouvrage, un grand nombre de faits étrangers à l'histoire de notre pays ; il s'est même cru obligé de donner un abrégé de l'*Histoire de France*, depuis 1601 jusqu'à 1785. Nous avons presque entièrement supprimé ces portions de son histoire, ainsi que les livres V et VI : ils contenaient une liste des hommes célèbres, nés dans la Bresse ou le Bugey; une notice sur quelques antiquités; le dénombrement des fiefs; une liste des arbres et plantes croissant spontanément dans le pays; un mémoire sur l'agriculture du pays, telle qu'on la faisait de son temps; une notice sur l'administration civile, religieuse et militaire de la province, et sur les usages et coutumes de sa jurisprudence. La nécessité de nous renfermer dans un petit nombre de pages, nous a forcé de supprimer cette partie de l'Ouvrage de M. Gacon.

Une autre raison nous y a déterminé. L'Administration a fait paraître, en 1808, la *Statistique du département de l'Ain*, en un volume in-4.°, de 700 pages. Cet Ouvrage contient tous les renseignemens que l'on peut désirer sur la topographie, la population, les mœurs et les usages des habitans, l'état de l'instruction publique, de l'Agriculture et du Commerce, à l'époque de sa publication. Le rédacteur a eu soin de rappeler, à chaque article, les changemens survenus depuis 1785 : cette Statistique renferme donc, et avec une plus grande exactitude, tous les faits qui sont l'objet des livres que nous avons supprimés dans l'Ouvrage de M. Gacon. Cet auteur avait fait un livre séparé, intitulé *Cartulaire* et *Annales du pays de Bresse et de Dombe*. Nous en avons extrait et inséré, dans le corps de l'Ouvrage, tous les faits qui nous ont paru de quelque intérêt; il en est quelques-uns qui paraissent indignes d'être rappelés dans une histoire: ce sont des ventes, échanges, donations de propriétés, qui sont souvent les seules preuves de l'existence de quelques-uns des souverains qui ont gouverné nos contrées; ces actes sont en même temps les seuls témoignages qui nous soient restés des mœurs et des usages du Moyen Age.

Il est probable qu'après la publication de cet Ouvrage, on nous fera apercevoir des erreurs et omissions faites par M. Gacon; nous recevrons avec plaisir les observations qui nous seront adressées à ce sujet, et nous les publierons dans un Supplément.

HISTOIRE
DE
BRESSE ET DU BUGEY,

A LAQUELLE ON A RÉUNI CELLE DU PAYS DE GEX, DU FRANC-LYONNAIS ET DE LA DOMBE.

LIVRE PREMIER.

ÉTAT DE LA BRESSE ET DU BUGEY,

DEPUIS LES GAULOIS JUSQU'AU MOYEN AGE.

Les contrées dont nous donnons l'histoire étaient, avant les Romains et sous leur empire, enclavées dans la partie des Gaules qu'on appelait Celtique. Selon Polybe, qui leur donne le nom d'*Insula gallica*, c'était une région ayant la forme du Delta d'Égypte, fertile en blé, comprise entre le Rhône et la Saône, et fermée d'un seul côté par des montagnes d'un accès difficile (le Mont Jura) : Tite-Live en fait la même description.

Lorsque Jules-César vint faire la conquête des Gaules, la Bresse était le pays des Sébusiens. Sous cette dénomination, qui était commune à d'autres contrées, on comprenait les Sébusiens proprement dits, qui occupaient la rive orientale de la Saône, c'est-à-dire, le pays appelé depuis la Dombe et la Bresse; les Ambarrois, situés plus à l'orient, qui occupaient une grande partie du Bugey, depuis Ambérieux jusqu'au Mont Jura; les Nantuates, qui ont laissé leur nom à la ville de Nantua, possédaient les environs de cette ville, et s'étendaient au-delà du Rhône dans le Chablais. Le pays de Gex, uni à celui de Vaux, dépendait des Helvétiens ou Suisses.

Quelques historiens, d'après un passage de Cicéron et un autre de Tite-Live, ont placé les Sébusiens dans le Bugey, et ont donné le nom d'Insubriens aux habitans de la Bresse.

Il est probable que ces peuples formaient plusieurs républiques, ayant chacune leur chef, leurs lois et leur administration particulière. Trop faibles pour résister aux entreprises des Séquanois et des Helvétiens, les Sébusiens et les Ambarrois s'étaient mis sous la protection des Eduens, dont la puissance pouvait les secourir. Les habitans du pays de Gex restèrent unis aux Helvétiens.

Pendant les dix années que César employa à la conquête des Gaules, les Sébusiens et les peuples voisins, alliés des Eduens, prirent, à l'instigation de ces derniers, parti tantôt pour César, tantôt contre lui. Il est probable qu'ils passèrent sous la domination romaine après la prise de la ville d'Alise, dans laquelle Vercingetorix et les principaux chefs des Gaulois s'étaient renfermés avec 80,000 hommes. Les

Romains donnèrent leurs lois, leurs mœurs, leur religion et leur langue à nos provinces; ils y établirent plusieurs colonies. L'idiome ou patois bressan a conservé beaucoup de mots latins, et quelques terminaisons particulières à cette langue. Les ruines et les inscriptions romaines, en plus grand nombre, ou plutôt mieux conservées dans le Bugey que dans la Bresse, confirment ce changement de mœurs et de langue que subirent nos contrées.

César, après la conquête des Gaules, les divisa en trois peuples : les Belges, les Aquitains et les Celtes. Les Sébusiens et leurs voisins dépendaient de ces derniers. Auguste changea cette division, et notre pays fit partie de la province appelée première Lyonnaise.

Les inscriptions et monumens romains trouvés dans la Bresse et le Bugey, prouvent que les peuples qui l'habitaient sous la domination romaine, avaient embrassé leur religion. Il est probable que la lumière de l'Évangile y fut apportée par St.-Irénée et les autres disciples de St.-Pothin, premier évêque de Lyon.

Quoique les historiens ne fassent aucune mention de nos provinces sous la domination romaine, il ne faut pas en conclure qu'elles aient joui d'une profonde tranquillité pendant tout ce temps. Elles durent être ravagées par les lieutenans de Vitellius, lorsqu'ils traversèrent la partie orientale des Gaules avec l'armée qui lui donna l'empire. Elles furent le théâtre de la guerre entre Albinus et Septime Sévère. Albinus perdit l'empire et la vie dans la bataille qu'il livra contre le dernier, dans une plaine à l'orient de Trévoux.

On trouve dans Olaues, évêque de Strigonie, le passage suivant : *Post hoce, Attila, trajecto Rheno, partá insigni victoriá, multas Sequanorum et Galliæ munitas urbes, opibus viribus quæ præstantes, inter quas Lixonium, Vesontionem, Matisconem, Lugdunum, etc., funditùs evertit.*

Il est probable que la Bresse et le Bugey souffrirent beaucoup de cette dévastation qui eut lieu en 452.

Vers l'an 408, les Bourguignons profitèrent de l'état d'anarchie et de faiblesse de l'empire romain. Gandisèle, leur roi, avec une armée de 80 mille hommes, s'empara de la Bourgogne et de la partie des Gaules comprise entre les Alpes, la Saône, le Rhône et la Méditerranée. Vienne fut la capitale de ce royaume. La Bresse et le Bugey formèrent une de ses provinces. Les quatre enfans de Gandisèle se disputèrent son héritage ; Gondebaud, l'un d'eux, fit rédiger, vers l'an 473, le Code appelé Loi Gombette ; elle eut pour objet de régler les jugemens, les successions, les donations, les châtimens, et d'adoucir le sort des anciens habitans qu'on appelait Romains. Elle est divisée en 89 titres, et fut souscrite par 32 comtes, tant Bourguignons que Romains.

L'article 1.er du chapitre 28 permit aux Romains de couper pour leur usage les bois morts qu'ils trouveraient dans les forêts. Le titre 44 fut rédigé à

Ambérieux en Bugey, où Gondebaud avait une maison royale; il est terminé par ces mots: *data Ambariaco in colloquio, sub die tertiâ non septem, Abieno, v. clar. consule.*

Gondebaud, après avoir fait périr ses trois frères, fut défait par Clovis, roi des Français, qui avait épousé Clotilde sa nièce. Gondebaud fut obligé de se retirer chez les Visigoths, en Espagne. Clovis s'empara de tout ce que les Bourguignons possédaient au-delà de la rive occidentale de la Saône, et laissa le reste à Sigismond et Godemar, enfans de Gondebaud. Il parait que le Roi des Français s'y réserva une espèce de supériorité, puisque son consentement fut jugé nécessaire pour la fondation du monastère d'*Agunnum* (St.-Maurice en Chablais) en 515.

Les enfans de Clovis se réunirent pour s'emparer du royaume de Bourgogne; Sigismond fait prisonnier par Clodomir, un des fils de Clovis, périt ainsi que ses enfans. Godemar, vaincu d'abord à Voiron et ensuite à Autun, malgré les secours de Théodoric, roi d'Italie, se réfugia en Afrique où il mourut. Ainsi finit, en 532, le premier royaume de Bourgogne.

La Bresse et le Bugey échurent en partage à Childebert, ensuite à Clotaire, ensuite à Gontran, un des quatre fils de ce dernier. Gontran fit bâtir dans la forêt de Bresse (*Saltus Brixius*) le monastère de St.-Marcel, pour les religieux de l'ordre de St.-Benoit. Ceci prouve que, dès ce temps-là, la province avait changé de nom, et que le nom de Bresse était donné à une étendue de pays beaucoup plus considérable qu'à présent.

Vers l'an 733 ou 734, Abdérame, chef des Sarrasins, se rendit maître de Lyon et des pays voisins. On présume qu'il étendit ses conquêtes le long de la Saône. Il y a près de Montmerle une colline appelée *Côte des Sarrasins*, et dans la paroisse de Crotet, près de Pontdeveyle, une espèce de chaussée pour garantir des inondations de la Saône, qui porte le nom d'*étourne des Sorrasins*.

La Bresse et le Bugey firent partie des états des Rois de la première race, et des premiers de la seconde.

Charlemagne releva de ses ruines l'abbaye de l'île Barbe qui avait été brûlée par les Sarrasins; il y envoya sa bibliothèque, avec le saint abbé Benoît d'Aniane, pour y faire fleurir les lettres et y rétablir la discipline.

En 842, Lothaire, qualifié d'*Empereur Auguste*, céda à Imon son vassal, en toute propriété, un mas endominiqué avec une chapelle située dans le territoire de Biziat, deux autres mas endominiqués entre Luponas et Vonnas, avec leur chapelle, et plusieurs autres mas avec leurs dépendances, c'est-à-dire, terres cultivées et incultes, vignes, prés, bois, pâturages, eaux, cours d'eaux, moulins, sorties et retours, avec tous les esclaves de l'un et de l'autre sexe qui en dépendaient. Les mas endominiqués étaient des seigneuries de franc-alleu qui ne devaient que la fidélité au prince. Ces inféodations, faites à des laïques, comprenaient les églises ou chapelles ainsi que les terres et dîmes qui en dépendaient, ce qui n'était pas rare dans ce temps-là.

Lothaire faisait alors la guerre à Charles le Chauve pour lui ôter le royaume de France; il n'est pas étonnant que, dans cette charte, il s'y donne le titre de Roi de France.

On voit par ce titre, choisi entre plusieurs autres de la même espèce, qu'avant la naissance du régime féodal, les cultivateurs étaient encore esclaves. Il faut remarquer que le mot moulins, mis au pluriel, n'indique pas ici des usines établies sur des cours d'eau, tels que nous les connaissons, mais des moulins à bras, immeubles par destination, dont chaque exploitation devait être munie.

En 848, Charles le Chauve céda à Riculfe, son fidèle vassal, pour en jouir à titre de propriété héréditaire, quatre coloniques situés à St.-Bénigne, pays de Lyon, quatre autres coloniques dans le lieu appelé Vallis (c'est Pontdevaux). Les dépendances en sont dénombrées dans les mêmes termes que dans la charte précédente.

Les enfans et les successeurs de Louis le Débonnaire se partagèrent plusieurs fois l'empire de Charlemagne; la Bresse et le Bugey firent alors partie tantôt du royaume de France, tantôt de l'empire.

En 877, Charles le Chauve, en revenant d'une expédition infructueuse en Italie, tomba malade en Bugey et fut enterré à Nantua.

En 879, pendant la minorité de Louis et Carloman, petits-fils de Charles le Chauve, Bozon, beau-frère de ce dernier, profita de la faiblesse du Gouvernement, et se fit sacrer roi à Vienne, après avoir obtenu l'approbation des seigneurs et archevêques des pays qu'il gouvernait déjà au nom de Louis et Carloman. Ce royaume comprenait la Franche-Comté, une partie de la Bourgogne, la Bresse et le Bugey, la Savoie, le Lyonnais, le Dauphiné et la Provence. Les deux rois de France mirent des troupes sur pied, l'année suivante, pour punir cette révolte ; ils entrèrent en Bourgogne et forcèrent Mâcon dont ils donnèrent le gouvernement à Bernard, surnommé Plante Velue, tige d'une longue suite de comtes qui ont possédé cette ville ; ils prirent ensuite Vienne, capitale du nouveau royaume. Il paraît que les irruptions des Normands empêchèrent les deux rois d'achever de soumettre Bozon ; ce dernier reprit Vienne, et il n'y eut que le Mâconnais et le Chalonnais qui restèrent sous la domination française.

Après la mort de Louis et Carloman, la faiblesse de Charles le Gros et ses malheurs causèrent dans le royaume la plus grande confusion.

En 888, Rodolphe, fils de Conrad, comte de Paris, s'empara de tout le pays situé entre les Alpes Pennines et le Mont Jura. Il se fit couronner roi à St.-Maurice, dans le Chablais. Le pays de Gex et l'extrémité orientale du Bugey firent partie du nouveau royaume qui reçut le nom de Bourgogne trans-jurane.

En 891, après la mort de Bozon, Louis, son fils, se fit confirmer dans la possession de la couronne, par le consentement des grands et des évêques, dans une assemblée qui se tint à Valence. Les évêques suivirent dans cette occasion les usages du temps; ils y étaient autorisés comme seigneurs temporels : en outre, par l'influence que leur ministère leur donnait sur les peuples, et par la négligence des chefs légitimes de l'Etat, qui oubliaient pour ainsi dire de gouverner leurs peuples. Louis ne se contenta pas du titre de roi de la Bourgogne cis-jurane; il voulut s'emparer du royaume de Lombardie, dont Berenger était en possession : après une guerre de quatre ans, Louis fut surpris par Berenger, qui lui fit crever les yeux. Les états du royaume d'Arles ou de Bourgogne furent administrés jusqu'à la mort de Louis par Hugues, comte de Provence, issu de Charlemagne par sa mère. Après la mort de Louis, les grands du royaume exclurent de sa succession Constantin, son fils; on lui laissa la principauté de Vienne. Ainsi finit le royaume d'Arles, 47 ans après sa formation.

Hugues et Rodolphe II se disputèrent le royaume d'Italie qui s'était révolté contre Berenger, tué dans une bataille contre ce dernier que les rebelles avaient appelé. Les deux rivaux firent un traité de paix : Hugues eut le royaume d'Italie, et il céda à son compétiteur la Bourgogne trans-jurane, en se réservant la jouissance pendant sa vie du comté d'Arles. Par suite de ce traité, la Bresse, le Bugey, et le pays de Gex passèrent sous la domination de Rodolphe, qui mourut en 936.

Son petit-fils, Rodolphe III, créa comte de Maurienne et de Savoie, Berold issu d'une maison de Saxe; il est la tige des comtes de Savoie. Rodolphe n'ayant point d'enfans, confirma par son testament la donation qu'il avait faite de tous ses états à Conrad dit le Salique, empereur, marié à sa nièce Gisèle. Après la mort de Rodolphe, en 1033, Eudes II, comte de Champagne, son neveu, voulut profiter de l'absence de Conrad, occupé à appaiser une révolte des Esclavons. Ce comte avait proposé à Rodolphe d'abdiquer et de lui céder ses états; l'oncle offensé avait privé de sa succession ce neveu qui s'empara de la Bourgogne cis-jurane, traversa le Jura et se disposait à soumettre l'Italie. Le retour de Conrad lui fit abandonner ses conquêtes; Eudes fut tué dans une bataille qu'il livra à son beau-frère, sous les murs de Bar, ville de Lorraine, et la Bourgogne cis-jurane resta à l'empereur d'Allemagne.

Henri III son fils, monta sur le trône en bas âge; occupé par des guerres malheureuses, il ne put pas même connaître le nombre et l'étendue des possessions que son père lui avait laissées : ce fut l'occasion d'une révolution générale dans ses états. Les seigneurs et commandans des provinces éloignées de sa résidence s'attribuèrent l'autorité souveraine. Humbert aux blanches mains, fils de Berold, comte de Maurienne, s'empara de la Savoie; Gerold usurpa le Genevois, le Faucigni et le pays de Gex. La Bresse et le Bugey furent divisés entre les sires de Baugé, de Coligny, de Villars, de Châtillon-les-Dombes, de Montluel, de Toire en Bugey, et d'autres moins puissans.

Les évêques de Belley, les abbés d'Ambronay, de Nantua et de St.-Rambert, devinrent princes temporels dans leurs possessions respectives. L'empire ou plutôt l'ancien royaume de Bourgogne avait conservé les frontières du Bugey, le long du Rhône, depuis Châtillon-de-Michaille jusqu'à Groslée.

Livre II.

ÉTAT DE LA BRESSE ET DU BUGEY,

SOUS DES SOUVERAINS PARTICULIERS.

Chapitre I.er

SIRERIE DE BAUGÉ.

Des cinq principautés qui se formèrent en Bresse, lors de la révolution qui unit à l'Empire le royaume des deux Bourgognes, la sirerie de Baugé fut une des plus considérables. Elle comprenait, du nord au midi, tout le pays qui s'étend depuis la Seille au-dessus de Cuisery, jusqu'à la Veyle, et de l'occident à l'orient, depuis la Saône jusqu'au pied du Revermont. La capitale de cet état était Baugé, ville agréablement située à une lieue de la Saône, à la hauteur de Mâcon.

Hugues ou Wigues est le premier seigneur de Baugé qui soit connu. Louis le Débonnaire lui donna en 830 l'abbaye de St.-Laurent, et la seigneurie de Baugé, en reconnaissance des services qu'il lui avait rendus. Hildebald, évêque de Mâcon, consentit à la cession de l'abbaye de St-Laurent. En 835, Louis le Débonnaire tint une grande assemblée où il assista avec ses fils Pepin et Louis, dans un lieu de la Bresse ou de la Dombe, appelé Stramiacus, probablement Tramoyes. Le titre de marquis était donné dans ce temps-là aux gouverneurs des marches ou frontières qu'ils étaient chargés de garantir de toute surprise : ce n'était dans le principe qu'une dignité temporaire. Par suite d'une longue possession, elle est devenue héréditaire ou affectée aux fiefs. Hugues mourut en 867.

Fromond, fils unique de Hugues, lui succéda. Il sut se maintenir dans son gouvernement au milieu des démembremens de la monarchie française. L'abbaye de Tournus fut fondée de son temps par Geilon, noble Breton : Charles le Chauve lui donna le coteau sur lequel est située la ville de Tournus ; le village de Biziat fut une des dépendances de cette abbaye ; ce village resta néanmoins sous la juridiction du sire de Baugé. Fromond mourut vers l'an 940.

En 927, Brou et ses environs étaient une solitude et une épaisse forêt ; une ancienne ville romaine, brûlée probablement par Attila, avait été bâtie en face de l'emplacement de cette église. On peut juger, par ce changement, de la dépopulation du pays, à la chûte de l'empire romain.

En 928, Bernon, évêque de Mâcon, donna à Albéric, comte de Mâcon, le village, l'église de Confrançon et tous les biens qui en dépendaient ; le comte de Mâcon donna en échange cinq coloniques ou domaines situés à Montgoin, paroisse de Garnerans, avec les appartenances, prés, bois, terres, eaux, et avec les esclaves qui habitaient et cultivaient ces domaines.

Hugues II, successeur de Fromond, étant en bas âge, Gérard, évêque de Mâcon, se fit donner par Louis d'Outremer, roi de France, une partie du territoire de Baugé, comme ayant été démembré de la mense épiscopale. Hugues refusa de céder ce territoire dont Gérard, muni de la concession du roi de France, demandait la restitution. Gérard fit passer la Saône à ses troupes, et ne pouvant s'emparer du château de St.-Laurent, plaça sa petite armée à l'entrée d'un bois appelé *Captivum Nemus*, depuis Bois Chétif ; (à présent changé en une belle prairie au midi de la levée). De là il incommodait les vassaux du sire de Baugé, qui, ayant eu le temps de rassembler ses troupes, fit repasser la Saône à son ennemi, le suivit dans sa retraite, s'empara de St-Clément et d'autres possessions de Gérard, à qui il ne restait au moment de sa mort que la ville de Mâcon.

Mainbold, successeur de Gérard, réclama la protection de Louis d'Outremer ; mais ce prince, qui avait signé peut-être un peu légèrement la charte présentée par Gérard, ne jugea pas à propos de se mêler de cette affaire.

Hugues, de son côté, venait de s'allier avec Albéric, comte de Mâcon, ennemi naturel de l'évêque; celui-ci avait le gouvernement intérieur de la ville, celui-là commandait dans la plus grande partie du Mâconnais : leurs possessions, mêlées les unes dans les autres, étaient une source continuelle de divisions.

Albéric et Hugues réunirent leurs troupes, investirent Mâcon, forcèrent la porte orientale, et l'enceinte du cloître de l'évêché. Le cloître, l'église de St.-Vincent, le palais de l'évêque et d'autres édifices furent brûlés : la perte la plus irréparable fut celle des archives de l'église. Mainbold avait pris la fuite, et ses affaires paraissaient désespérées, lorsque la mort d'Albéric changea l'état des choses. Son fils, Léotald, se réconcilia avec l'évêque, et menaça Hugues de se déclarer contre lui, s'il ne rendait la paix à l'église de Mâcon. On entra en négociation; et, par un traité conclu en 954, Hugues rendit à l'évêque de Mâcon toutes les conquêtes faites sur lui; et de plus, pour l'indemniser des dommages causés par l'incendie, Hugues lui céda le tiers du bois chétif : de son côté, l'évêque déclara tenir ce bois de la pure générosité du sire, qui fut qualifié de *sérénité* dans cet acte.

L'évêque de Mâcon fit confirmer cette donation par le pape Agapit : cette précaution était alors en usage. Les petits souverains, sans cesse aux prises les uns avec les autres, y avaient recours pour donner plus de force à leurs conventions : l'autorité sacrée était la seule qu'on respectât alors.

C'est à cette époque qu'il faut rapporter le commencement de la souveraineté des Sires de Baugé : nul hommage, nul correspondance, aucun acte de soumission ne les liaient aux Rois de Bourgogne. Hugues s'intitulait du nom de prince, de marquis, de comte par la grâce de Dieu; il signait toujours avant les comtes de Mâcon.

Hugues III, fils du précédent, eut encore des difficultés avec l'evêque de Mâcon, qui réclamait l'abbaye de St.-Laurent et d'autres droits. Prêts à en venir aux mains, les deux parties prirent le St.-Siége pour arbitre.

Le pape adjugea l'abbaye de St.-Laurent à Théotlème, évêque de Mâcon, qui, de son côté, se désista de tous ses droits et prétentions sur la seigneurie de Baugé. Dans ces temps-là, chaque année, le jour de la fête de St.-Vincent (à Mâcon), les sires de Baugé présentaient à l'offrande une maille d'or et un bouclier de cire du poids de 72 livres environ ; ou plutôt, suivant Guichenon, 72 livres de cire offertes dans un bouclier : il est possible que ce nom fut donné, dans ce temps-là, à une espèce de corbeille. Les historiens de Mâcon ont prétendu y reconnaître une marque de vassalité des sires de Baugé envers les évêques de Mâcon. Il est plus probable que c'était un hommage spirituel par lequel on reconnaissait un saint pour protecteur, ce qui n'entraînait aucune obligation féodale. Cet acte de dévotion était alors en usage.

En 942, Hugues, sire de Baugé, donna à l'abbé de Cluni un esclave, nommé Ermengarde, avec ses enfans qui étaient de sa terre de Romans.

En 945, un seigneur, nommé Agrin, et sa femme Eldegarde « craignant le jugement à venir et la ruine » du siècle présent, pour la rémission de leurs pé» chés, pour le salut de leurs ancêtres, de leurs enfans, » et de leur oncle Agrin, qui avait été évêque, » donnèrent à l'abbé de Cluni l'église de Farens, dédiée à la sainte Vierge, avec le presbytère et les dîmes qui lui appartenaient, et les terres, vignes, prés, les esclaves et toutes autres dépendances.

La même année, Léotald, comte de Mâcon, et Berthe, sa femme, donnèrent au même abbé un alleu qui leur appartenait, sis au comté de Lyon, territoire de Peyzieux, village de Montceau, avec l'église dédiée à la Vierge, les vignes, prés, terres, esclaves, et moulins qui en dépendaient.

La même année, l'empereur Conrad, à la prière du comte Hugues, son parent, donna à cette abbaye l'église et le village de Boulignieu, et le village de Thoissey, avec les terres, vignes, prés, bois, pâturages, eaux, cours d'eaux, et les esclaves qui en dépendaient. L'abbbé de Cluni fit confirmer cette donation par Louis d'Outremer, roi de France : ce qui prouve que l'on ne savait pas, dans ce temps-là, bien précisément quel était le souverain légitime de nos contrées.

En 945, un nommé Sicher se donna lui-même et sa tête à l'abbaye, parce qu'il avait tué un esclave qui en dépendait, en sorte, dit la charte, qu'il n'aurait plus le pouvoir d'aller et de venir sans le consentement de l'abbé et de ses religieux : cela était une conséquence des lois anciennes, qui voulaient qu'un esclave tué fût remplacé par le meurtrier, lorsque celui-ci ne le pouvait autrement.

En 947, Louis d'Outremer donna à la même abbaye divers villages, parmi lesquels se trouvent ceux d'Aisne, et d'Ozan en Bresse.

Le seigneur, de ces temps-là, devait un repas à l'emphytéote, le jour qu'il lui apportait ses servis; et cette obligation était si réelle que, lorsqu'il fut question de s'en exempter, on fut obligé de stipuler cette exemption dans les actes postérieurs.

Hugues III mourut en 970. Lambert, son fils, lui succéda, vécut en paix avec ses voisins, et mourut en 979.

En 970, l'abbé de Cluni donna en bénéfice ou bail à vie, sous un certain cens, à un nommé Aimin, la moitié de l'église et du presbytère de Chandé, avec ses dépendances. Aimin, en échange, donna à l'abbaye, pour n'en jouir qu'après sa mort, une terre qu'il avait au village de Thoissey.

En 973, l'abbé de Cluni donna à un homme noble, appelé Hugues, et à sa femme Ailmode, la paroisse d'Ambérieu; en sorte, néanmoins, que si leur fils se mariait et avait des enfans légitimes, son aîné en jouirait pendant sa vie seulement. L'abbé se réserva l'église sous le vocable de St.-Maurice, le presbytère, les dîmes qui en dépendaient, et un esclave, nommé Rainilde, avec ses enfans.

En 975, un nommé Koelène donna à la même abbaye ce qu'il possédait au territoire de Chaveyriat, et, en outre, l'église sous le vocable de St.-Jean-Baptiste, les dîmes et autres dépendances; il les tenait par précepte ou don du roi : cette inféodation qui lui en avait été faite était ce qu'on appelait un fief endominiqué.

En 984, l'abbé de Cluni, pour mieux s'assurer de la possession des objets cédés par Koelène, se fit donner, par l'archevêque de Lyon, l'église et l'autel de Chaveyriat.

J'omets plusieurs autres actes de la même espèce.

Hugues IV, fils d'Hugues III, sire de Baugé, lui succéda. On ignore l'année de sa mort.

En 998, le roi Rodolphe étant à Payerne en Suisse, confirma à l'abbé de Cluni tout ce qui lui avait été concédé pas ses prédécesseurs, à savoir dans le comté de Lyon, Thoissey, Ambérieu, Savignieu, Boulignieu, l'hoirie de Guy, archevêque de Lyon, ainsi que les églises de Chaveyriat et de Romans, Fareins, Ouroux, etc.

Vers l'an 1000, l'évêque de Mâcon reçut d'un nommé Radulphe, ecclésiastique, ce qu'il avait dans le mandement de Romenay, et spécialement les fonds que ses ancêtres avaient injustement achetés des serfs dépendant de l'église ; l'évêque laissa à Radulphe la jouissance de ce qu'il possédait à Curciat et à Montagnat.

Rodolphe, qu'on donne pour successeur à Hugues IV, gouvernait en 1015. Il est le premier qui ait pris la qualité de seigneur de Baugé et de Bresse.

Vers l'an 1020, l'abbaye de Cluni se plaignit au pape, Benoît VIII, de ce que plusieurs seigneurs reprenaient les biens que leurs ancêtres, leurs parens ou leurs vassaux, avaient donnés à cette église. Le pape ordonna à l'archevêque de Lyon et à d'autres évêques d'excommunier les seigneurs qui ne restitueraient pas. Guichard II, de Beaujeu ; Bernard de Riottier, et Hugues de Montpara, nommés dans la bulle, restituèrent.

Vers l'an 1022, la famine fut générale en Europe et si cruelle en France qu'on fit du pain avec de la terre blanche, mêlée d'un peu de farine et de son ; on déterrait les morts pour les manger ; d'autres dévorèrent leurs enfans : la contagion qui suivit fut si forte que les malades étaient sans secours et les morts sans sépulture.

Vers l'an 1040, Tetza, épouse de Varulfe, donna à l'abbé de Cluni un esclave appelé Durand, qui était clerc, c'est-à-dire instruit aux bonnes lettres. Elle l'affranchit dès ce jour de sa servitude et de celle de ses parens, voulant le rendre si libre qu'il ne fût obligé de servir aucun mortel, si ce n'est Dieu et les moines de Cluni, à condition toutefois que les supérieurs de l'abbaye l'aimeraient pour l'amour et en l'honneur de Dieu, et qu'ils le protégeraient pendant toute sa vie.

Dans une charte de 1033, datée du règne de Robert, roi de France, Ganslin, évêque de Mâcon, confirme Rodolphe et ses successeurs dans la possession de l'abbaye de St.-Laurent, y ajoute le don de quelques mex dans la paroisse de Chigé, avec un emplacement dans la ville de Mâcon, assez considérable pour loger le sire de Baugé et sa suite. Cette charte fait soupçonner l'existence de traités antérieurs qui ne sont pas parvenus jusqu'à nous. Rodolphe mourut la même année.

Renaud son fils lui succéda. Peu de temps avant la mort de Rodolphe III, une armée de Sarrasins débarqua en Provence, et après l'avoir ravagée, menaçait les provinces voisines. Berold, premier comte de Maurienne et de Savoie, invita tous les seigneurs voisins à se réunir à lui pour les repousser. Renaud lui envoya 2,000 hommes commandés par le seigneur de Varambon de la Palu, son vassal. Aidé de ces alliés et d'autres troupes que le danger commun réunit à lui, Berold attaqua les Barbares au pied de la montagne de Maure en Provence, les tailla en pièces et obligea les débris de leur armée à repasser la mer, non sans beaucoup de perte de son côté. Les soldats bressans l'aidèrent ensuite à soumettre Mainfroy, marquis de Saluces. Dans l'épitaphe de Berold, qui se voyait au monastère de St.-Honorat, près d'Arles, il se glorifiait d'avoir eu les Bressans pour compagnons de ses victoires. Renaud mourut en 1072.

Ulrich I.er, son fils aîné, lui succéda. Un titre de l'abbaye de Tournus, de 1075, nous apprend qu'il dota l'église de St.-André de Baugé de plusieurs mas ou métairies, et que Pierre, abbé de Tournus, son parent, y envoya plusieurs de ses religieux pour desservir les paroisses voisines.

C'est à ce temps que l'on doit rapporter l'établissement des arrières fiefs dans nos contrées. Du moins cette charte est la plus ancienne de celles où on trouve des noms de possesseurs de fiefs sous-inféodés. Il est probable que le premier essai que les sires de Baugé et leurs voisins firent de leur indépendance, fut de s'attacher des vassaux considérables par ces sous-inféodations. Ulrich mourut en 1075.

Josserand ou Gaulseran, son frère, lui succéda. Les guerres que les seigneurs se faisaient entre eux étaient, dans ces temps-là, très-fréquentes et désolaient les campagnes ; il s'y répandait de temps en temps des troupes de brigands. Les habitans de la campagne, trop souvent exposés à ces dégâts, étaient obligés, ou de se réfugier dans l'enceinte des châteaux pour se mettre en lieu de sûreté, de là le droit de fortification ; ou de se procurer l'assistance du seigneur pour garantir ses héritages du pillage, de là le droit de garde. Les habitans choisissaient ordinairement le seigneur de qui ils relevaient pour protecteur ;

mais s'il était trop faible ou trop éloigné pour pouvoir les secourir, ils s'adressaient à un autre.

En 1103, Humbert de Châtillon prétendait des droits sur la justice de Chaveyriat, et d'autres droits ou coutumes. L'abbé de Cluni soutenait que Berard de Luscis, beau-père d'Humbert, les avait cédés à ce monastère. De l'avis de Berard de Sandrans, homme prudent et âgé, qui attesta avoir ouï dire au seigneur de Luscis qu'il avait abandonné aux moines ces *mauvaises* coutumes et exactions, et cédé de plus *un repas* qu'il avait droit d'exiger à Chaveyriat, et qu'il ne s'y était réservé que la garde et justice des malfaiteurs, il y eut un traité dans lequel Humbert se désista de ses prétentions, et il y fut convenu que l'amende qui serait prononcée par ses officiers contre les malfaiteurs serait partagée entre l'obédiencier et le seigneur.

Londri, évêque de Mâcon, avait, dans le village de Mons, la plus grande partie de la seigneurie directe; il prétendit que les habitans ne devaient le droit de garde au sire de Baugé que par manière d'indemnité, seulement dans les années où le sire se serait employé à garder les habitans de ce village. Josserand lui opposait une longue possession et l'usage de ces temps-là. Le différend intéressant l'église, le pape fut pris pour arbitre. Josserand prévint la décision de son légat, et céda au bienheureux St-Vincent, pour le salut de son âme et des siens, tous les droits bien ou mal fondés dont il était en possession dans le village de Mons ; et il s'engagea en outre à protéger l'église de St.-Vincent sans aucune rétribution. Quelque temps avant cette cession, il avait fait venir des religieux de Cluni pour desservir l'église de St.-Laurent, et avait cédé à l'abbaye de Cluni quelques propriétés dans le Mâconnais, et d'autres aux villages de Saint-Laurent, Vesines et Asnières. Les religieux donnèrent ces possessions éloignées à bail emphytéotique. Josserand fut choisi pour médiateur entre Hugues, abbé de Cluni et de Nantua, et Didier, abbé d'Ambournay. Il mourut en 1110.

Ulrich ou Odalrich, un de ses fils, lui succéda. Son père lui avait, avant sa mort, cédé le gouvernement de la sirerie, ce qui est prouvé par la ratification qu'il fit en 1108, de la cession relative au village de Mons, faite par son père au chapitre de St.-Vincent : cette ratification eut lieu à Mâcon entre les mains du même légat du pape, et en présence de beaucoup de seigneurs.

Artaud, doyen de l'église de Saint-Vincent, avait donné à son chapitre la paroisse de Fleyriac, en Bresse. Ulrich, prétendit qu'un bien qui venait de sa famille, et sur lequel il avait conservé des droits de suzeraineté, ne pouvait être aliéné sans son consentement. L'église opposait le droit qu'elle avait alors d'affranchir ses acquisitions ; un traité de 1118 termina cette contestation. Les chanoines payèrent à Ulrich 300 sols, monnaie de Mâcon, pour l'indemniser de la perte du domaine situé sur cette paroisse, dont il se réserva la souveraineté.

Vers l'an 1100, Bérard, étant évêque de Mâcon, un nommé Rainfroy avait défriché une partie de la forêt de Montgoin, paroisse de Garnerans; il y avait fait construire des maisons, et il voulait s'attribuer l'allodialité de ces terres qui avaient été forêt, et la propriété des hommes qui habitaient ces maisons. L'église de Mâcon lui produisit des titres qui prouvèrent que cette forêt dépendait de la censive de St.-Vincent. Rainfroy se départit de ses prétentions, et l'église de St.-Vincent l'exempta du droit qu'elle avait de lever le quart sur les vignes qu'il avait plantées; elle l'établit garde de ses forêts dans ce canton : cette transaction prouve la faiblesse de la population à cette époque, ce qui est confirmé par la facilité avec laquelle les grands propriétaires et les souverains concédaient, moyennant de modiques redevances, ou même gratuitement, de grandes étendues de terrain. Cette censive avait été rachetée par le premier comte de Garnerans, moyennant une rente de 180 liv.

Ce même Bérard se fit restituer, en vertu d'anciennes chartes, le tiers d'une forêt située entre la Veyle et le bois de défense du sire de Baugé.

Quelques années après, Beraud de Châtillon engagea Ulrich, ainsi qu'un grand nombre de seigneurs, à l'accompagner dans un voyage à la Terre-Sainte. Avant son départ, Ulrich céda, en 1120, aux monastères de St.-Vincent et de St.-Pierre, les dîmes qu'il possédait dans plusieurs paroisses de la Bresse, Marsonnas, St.-Didier-d'Aussiat et autres : cette concession coûta aux religieux 50 sols de Lyon.

Ces monastères envoyaient des religieux pour desservir les paroisses dont on leur abandonnait les dîmes, toutefois sous l'approbation de l'évêque diocésain. Par la suite des temps, lorsque le nombre des prêtres séculiers fut augmenté, les religieux restèrent dans leurs cloîtres, et confièrent aux séculiers le soin de ces paroisses, moyennant une portion congrue; ils se réservèrent, en outre, le droit de présentation à ces bénéfices qu'ils avaient autrefois desservis.

Les religieux avaient encore le droit de discipline et de correction sur ceux qu'ils avaient préposés à la culture de leurs terres : ce droit fut appelé justice volante, parce que, n'étant point affecté à un territoire particulier, les officiers qui l'exerçaient, appelés blayers, messiers ou servans, faisaient des visites sur les héritages de leur dépendance, et infligeaient des amendes pour les mésus et dégâts, qui étaient les délits dont ils avaient droit de connaître. Les sires et seigneurs exerçaient les autres droits de souveraineté : ces concessions avaient plus ou moins d'étendue, suivant les intentions du donateur.

Ulrich, avant de partir pour la Terre-Sainte, confia le gouvernement de ses états à Alix de Savoie, son épouse, et à Ulrich, son fils aîné. Le séjour de son père dans la Palestine ne fut pas long. A son retour, il accomplit la résolution qu'il avait formée de se faire religieux : il passa le reste de ses jours dans le monastère de Brou, et mourut en réputation de sainteté, en 1125.

Son fils aîné était mort avant lui ; Renaud II, son second fils, lui succéda. Il eut quelques difficultés avec l'évêque de Mâcon, au sujet de certains droits que ses prédécesseurs s'étaient réservés, tant sur le village de Mons que sur d'autres. Par un traité conclu en 1149, ratifié par la femme et les deux fils de Renaud, et cautionné des deux côtés, suivant l'usage du temps, par un grand nombre de seigneurs bressans et mâconnais, Renaud céda ses droits, en litige, moyennant mille sols de Mâcon pour lui, et deux marcs d'argent pour sa femme et ses fils. Il contracta même une alliance avec l'évêque de Mâcon, qui fut bientôt dans le cas d'en profiter.

Guy, comte du Mâconnais, dit l'Enchaîné, et Gérard, son fils, ravagèrent les terres de l'évêque, et vinrent l'assiéger dans son palais. Il réclama le secours de Renaud. Celui-ci fit passer la Saône à ses troupes, dispersa celles du comte de Mâcon, et le força à demander la paix. Le sire de Baugé en rédigea les articles en 1152. Cette petite guerre fut la source de l'animosité qui éclata bientôt entre les comtes de Mâcon et les sires de Baugé.

Renaud III, second fils du précédent, lui succéda en 1153. Gérard, comte du Mâconnais, s'allia avec Humbert, sire de Beaujeu, Guichard, archevêque de Lyon, et d'autres seigneurs. Leur projet était de s'emparer de la sirerie de Baugé et des biens de l'évêque de Mâcon, qui était alors Etienne, oncle de Renaud III. Le sire de Beaujeu et les Lyonnais passèrent la Saône, défirent un petit corps d'armée que le sire de Baugé avait envoyé pour s'opposer à leur passage; Ulrich, son fils, qui le commandait, fut fait prisonnier. Un autre corps de troupes, que Renaud avait envoyé pour s'opposer aux ravages du comte de Mâconnais, fut également défait, et il se vit sur le point d'être assiégé dans son château de Baugé. Dans cette extrémité, il écrivit à Louis le jeune, Roi de France, dont il était parent éloigné, une lettre pressante pour implorer son secours et se faire rendre son fils. Louis écrivit au sire de Beaujeu, qui ne lui fit point de réponse: cependant les hostilités cessèrent. Renaud écrivit une seconde fois au Roi de France: dans ces deux lettres, écrites en latin, et dont le texte a été conservé, le sire de Baugé offre de rembourser au Roi les frais de cette guerre, et même de lui faire hommage de ses places et châteaux, qui ne relevaient de personne.

L'évêque de Mâcon, dont les terres étaient ravagées par les mêmes ennemis, et l'abbé de Cluni, qui était aussi en guerre avec le comte de Châlons, firent entendre les mêmes plaintes. Le Roi, ayant égard à leurs prières, envoya à leur secours Philippe, son fils. A son approche, les églises de Mâcon et de Cluni recouvrèrent leurs biens, et Renaud, ses états et la liberté de son fils. Le sire de Baugé venait de se liguer avec Guerin de Coligny, et les deux Archambaud de Bourbon, ses cousins, ce qui put faciliter l'effet du secours du roi de France.

Renaud donna à la chartreuse de Montmerle le bois des Franchises, et à celle de Seillon, la forêt du même nom. La chartreuse de Montmerle, élevée sur les débris d'un couvent de Bénédictins, avait été fondée par Humbert et Roland d'Asnières, seigneurs de St.-Julien. Renaud III mourut en 1180.

Ulrich, son fils aîné, lui succéda.

Les sires de Beaujeu et le comte de Mâcon, conservant leur animosité contre l'évêque de cette ville, essayèrent de détacher Ulrich de son alliance; ils y réussirent contre toutes les apparences : l'alliance que son père avait conclue avec le sire de Coligny et les Archambaud de Bourbon, le respect qu'il devait à l'évêque, qui était son grand oncle, ne purent l'arrêter; et, par des motifs que les chroniques du temps n'ont pas fait connaître, il réunit ses troupes à celles des ennemis de l'évêque de Mâcon. Celui-ci eut recours au roi de France : la lettre qu'il lui écrivit nous apprend que, bloqué depuis deux ans dans son palais épiscopal, et manquant de tout, il s'en était échappé et s'était retiré à Lyon. Louis eut égard à ses supplications; il s'avança jusqu'à Vinzelle avec une petite armée, la ligue se dissipa. Humbert de Beaujeu, et Guillaume, comte de Mâcon, vinrent prêter foi et hommage au Roi, et promettre de réparer tous les dommages causés à l'évêque, et d'entretenir la paix avec lui. Louis ne promit, à l'égard du sire de Baugé, que de faire tout ce qui dépendait de lui dans cette occasion: il est probable qu'il céda aux invitations du Roi. Ulrich fit une donation considérable aux chartreux de Seillon; cette concession, faite pour le salut de son âme et de ceux de sa lignée (c'était alors la formule en usage pour motiver ces donations), est datée de l'année qui suivit la prise de Jérusalem par Saladin.

Des brigands se répandirent dans la France et dans les pays voisins; ils dévastaient, de préférence, les terres des églises, parce que leurs propriétaires étaient moins en état de les défendre. C'est ce qui engagea le chapitre de St.-Pierre à Mâcon, pour mettre à couvert ce qu'il possédait dans la sirerie de Baugé, à céder, en 1208, à ce prince, la moitié des revenus et de la justice de Marsonnas. Les droits du chapitre sur St.-Martin-le-Châtel, Longchamp et Curtes, furent donnés de la même manière au successeur d'Ulrich, à charge néanmoins d'un hommage spirituel. Il fut stipulé qu'il prendrait les armes pour défendre les possessions des religieux, lorsqu'elles seraient menacées, sans autre indemnité que les fourrages.

Le sire de Baugé avait, en 1204, donné, du consentement de Guy, son fils, la moitié du grand étang de Loèse, près de Baugé, aux chevaliers du temple.

Il ne paraît pas qu'avant le règne d'Ulrich, la sirerie de Baugé eût été démembrée pour former un patrimoine aux cadets de la maison: on s'était borné à en engager quelques parties pour payer les sommes données à titre d'héritage.

Ulrich, dérogeant à cet usage, donna la seigneurie de St.-Trivier à Renaud, son frère cadet. Ulrich avait eu, d'Alix de Châlons, sa première femme, Guy, seigneur de Miribel, qui mourut avant son père à la Terre sainte. Il eut, d'Alexandrine de Vienne, sa seconde femme, Renaud, Hugues, seigneur de St.-Trivier, et Béatrix, mariée à Amé de Genève et Gex. Ulrich vécut jusqu'en 1220.

Guy, son fils aîné, n'avait laissé qu'une fille; Renaud IV, fils aîné du second lit, succéda à son exclusion.

Jamais la sirerie de Baugé n'eut des limites si étroites que dans ce temps. Miribel, qu'Ulrich III avait réuni à sa sirerie par son mariage avec Alix de Châlons, passa à Guy, son fils, à titre d'apanage. Marguerite, fille de celui-ci, en épousant Humbert V, sire de Beaujeu, se la constitua en dot avec 1,000 livres fortes. La ville de Bourg, alors peu considérable, appartenait à Alexandrine de Vienne, veuve d'Ulrich IV; elle en jouissait à titre de douaire, sous le titre de comtesse de Bourg. Hugues, seigneur de St.-Trivier, par son attachement au duc de Bourgogne (c'était Hugues IV) en obtint, sous hommage simple, l'inféodation des seigneuries de Cuisery et Sagy, qui prirent depuis ce temps-là le nom de Bresse Châlonnaise. Le titre d'inféodation portait que jamais ces deux terres ne pourraient être aliénées, et que la garde de Cuisery serait remise au duc de Bourgogne, seigneur suzerain lorsqu'il en aurait besoin; les ducs de Bourgogne négligèrent l'exercice de leurs droits sur ces deux seigneuries, et ils finirent par être presqu'oubliés.

En 1228, Renaud épousa Sibille, sœur d'Humbert V, sire de Beaujeu : elle lui porta en dot la ville de Châtillon avec ses appartenances, l'hommage d'Aimé de Coligny, 40 livres de rente et 500 marcs d'argent payables en trois ans.

Depuis la concession faite par Charles le Chauve, l'abbaye de Tournus tenait, dans l'obédience de Biziat en Bresse, quelques religieux, soit pour la desserte du bénéfice, soit pour avoir soin du temporel. Le prieur qui était à leur tête y exerçait la justice sur ses hommes et ses terres, et avait en conséquence ses officiers. D'un autre côté, le sire de Baugé, dont les ancêtres avaient conservé des droits de souveraineté sur ce village, y avait ses gens de justice, son chassipol ou huissier, et de plus, le droit de garde sur une grande partie du prieuré. On contesta longtemps pour fixer au juste des droits si mélangés. La piété du sire, l'emportant sur ses intérêts, en convint, en 1232, 1.º que le sire, au lieu de chassipol, n'aurait, à Biziat, qu'un receveur à qui on paierait une taille de 26 livres, monnaie de mâcon, pour son droit de garde; 2.º que ce droit ne se lèverait point sur ceux sur qui l'abbé avait le droit de justice et de correction; 3.º que l'abbé exercerait la justice, mais qu'il ne connaitrait ni du vol, ni de l'homicide, ni de l'adultère, que lorsque les coupables seraient pris en flagrant délit; 4.º que dans le cas où il n'y aurait qu'une simple accusation formée, le préposé du sire ne pourrait arrêter le coupable que s'il refusait de donner caution de se présenter à toutes réquisitions; qu'alors l'instruction du procès se ferait, de concert, par les officiers du sire et de l'abbé; 5.º que la peine qui leur serait infligée serait prononcée par les premiers; 6.º que l'adultère serait toujours puni par l'amende de 60 sous; 7.º que lorsque les officiers du sire et le prieur de Biziat ne s'accorderaient pas sur le genre de peine, on en réfèrerait au sire et à l'abbé qui jugeraient selon la coutume de Baugé; 8.º que le sire n'aurait l'amende que lorsque le délit serait commis par un de ceux qui lui devaient la taille; 9.º que ces derniers seraient aussi sujets aux corvées, chevauchées, et au paiement de deux poules par feu; 10.º que le sire ne lèverait aucun tribut sur le chanvre et sur le lin; 11.º qu'en dédommagement de ce sacrifice, l'abbé paierait au sire 25 moitiés d'avoine, mesure de Baugé, à prendre sur tous les hommes de Biziat indistinctement.

Le sire de Baugé était devenu possesseur de Saint-Trivier, Cuisery et Sagy, par la mort d'Hugues de St.-Trivier, son frère. En 1237, les officiers de l'abbé de Tournus se permirent des actes de violence à Cuisery. Renaud n'ayant pu obtenir satisfaction de l'abbé, entra à main armée sur le territoire de Tournus, ravagea quelques villages et emmena quelques prisonniers et du butin. Berard, abbé de Tournus, appela à son secours les sires de Beaujeu et de Brancion, qui, au lieu de prendre les armes, offrirent leur médiation qui fut acceptée. Ils déterminèrent le sire de Baugé à donner la liberté à tous les prisonniers, sans rien exiger pour la dépense qu'ils auraient faite; à rendre tout ce dont il s'était emparé, et à payer 500 marcs d'argent en divers termes qui furent fixés. Le sire de Baugé promit en outre d'engager le duc de Bourgogne à ne demander de son côté aucune satisfaction comme suzerain de Cuisery. Le traité fut juré de son côté par quatre chevaliers et un damoiseau, qui offrirent de se rendre en ôtage à Mâcon en cas d'inexécution de ce traité.

Le sire de Baugé ayant emprunté 360 sous, monnaie de Mâcon, d'un riche bourgeois de Belleville, et l'évêque ayant été caution du sire, ce dernier lui assigna pour sûreté le château de St.-Trivier, s'obligeant de lui en faire hommage tout le temps qu'il resterait engagé, ce qui eut lieu en 1237.

Quelques années après, Seguin, évêque de Mâcon, ressuscita toutes les prétentions de ses prédécesseurs, relatives aux possessions de l'église de Mâcon dans la Bresse. Philippe de Savoie, archevêque de Lyon, fut choisi pour arbitre, et la terre de Romenay fut adjugée en 1249 à l'évêque de Mâcon, pour lui tenir lieu des objets qu'il réclamait; il obtint de plus 800 livres pour les jouissances antérieures de ces objets. Le château de St.-Trivier fut remis entre les mains de Philippe, jusqu'à l'entier remboursement de la somme.

Renaud fit son testament la même année, donna 200 livres aux chartreux de Montmerle pour leur aider à bâtir leurs cellules; il s'embarqua ensuite pour la Terre-Sainte, lors de la première croisade de St.-Louis : il y périt. Sibille, son épouse, sœur d'Humbert de Beaujeu, se remaria à Pierre Gros, seigneur de Brancion.

Le comté du Mâconnais finit dans ce temps-là. Guillaume IV, dernier comte de Mâcon, mourut en 1223; Gérard son fils, mort avant lui, laissa une fille unique nommée Alix, qui porta en dot le comté du Mâconnais à Jean de Dreux, qui mourut en 1239 dans un voyage à la Terre-Sainte; sa veuve n'ayant point d'enfans, vendit, en 1245, ce comté à Saint-Louis, roi de France, moyennant 10,000 livres, et mille livres de rente.

Renaud, en partant pour la Terre-Sainte, n'avait point pourvu au gouvernement de ses états et de sa nombreuse famille : dès qu'on eut appris sa mort, Philippe de Savoie, archevêque de Lyon, allié de sa famille, se chargea de l'un et de l'autre, et confia l'éducation des deux fils aînés, Guy, qui succéda à son père, et Renaud, à Berard de Lyonnières, un des principaux seigneurs de la sirerie. Pendant leur minorité, l'archevêque de Lyon affranchit les serfs de Baugé au nom des deux princes. Voici un extrait de cette charte, qui a servi de modèle à toutes celles qui l'ont suivie dans notre pays.

La ville de Baugé jouira de la liberté dans l'étendue du territoire qui s'y trouve fixé ; les sires n'y pourront prétendre d'autres droits que ceux ci-après réservés : chaque maison continuera à payer quatre deniers annuellement par toise de sa superficie; le prince aura trois sous pour livre du prix de l'aliénation des immeubles, de quelqu'espèce que ce soit; les bourgeois de Baugé seront obligés de le suivre à la guerre, à leurs frais, pendant trois jours, par eux ou par leurs représentans. Les délits seront punis de la manière suivante : Celui qui aura donné un coup de poing payera une amende de trois sous, monnaie de Mâcon; un soufflet, 5 sous; un coup de poing, de bâton ou de pierre, lorsqu'il y aura effusion de sang, sera puni d'une amende de 60 sous si la blessure est considérable, et de 7 sous si elle ne l'est pas. L'homme et la femme convaincus d'adultère seront condamnés à l'amende de 60 sous ; ils pourront l'éviter en se faisant traîner ensemble par les carrefours de la ville, nus en chemise. Ceux qui auront vendu à faux poids, fausse mesure, ou qui auront livré de la truie pour du porc, des viandes corrompues pour des viandes saines, payeront 60 sous d'amende. Le dommage causé dans les fonds d'autrui sera puni de 7 sous d'amende si le délit a eu lieu pendant le jour; s'il est commis pendant la nuit, la peine sera arbitraire. Le viol d'une vierge ou même d'une fille de mauvaise vie, sera puni arbitrairement. Celui qui n'aura pas prouvé, devant le bailli, le sujet de sa plainte, payera 3 sous. Une accusation intentée faussement sera punie de la même peine que l'accusé aurait subie s'il avait été reconnu coupable. Le parjure sera puni de 60 sous d'amende. Les coupables payeront en outre des dommages-intérêts aux parties offensées.

Personne, excepté les gens attachés à la maison du prince, ne pourra porter des armes d'aucune espèce, si ce n'est un couteau, sous peine de 7 sous d'amende. La sentinelle trouvée en défaut en payera 3. Le propriétaire de la brute qui aura causé quelque dommage en payera 4. Les boulangers surpris en fraude recevront, pour la première fois, une réprimande publique à l'église; s'ils récidivent, le bailli confisquera leur pain et le distribuera aux pauvres. Les bourgeois de Baugé devront aide et secours au prince lorsqu'il fera le voyage d'outremer, qu'il mariera sa fille, qu'il sera élevé à quelque nouveau grade militaire, ou qu'il fera l'acquisition d'une grande terre ou d'une baronnie. L'imposition pour cet objet sera répartie par les habitans eux-mêmes, en raison de leurs facultés, et en présence d'un officier du prince. Ils seront exempts des droits d'aides et de péage, ou droits sur les marchandises à leur entrée et sortie de la ville, et au passage des ponts et rivières. Ils ne payeront point le droit de coponage (un 96.e par mesure) le jour du marché. Ils ne le devront les autres jours que pour les grains qu'ils débiteront dans la halle publique; ils auront la liberté de le payer le jour qu'il sera dû ou le lendemain ; s'ils retardent le paiement ils payeront une amende de 60 sous.

Ceux qui voudront sortir de Baugé pour porter leur domicile ailleurs, en auront la liberté. Dans ce cas, le prince leur laissera emporter leurs meubles et effets, et leur donnera un sauf-conduit pendant un jour et une nuit. Ils conserveront les immeubles qui pourraient leur appartenir dans la ville de Baugé; ils disposeront à leur volonté de tous leurs biens, de quelque nature qu'ils soient. Le prince aura le droit exclusif de faire débiter du vin en détail le jour des apôtres St.-Jacques et St.-Philippe (1.er mai); les bourgeois l'auront tout le reste de l'année. Tous ceux qui viendront fixer leur séjour à Baugé jouiront des mêmes droits et franchises, pourvu qu'ils ne soient point poursuivis pour des crimes et qu'ils veuillent se soumettre à la juridiction des sires. Les serfs des vassaux de la principauté de Baugé qui auront juré les franchises de la ville, obtiendront leur liberté par le même moyen, en abandonnant à leurs seigneurs le tiers de leurs meubles ; mais ceux des seigneurs qui, quoique vassaux des sires, ne relèvent pas du château de Baugé, leur seront rendus s'ils les réclament. Les bourgeois ne pourront vendre le gage que le prince leur aura donné pour sûreté, que lorsqu'il tardera plus de quinze jours après le terme convenu à payer la somme qu'ils lui auraient prêtée. Ce délai fut restreint à sept jours pour les prêts sur gages entre particuliers. Les habitans de Baugé donnèrent 500 livres pour cet acte d'affranchissement. Les deux princes se soumirent à la juridiction de l'archevêque et aux censures de l'Église, en cas d'inobservation de cette charte, qui est du mois de mars 1250. Les villes de Bourg et de Pontdevaux furent affranchies la même année par des chartes particulières.

Renaud, frère de Guy, sire de Baugé, demanda à être mis en possession des seigneuries de St.-Trivier, Bourg, Cuisery et Sagy, qui lui avaient été données par le testament de son père ; Guy paraissait peu disposé à un si grand démembrement de la sirerie ; l'influence de l'archevêque de Lyon le détermina à cette cession. Renaud rendit hommage à son frère, pour les terres de St.-Trivier et Bourg, et au duc de Bourgogne, en 1255, pour les seigneuries de Cuisery et Sagy : il ne paraît pas que les souverains de Bresse l'aient renouvelé depuis. Renaud mourut peu de temps après : son apanage devait être réuni à la sirerie. Les insinuations de Philippe de Savoie déterminèrent Guy à le donner à Alexandre, son second frère, d'abord ecclésiastique, mais qui s'était dégoûté de son état. Alexandre mourut, institua Philippe de Savoie pour son héritier ; Guy ne put ou ne voulut pas contester ces dispositions, et la sirerie de Baugé fut, en 1266, divisée en deux. Guy avait épousé Béatrix de Montferrat. Il mourut la même année dans son château de Baugé, après avoir institué pour héritier l'enfant dont il laissait sa femme enceinte.

Une fille, Sibille de Baugé, fut l'unique rejeton de cette maison souveraine, dont l'ancienneté remontait jusqu'au règne de Louis le Débonnaire. Sibille fut placée d'abord sous la tutelle de sa mère, qui, s'étant remariée en secondes noces avec Jean, seigneur de Châtillon, donna occasion à Philippe de Savoie, archevêque de Lyon, de reprendre dans cette maison son ancienne influence. Ce prince, qui n'était point lié aux ordres sacrés, quoiqu'il eût exercé depuis long-temps le pouvoir temporel d'archevêque de Lyon, quitta, en 1268, le siége et la principauté de cette ville pour le trône de Savoie et la main de Marguerite, comtesse de Bourgogne. Voici ce qui donna lieu à ce changement : Thomas Ier, comte de Savoie, avait eu quinze enfans; il mourut en 1233 : ses deux premiers fils lui succédèrent l'un après l'autre; ils ne laissaient point d'enfans, et le comté de Savoie devait appartenir à l'aîné des enfans du 3.e de ses fils. Pierre, le 7.e de cette nombreuse famille, s'empara du comté à son détriment; il mourut en 1268, et fut remplacé dans son usurpation par le 8.e, qui était Philippe, archevêque de Lyon. Il négocia le mariage de Sibille de Baugé avec son neveu Amé, frère puîné de celui dont il retenait l'héritage. Le contrat se passa en 1272. Il y fut stipulé que le prince de Savoie donnerait à Sibille la seigneurie et le château de St.-Genis, et qu'il ferait abandonner à Béatrix, sa belle-mère, le droit qu'elle avait sur la terre de Baugé. Sibille, de son côté, traita avec

Philippe, comte de Savoie, pour les droits que la succession d'Alexandre de Baugé dont il avait hérité, lui donnait sur les seigneuries de Bourg, St.-Trivier, Cuisery et Sagy. Elle lui laissa la ville et le château de Bourg, celle de Châtillon-sur-Chalaronne et son mandement, et elle se constitua tous ses biens, à la réserve de ceux qu'elle tenait en fief de la comtesse de Forêt et de la dame de Beaujeu. Le mariage fut célébré la même année, le mardi après l'octave de la fête de St.-Jean, dans le château de Chillon, au pays de Vaud. Ulrich, évêque de Genève, donna la bénédiction nuptiale aux époux, qui se rendirent peu après à Baugé pour s'y faire reconnaître et recevoir l'hommage de leurs vassaux, qui s'y réunirent pour cette cérémonie.

C'est ainsi que cette sirerie, qui durait depuis environ quatre siècles, se confondit dans les possessions de la maison de Savoie, qui l'a possédée jusqu'en 1601.

Chapitre 2.

SIRERIE DE THOIRES-VILLARS.

La sirerie de Thoires et celle de Villars formaient, dans leur origine, deux principautés différentes: la première dans le Bugey, la seconde dans la Bresse. Indépendans comme les sires de Baugé et par les mêmes causes, les princes de cette maison avaient aussi leurs sceaux particuliers: celui des hommes était un homme à cheval, armé de toutes pièces, l'épée nue à la main droite, le bouclier à la gauche, avec ces mots: *Sigillum domini de Thoires ou de Villars*. Celui des femmes était une femme à cheval, un oiseau sur le poing ; ou une femme debout, une fleur à la main. Ils avaient leurs vassaux, leurs juges, leur conseil. Des baillis ou châtelains rendaient la justice en leur nom ; c'était à Montréal pour le Bugey; à Villars, ensuite à Trévoux pour la Bresse. L'étendue de la sirerie de Villars a beaucoup varié : dans le temps de la plus grande puissance des sires, elle avait pour confins, à l'orient, la rivière d'Ain, depuis Tossiat jusqu'à la plaine de la Valbonne; au nord, la sirerie de Baugé ; les sireries de Montluel et de Miribel au midi. Les villes et places principales qui en dépendaient étaient Villars, Meximieux, Loyes, Châtillon de la Palu, Villette de Richemont, Varambon, St.-Martin-du-Mont, Tossiat, Certines, Lent, Longchamp, St.-Paul-de-Varax, Baneins, Francheleins. La Dombe d'aujourd'hui, et le Franc Lyonnais en faisaient partie. Villars, sa capitale, n'est aujourd'hui qu'un petit bourg peu peuplé : on ignore jusqu'au nom des princes qui gouvernèrent cette sirerie jusqu'en 1030, où l'on voit qu'elle était possédée par un nommé Étienne.

En 1152, Étienne de Villars s'étant croisé, et sur le point de faire le voyage de Jérusalem, déclara dans une charte tous les biens qu'il avait donnés en différens temps aux frères (religieux) de St.-Sulpice. Il y dit qu'étant malade, il avait donné à Dieu et à la maison de St.-Sulpice le mas de la Chassagne et ses dépendances, avec la forêt que l'on appelait ordinairement *le Clos* ou *Défense;* il y dit, qu'étant à Lyon, dans la chambre de l'archevêque Amédée, il leur avait donné le mas de Corsendum et de Pomier ; il y dit qu'il se souvenait de leur avoir donné les mas d'André et de Hugues de Chaselles, frères.

En 1160, l'abbé de St.-Just donna, aux religieux de Charisieu en Dauphiné, les biens qu'ils cultiveraient à la *manière des laboureurs* dans la paroisse de Villars, à la charge, par chaque joug de bœufs, de deux septiers de seigle, mesure de Chalamont, payables à l'église de St.-Just.

En 1179, les côteraux ou pâturins se répandirent dans nos contrées : c'était une espèce de manichéens qui ne vivaient que de pillage.

En ce temps-là la science était si rare que ceux qui savaient lire obtenaient grâce de leurs crimes, c'est ce qu'on appelait *bénéfice de clergie*.

Étienne, sire de Villars, par le mariage de sa fille unique avec un sire de Thoires, lui donna cette sirerie à la fin du 12.ᵉ siècle. C'est alors que par leur union se forma la sirerie de Thoires-Villars ou de Villars, suivant l'usage d'alors, qui obligeait l'époux d'une riche héritière à prendre le nom et les armes de la maison de sa femme.

Une forteresse placée sur un rocher près de la rivière d'Ain, non loin de Matafelon, donnait le nom à la sirerie de Thoires. Le premier de ces sires dont le nom se soit conservé, s'appelait Hugues : un titre de l'abbaye de Nantua, de 1110, et un traité qu'il conclut en 1120 avec l'évêque de Mâcon, constatent son existence. Humbert, son successeur, assista, en 1131, à la fondation de l'abbaye du Miroir, par le sire de Coligny. Guillaume lui succéda ; il donna, en 1164, à la chartreuse de Meyriat, le droit d'envoyer ses troupeaux dans les pâturages de ses domaines. Humbert II, son fils, lui succéda ; il fit demander en mariage, pour son fils, Agnès de Villars, fille unique du dernier sire de ce nom ; il l'obtint. Cette princesse n'eut d'abord en dot que quelques terres auprès de Trévoux ; elles n'étaient sujettes à aucun hommage. L'avantage de ne relever que de *soi et de son épée* n'était pas un privilége si glorieux, que souvent on ne préférât d'être le vassal d'un prince puissant. Pour avoir ce titre auprès de l'empereur Henri VI, Humbert prit de lui, à titre d'inféodation, les péages de Trévoux et d'Ambronay. Ces inféodations se faisaient de la manière suivante : on remettait la terre ou le droit allodial pour lequel on voulait dépendre, au prince de qui l'on demandait à être vassal. Celui-ci le rendait par le même acte à son nouveau feudataire, et en recevait l'hommage qui était simple, et le service volontaire. Humbert engagea de la même manière à l'empereur la seigneurie de Varey, le droit de suzeraineté qu'il avait sur la moitié de St.-André en Revermont, et tout ce qu'Alix de Coligny, sa femme, lui avait apporté en dot vers Pontein.

Étienne, sire de Villars, mourut en 1187. Étienne de Thoires, son gendre, réunit les deux sireries; ses possessions s'étendaient depuis la Saône près Roche-Taillée, jusqu'au Mont-Jura près St.-Claude, et depuis la Chalaronne jusqu'à Lyon. Cette principauté aurait pu réunir à elle toutes celles de la Bresse, si les sires de Thoires, succédant aux états des sires de Villars, n'eussent en même temps hérité de la faiblesse de leur caractère et de leur libéralité envers les monastères. C'est ainsi qu'Étienne de Villars, après avoir affranchi l'abbaye de l'Ile-Barbe, près de Lyon, des droits qu'il avait sur ses possessions dans plusieurs villages de sa dépendance, se declara homme de l'église pour ces mêmes droits. Étienne de Thoires, son successeur, abandonna de même à l'église de St.-Jean de Lyon, les droits de souveraineté qu'il avait sur d'autres villages et bourgs.

En 1224, un des vassaux d'Étienne s'était déclaré homme lige de Thomas, comte de Maurienne, et d'une partie du Bugey, pour le fief de la Combe de St.-Rambert et du Rogemont en Bugey. Étienne somma Thomas de s'en départir. Le prince de Savoie reconnut les droits du sire de Villars, et s'engagea en outre à ne jamais rien acquérir dans son domaine.

Mais tandis qu'Étienne soutenait avec vigueur les droits de son domaine contre un prince séculier, il donnait à l'abbé de St.-Oyen de Joux, les villages de Viry et de Rogna, qui depuis ce temps (1225), ont fait partie de la Franche-Comté.

En 1226, le sire de Thoires et Villars entreprit de s'opposer à l'exécution de la concession que son prédécesseur avait faite à l'abbé de l'Ile-Barbe. Il ne pouvait pas concevoir comment un souverain était dans le cas de devenir vassal pour des terres qu'il avait affranchies. L'abbé sentit la contradiction; mais il était flatté de compter parmi ses vassaux un prince souverain, et il offrit de partager avec Étienne les revenus qu'il avait à Meximieux et autres villages, à condition qu'Étienne et ses successeurs lui en feraient hommage : le prince y consentit. Guy de Baugé, seigneur de Miribel, et Humbert, sire de Montluel, furent médiateurs de ce traité, dont quatre chevaliers, vassaux d'Étienne, furent les garans.

Nous avons vu dans l'histoire de la sirerie de Baugé, un prince de cette maison donner, avec la main de Marguerite, sa fille unique, la terre de Miribel à un sire de Beaujeu. A peine eurent-ils mis le pied dans cette contrée, qu'ils songèrent à s'y faire un établissement solide. Ils furent favorisés dans leurs projets par la faiblesse héréditaire des sires de Villars, leurs voisins. Ces derniers, toujours inquiétés par le clergé ou par des seigneurs puissans, au lieu de leur opposer une résistance vigoureuse, n'assoupissaient les affaires qu'on leur suscitait que par des concessions et de l'argent.

Le premier pas que les sires de Beaujeu firent dans la principauté de Villars fut en 1227. A cette époque, Étienne engagea à Imbert de Beaujeu l'hommage de

Monteiller et autres seigneuries pour la sûreté de 408 livres, somme alors considérable qu'Imbert lui avait prêtée.

Pendant qu'un vassal de la couronne de France donnait naissance à la principauté de Dombes, l'archevêque de Lyon travaillait à rendre ses successeurs indépendans dans le Franc-Lyonnais. On appelait de ce nom tout le littoral de la Saône, depuis Riottier jusqu'à Lyon. Les prédécesseurs de l'archevêque s'étaient fait céder Meximieux, et l'hommage pour Bauvoir en Montagne, et le Chatellard en Dombes. On obligea, cette année (en 1228), Étienne à renouveler cet hommage. Par égard pour sa qualité de prince, on lui permit de le faire debout.

Il avait à peine fini cette affaire, que de nouveaux troubles lui furent suscités par Albert, sire de la Tour-du-Pin. Ce seigneur venait d'épouser la fille unique du sire de Coligny. Ce mariage avait uni à sa baronnie la seigneurie de Coligny le Neuf; on en avait détaché Varey et St.-André dans le Revermont, pour faire une dot à Alix de Coligny, mère d'Étienne, avec la clause du retour. Albert, dès qu'il se vit maître de la seigneurie de Coligny, prétendit que cette clause devait avoir son effet. Étienne répondait que le retour n'avait lieu que lorsqu'il ne restait point d'enfans mâles du mariage pour recueillir la dot constituée en fonds de terres, et lorsque la réclamation se faisait par des mâles. Malgré ces justes raisons, il abandonna ce qu'il possédait dans la seigneurie de Coligny. Albert avait eu la précaution de faire appuyer ses prétentions par l'archevêque de Lyon, en lui promettant de lui céder une partie de ses droits. Le prélat en obtint, du consentement d'Étienne de Villars et de Bernard son frère, la seigneurie de St.-André en Revermont.

Étienne, prince apanagé de la maison des comtes de Bourgogne, possédait dans le Bugey, Montréal, Arbent et Martigna. Enhardi par la faiblesse des sires de Villars, il envoya Jean son fils, demander à celui-ci de lui rendre hommage pour la sirerie de Thoires, sous prétexte qu'elle était un ancien fief démembré du comté de Bourgogne. Le sire de Villars eut le courage de refuser l'hommage, et il prouva que cette sirerie était une principauté indépendante. Jean, contenu par cette fermeté inattendue, restreignit ses demandes à la délimitation des deux états. Les limites furent placées au milieu du village d'Holiferne, et elles séparent depuis ce temps-là le Bugey de la Franche-Comté.

Étienne mourut en 1235. Agnès de Villars, sa femme, mourut en 1242.

Étienne II, leur fils, était en Italie à la suite de l'empereur Frédéric II. Il apprit la mort de son père devant Crémone ; avant de revenir, il renouvela l'hommage pour les terres du Revermont, que l'empereur Henri VI avait honorées du titre de fief impérial. Étienne I.er avait été dépouillé de ces seigneuries sur la fin de son règne, mais son fils espérait les reprendre sur les sires de la Tour-du-Pin.

Boniface de Savoie, archevêque de Cantorbery, primat d'Angleterre, réunissait à ces titres celui de prieur de Nantua. Outre les revenus, ce bénéfice lui donnait le titre de prince. Le prieuré de Nantua, sous la protection des sires de Thoires, se fit long-temps gloire de ne reconnaître aucun autre supérieur pour le temporel.

Étienne, dont les états avoisinaient ceux du prieuré, vers la rivière d'Ognin, entreprit de faire relever un vieux château à Brion. Le prieur qui cherchait un prétexte pour secouer l'espèce de joug qui l'obligeait à reconnaître les sires de Thoires pour protecteurs, fit semblant d'en prendre ombrage. Il en demanda la démolition, prétendant qu'une partie de ce château qui annonçait quelques projets d'hostilité de la part d'Étienne, était assise sur son territoire. Étienne déclara que le terrain qu'on lui contestait, lui appartenait, et qu'il voulait être maître chez lui ; qu'au reste, il consentait de s'en rapporter à des arbitres. L'affaire en demeura là pour le moment.

En 1246, le sire de Villars exempta du droit de péage les chartreuses de Montmerle et Valaisson, et leur permit de faire des acquisitions dans ses domaines sans qu'ils fussent sujets à en payer les lods.

Les démêlés avec le prieur de Nantua recommencèrent. Après un premier arbitrage inutile, les deux parties convinrent de s'en rapporter à la décision du cardinal de S.te-Sabine, de l'archevêque de Vienne, du comte de Savoie, et de Philippe de Savoie, archevêque de Lyon.

Boniface, qui voulait faire tomber sur ce dernier seul le jugement du différent, fit naître des difficultés sur le lieu où devaient se tenir les conférences. On ne put pas en convenir; alors les trois premiers arbitres remirent leurs pouvoirs à Philippe de Savoie. L'objet de sa décision n'était pas seulement le coin de terre sur lequel le château de Brion était bâti : une foule de difficultés étaient comme sorties de ce germe de divisions.

Le sire de Villars disait qu'il avait le droit de garde sur Nantua; qu'en conséquence il avait le droit d'envoyer son châtelain, dans cette ville, aux trois principales foires de l'année; que ces jours-là tous les cris publics devaient être en son nom; que ses officiers devaient connaître des délits qui s'y commettaient, les juger et faire exécuter leurs jugemens; que, lorsqu'il séjournait à Nantua, les bourgeois devaient fournir à sa maison le pain et le vin dont elle avait besoin, et les jours de solennité, toute la vaisselle nécessaire; que, lorsqu'il suivrait le comte de Bourgogne dans quelqu'expédition militaire, l'abbé devait lui présenter ses vassaux et un mulet enharnaché; l'escorter en armes jusqu'au mont de Joux, ou la rivière d'Ain, à leurs frais; que les entrailles, la tête et la peau de tous les ours qu'on tuait sur le territoire de Nantua devaient lui être offertes; que sa protection devant seule servir de rempart à la ville de Nantua, il n'était pas libre au prieur de la clore de murs; que, pour ce droit de protection, il lui était dû annuellement une obole qu'on avait négligé de lui payer depuis plus de 30 ans; qu'au préjudice de ses droits, le prieur avait fait abattre les fourches du Molard; qu'il n'avait pas été exact à payer le tribut de 40 deniers, monnaie de Genève, pour la protection qu'il accordait à Échallon; que Neyrolles et autres villages, quoiqu'assujettis au même tribut, ne l'avaient pas acquitté; que le prieur de Nantua négligeait de payer le tribut de quinze quartauts de froment, dû par le prieuré; que Boniface avait levé la taille sur des sujets qu'il avait pris sous sa protection, tels que les habitans de St.-Martin-du-Frêne.

Le sire de Villars demandait, pour la réparation de tous ces torts, que le prieur fût condamné à lui payer 1,500 marcs d'argent pour la démolition des fourches du Molard, 100 pour les tailles exigées injustement sur St.-Martin-du-Frêne, 10,000 pour la clôture de Nantua; à abandonner ses prétentions sur le territoire de Brion, et à reconnaître en sa faveur tous les droits ci-dessus détaillés.

Le prieur niait tous les droits demandés par le prince, et opposait d'autres griefs aux siens. Il soutenait que l'emplacement du château de Brion lui appartenait en partie; il se plaignait de ce que le sire de Villars troublait continuellement les vassaux du prieuré dans le droit de pêche dans le lac de Nantua; qu'il s'emparait des chemins publics de Port et de St.-Martin dans le dessein d'empêcher la communication des différens lieux soumis à ce prieuré;

qu'Étienne de Villars, son père, après avoir détruit Échallon, assiégé et pris le château de Nantua, avait brûlé une partie de la ville, enlevé les titres et les ornemens de l'église; qu'il avait saccagé le bourg de Port et démoli le pont; que Neyrolles avait été pillé et démoli; que le seigneur de Gex, allié de son père, avait, par ses ordres, ruiné les villages de Montanges et de Champfromier.

Étienne ne désavouait aucun des excès qu'on reprochait à son père; mais il soutenait que ces villes ne devaient imputer leurs malheurs qu'à elles-mêmes, ou plutôt au prieur leur prince, qui, au lieu de les exciter à méconnaître leur protecteur par le refus de légers tributs qu'elles étaient obligées de payer, aurait dû, par son exemple, les déterminer à acquitter des droits légitimes.

En 1246, l'archevêque de Lyon termina ou plutôt assoupit ces différens par un jugement qui déclara le sire de Villars protecteur de l'église de Nantua, assujettit le prieur au tribut de 15 quartauts de froment et de 40 deniers, monnaie de Genève, pour la garde de St.-Martin-du-Frêne, toutes les autres prétentions de part et d'autres demeurant anéanties.

Étienne mourut peu après ce jugement rendu, en 1248.

Humbert III, l'aîné de ses fils, lui succéda; Béatrix de Faucigny, sa mère, eut la régence de ses états pendant sa minorité. Étienne II, par son testament, avait assigné à Henry, son second fils, les seigneuries de Trévoux et de Bouligneux pour apanage, à charge de l'hommage à son frère aîné.

Béatrix commença sa régence par refuser de se soumettre au jugement de l'archevêque de Lyon, par lequel son fils était privé de presque tous ses droits sur le prieuré de Nantua. Ses vassaux prirent les armes, se jetèrent sur les terres du prieur, s'emparèrent des chemins publics, rançonnèrent les passans, mirent à contribution les places qui obéissaient au prieur, firent relever les fourches du Molard; et pour prouver que les sires de Thoires avaient le droit de faire exécuter les coupables, ils y pendirent un sujet du prieur, qui avait été fait prisonnier. Les bourgeois de Nantua, irrités de ces excès, prennent les armes, ravagent à leur tour tout ce qui se trouve sur leur passage, brûlent le château de Martigna qui était sans défense, marchent vers le Molard, renversent les fourches, détachent le corps du sujet du prieur, et courent le suspendre aux portes de Montréal, pour insulter aux habitans de cette ville et leur reprocher leur barbarie. Depuis long-temps ces deux villes étaient ennemies l'une de l'autre.

Aimé du Balmey, chevalier de la princesse de Thoires, commandait dans la place; il les encouragea à réprimer l'audace des habitans de Nantua, fait une sortie à leur tête : on se bat des deux côtés avec plus d'acharnement que d'ordre. Du Balmey ayant été blessé dangereusement, sa petite troupe perdit courage et courut se renfermer dans la place. Cette querelle entre Nantua et Montréal fut appaisée par la médiation de Jean de Bourgogne et d'Albert, sire de la Tour-du-Pin. On changea peu de chose (1251) au traité conclu par l'entremise de Philippe de Savoie. Béatrix le souscrivit de si bonne foi, que trois ans après, elle remit à la ville de Nantua un tribut assez fort qu'elle avait le droit d'exiger.

Elle accorda, en 1267, à l'abbaye de la Chassagne, l'exemption de tous les droits que les sires avaient coutume de lever sur les vassaux de l'abbaye. Béatrix remit peu après le gouvernement de ses états à son fils; il paraît qu'il avait, étant encore mineur, épousé Béatrix, fille du comte de Bourgogne, qui lui apporta en dot les terres de Montréal, d'Arbent et de Martigna.

Philippe de Savoie venait de réunir le prieuré de Nantua à ses autres bénéfices; ses intérêts changèrent ses opinions; et, devenu prieur de Nantua, il prétendit être indépendant du sire de Villars. En vain Humbert lui opposa sa propre décision; Philippe se refusa à l'évidence; Humbert le força de convenir d'arbitres, Philippe y consentit, se persuadant qu'il leur ferait envisager cette affaire en sa faveur; l'abbé d'Ambronay et le sire de Montluel, chargés de régler ce différent, confirmèrent le sire de Villars dans ses droits: cette affaire n'eut pas de suite, parce que Philippe, en montant, comme nous l'avons vu, sur le trône de Savoie, changea d'état et d'intérêts.

Alors, d'ennemi des sires de Villars, il devint leur

protecteur. Béatrix de Faucigny, mère d'Humbert, réclamait les biens qui lui appartenaient du chef de son père. Le dauphin de Viennois, son beau-frère, les retenait, autorisé dans cette injustice par Agnès, douairière de Savoie. Philippe promit sa médiation sous la condition qu'elle lui ferait hommage des terres qu'elle recouvrerait ; le dauphin restitua alors à Béatrix (1269) les seigneuries d'Aubonne, d'Alinges, de Menthon, et quelques terres vers le Credo.

Humbert, par une innovation jusqu'alors sans exemple, accorda à l'abbaye de Chassagne la justice moyenne et basse.

Jean, abbé de St.-Seine, ayant succédé à Philippe pour le prieuré de Nantua, le sire de Villars voulut essayer de recouvrer les droits que l'influence de Philippe de Savoie lui avait fait perdre sur les possessions de ce monastère. Après quelques discussions, le prieur força le sire de Villars à convenir de terminer toutes leurs difficultés par un traité plus sacré que des sentences arbitrales, si souvent rejetées par celle des deux parties qui se prétendait lésée : par ce traité conclu en 1270, Humbert eut 1.° le droit de garde sur toute l'étendue des terres du prieuré, depuis Châtillon-de-Michaille jusque vers la rivière d'Ain, à l'occident de l'abbaye de St.-Claude, autrefois appelée St.-Oyen-de-Joux, c'est-à-dire sur Nantua, St.-Martin-du-Frêne, Condamine, Brenod, Charix, Echallon et leurs territoires ; 2.° un tribut annuel pour ce droit de garde. Il promit de ne prétendre à aucune juridiction sur le prieuré, à raison de ce tribut ; de faire hommage du droit de garde à l'abbaye de Cluny ; de porter les armes pour la défense du prieuré, pourvu que ce ne fût que dans le pays situé entre la Saône et le lac de Genève : enfin, que le droit de garde ne pourrait être cédé ni appartenir à d'autres qu'à ses successeurs dans la principauté de Thoires. L'abbaye de Cluny, dont il est fait mention dans ce traité, tenait sa puissance temporelle de Guillaume, duc d'Aquitaine, qui la fonda en 910. Les bulles des papes lui donnaient la souveraineté spirituelle sur tous les monastères de son ordre, qui, pour se soustraire à l'autorité épiscopale et à celle des princes séculiers, prétendaient n'avoir d'autres supérieurs spirituels et temporels que cette abbaye.

On ignore l'année de la mort d'Humbert III.

Humbert IV, son fils, lui succéda. On voit qu'en 1274 il se rendit caution, avec le sire de Montluel, de la dot d'Huguette de Bourgogne, qu'épousa Thomas de Savoie, comte de Maurienne. L'année suivante il accorda, à la chartreuse de Sélignat et à d'autres maisons de cet ordre, des droits de pâturage et des exemptions de droits pour la vente des produits de leurs terres : sujets soumis, les chartreux n'abusèrent jamais de la générosité de leurs maîtres, et furent presque les seuls qui ne combattirent jamais l'autorité à qui ils devaient leur existence. En 1281 l'abbaye de Chezeri céda la moitié de ses revenus au sire de Villars, pour l'engager à défendre ses possessions contre ses voisins. En 1284 le sire de Sainte-Croix vendit le fief de Cuiseaux et d'autres au duc de Bourgogne, et ordonna au seigneur de Cuiseaux de rendre hommage dans la suite à ce duc, ce qui fit passer cette seigneurie dans la Bresse châlonnaise.

Quoique le nœud vassalitique fût rompu entre l'empereur et les souverains de nos contrées, on y conservait toujours un certain respect pour l'empire : les empereurs, pour le maintenir, avaient soin de leur écrire dans les grandes révolutions. Rodolphe de Hapsbourg, après son élection à la dignité impériale, demanda en 1289, par des lettres circulaires aux dauphins de Viennois, aux comtes de Genève et aux sires de Villars, de lui continuer les marques d'attachement qu'ils avaient données à ses prédécesseurs.

En 1291 Humbert se rendit dans la sirerie de Villars pour y recevoir l'hommage de ses vassaux dans cette sirerie. La même année, il émancipa Humbert son fils, et le désigna pour lui succéder. En 1298 il fit limiter les états de Thoires et de Savoie dans le pays de Vaud : le village de Monts, qui resta à la Savoie, en fit la séparation.

Étienne de Villars, un de ses fils, était alors abbé de St.-Claude : continuellement inquiété par des voisins ambitieux, il mit tous les biens de l'abbaye sous la protection de son père, à qui il céda la moitié de la montagne de St.-Surge et du château de Joux, à deux conditions ; la première, qu'il en ferait hommage à l'abbé ; la deuxième, qu'il élèverait sur la montagne de St.-Surge un château en état de recevoir l'abbé et une garnison en cas de besoin. De son côté, Humbert céda à l'abbaye tous ses droits sur le village de Dortine, à la réserve de la haute justice (1299).

Pendant qu'Humbert se déclarait protecteur de l'abbaye de St.-Claude, les sires de Montluel et de Beaujeu portaient la guerre dans ses états pour s'emparer des terres que ses prédécesseurs leur avaient engagées pour des sommes qu'ils avaient empruntées de ces sires, et qui n'étaient point encore remboursées. Sa présence arrêta les hostilités, on nomma des arbitres qui ne décidèrent rien.

On a vu qu'en 1250 Philippe de Savoie, agissant au nom du sire de Baugé, son pupille, avait affranchi les habitans des villes de Baugé, Bourg et Pontdevaux. Les sires de Baugé avaient mis beaucoup de réserves dans l'affranchissement de leurs sujets, qui étaient encore tenus de payer beaucoup de droits à leurs souverains : les sires de Villars, en suivant cet exemple, le surpassèrent, et leurs sujets devinrent réellement libres.

La ville de Montréal fut affranchie avant les autres. Humbert en avait aggrandi l'enceinte, l'avait fermée de murs, y faisait sa résidence ; cette ville était devenue la capitale de la principauté de Thoires, appelée alors bailliage de la montagne.

Ses habitans furent affranchis de la taille, des péages, du droit de Leyde. Ils eurent la faculté de vendre leurs biens à charge d'un lod du treizième du prix. Si l'église en faisait l'acquisition, elle était tenue de les revendre dans l'année à un laïc. Le sire ne se réserva le droit de succéder que lorsque le défunt n'aurait point fait de testament ni laissé d'héritiers : dans ce cas le conseil des bourgeois devait recueillir la succession délaissée, la conserver pendant un an, en payer les dettes, donner à l'église la portion qui lui revenait, et remettre le reste au prince. D'autres articles de cette charte sont ainsi conçus. Si on enlève quelque chose à un bourgois de Montréal, et qu'il s'en plaigne, le sire de Thoires fera tout ce qui dépendra de lui pour en procurer la restitution, et ne formera aucune alliance avec le ravisseur qu'il n'ait restitué. Le prince ne pourra saisir la personne d'un bourgeois, ses biens, son cheval, son âne, sous quelque prétexte que ce soit, si ce n'est pour un délit grave, tel que le vol, l'assassinat. La confiscation n'aura lieu que pour les crimes de lèze-majesté, d'hérésie ou de brigandage. Le sire de Villars ne pourra intenter un procès à un bourgeois, ni permettre qu'il soit intenté par quelqu'un de ses officiers que par les voies judiciaires. Le prince n'exigera point d'amende dans les accords faits entre les parties, pour raison d'injure, si la plainte n'a point été portée devant le châtelain. Les bourgeois de Montréal ne seront obligés aux chevauchées que lorsqu'il s'agira de défendre la seigneurie de Thoires : ils seront alors défrayés par le prince. Le sire de Thoires pourra faire séjourner ses troupes dans Montréal, et payera le dommage qu'elles pourront causer. Lorsqu'un chevalier ou un damoiseau frappera un bourgeois, outre l'amende due au prince, il fera une juste satisfaction à l'offensé, au dire de deux bourgeois. Si un bourgeois maltraite un chevalier qui a été agresseur, il ne devra point d'amende. La ville pourra s'imposer pour ses propres besoins sans l'agrément du prince ou de ses officiers. Les damoiseaux, les chevaliers et les clercs seront imposés à raison des biens qu'ils possèderont dans la ville. Le châtelain et les autres officiers du prince qui auront un procès avec un bourgeois, seront jugés par les mêmes lois, et tenus à réparer le dommage causé; s'ils y sont condamnés, on ne pourra saisir le cheval ou le roussin du chevalier, damoiseau ou bourgeois, tant qu'ils seront dessus. L'injure qui n'aura pas été poursuivie dans l'an et jour sera censée remise. Le bourgeois de Montréal pourra transporter son séjour ailleurs, et vendre ou emporter ses propriétés. Lorsque le châtelain recevra la plainte de quelque délit, cet officier ne pourra saisir la personne du délinquant, ni ses biens, à moins que l'accusé ne refusât de donner caution, ou que le délit ne fût grave.

Les prisonniers qui seront détenus pour légers délits seront mis en liberté à l'avènement d'un nouveau seigneur. Celui qui aura violé une fille, l'épousera; s'il est marié, il lui donnera une dot qui sera fixée par quatre bourgeois du conseil de la ville; s'il n'est pas marié, et qu'il refuse de l'épouser, outre les dédommagemens qu'il devra à la fille, il payera au prince une amende qui sera fixée par les quatre bourgeois. Les orphelins de père et de mère pourront se marier d'après le conseil de leurs parens et amis, et de quatre bourgeois : le consentement du seigneur ne sera plus exigé. Une fille ne pourra rien exiger dans la succession de ses père et mère au-delà de la dot qu'ils lui ont fixée, à moins qu'il ne reste point d'autre enfant. Si un mari bat ou maltraite sa femme, la plainte n'en sera pas reçue, à moins que la femme ne soit morte par suite des coups. Les baillis ni personne par eux interposée ne pourront acheter les immeubles ou meubles subhastés qui seront vendus sur la place de Montréal. Le châtelain, ni aucun autre préposé du prince, ne pourront confisquer le pain des boulangers surpris en fraude, qu'après avoir pris l'avis de trois bourgeois préposés à cet effet, qui décideront avec eux de la fraude et de l'emploi du pain confisqué. Si un bourgeois trouve quelque personne suspecte dans sa maison, sans feu et à heure indue, il pourra l'arrêter; si cette personne, en se défendant, reçoit quelque blessure, il n'en arrivera rien au bourgeois. Il ne sera pas obligé d'arrêter le malfaiteur de sa famille, même en flagrant délit. Les laboureurs de Montréal seront compris dans le nombre des bourgeois. Tous ceux qui se présenteront pour être admis au droit de bourgeoisie seront reçus en promettant, par serment entre les mains du préposé du prince, qu'ils se conformeront aux usages de la ville. La justice sera rendue gratuitement.

Le sire de Villars promit de jurer de maintenir les priviléges de la ville pour lui et ses successeurs, et de les faire jurer par dix chevaliers.

Les villes de Pontein, Brion, St.-Germain d'Ambérieux, Apremont, reçurent d'Humbert les mêmes priviléges, et devinrent libres à peu près dans le même temps. Leurs chartes d'affranchissement sont conçues presque dans les mêmes termes. C'est par suite de concessions analogues que les villes de la Suisse, limitrophes du Bugey, s'érigèrent en républiques. Les conditions de ces franchises sont un code de lois : le sire de Villars ne s'y réserva qu'une ombre de souveraineté.

En 1300 le sire de Villars, et Humbert son fils, en qualité de seigneurs supérieurs, et Henri de Villars, archevêque de Lyon, possesseur apanagé de la seigneurie de Trévoux, accordèrent des priviléges aux habitans de cette ville.

Nous n'en citerons que quelques articles.

L'article 4 dit que si un bourgeois meurt intestat et sans parens, les meilleurs bourgeois pourront, de leur autorité et sans les officiers du seigneur, se nantir pendant l'an et jour des biens du défunt, vendre ses effets, payer ses dettes, faire prier Dieu pour lui ; ils remettront le reste au seigneur de Trévoux.

L'article 20 dit que si un chevalier ou gentilhomme injurie un bourgeois jusqu'à le frapper, les autres bourgeois pourront l'arrêter jusqu'à ce qu'il ait donné caution de plaider devant le seigneur de Trévoux.

Le 44.ᵉ dit qu'un bourgeois, créancier d'un gentilhomme ou chevalier, pourra faire saisir ses effets, mais non son cheval, tandis qu'il sera dessus.

Il paraît par le 46.ᵉ que le seigneur de Trévoux avait le droit de crédit dans cette terre, puisque, dans ces franchises, il s'interdit à lui et à ses officiers le privilége de prendre sans payer aucun effet ni aucune denrée qui appartiendrait aux bourgeois, en quelque lieu que ce soit.

Le 51.ᵉ permet à chaque bourgeois de construire une loge devant sa maison; s'il lui en revient quelque profit il sera obligé de payer un cens au seigneur, proportionnellement à l'étendue de la loge.

Par l'article 59 les bourgeois eurent la permission d'avoir leur four dans la ville, en payant 5 sous de cens par an, ou de cuire à quel four qu'ils voudraient, à raison de 6 deniers viennois par cuite d'une ânée de blé.

Par l'article 62, si un bourgeois trouve quelqu'un à faire du dégât dans son jardin ou ailleurs, il en était cru sur son serment, pourvu qu'il ne fût pas suspect, quand même le fait aurait été nié par l'accusé.

Par l'article 77 le créancier dont la créance était manifeste, pouvait, de sa propre autorité, saisir les biens de son débiteur; par le 84.ᵉ, lorsque le créancier avait fait vendre en plein marché quelques biens meubles ou immeubles de son débiteur, celui-ci avait une année pour y rentrer, en en payant le prix. Par le 74.ᵉ, défense aux officiers du seigneur de rien acheter dans ces ventes.

Par le 65.e le service des bourgeois pour suivre le seigneur à la guerre était tel qu'ils fussent dans le cas de revenir à la ville le jour suivant.

Humbert IV mourut le 14 mai 1301. Il fut enterré dans l'église de St.-Claude. Humbert V, son fils aîné, lui succéda. Louis de Villars, son frère puîné, fut archevêque de Lyon ; Jean de Villars, son second frère, eut la seigneurie de Corzieu en apanage. En 1304 Humbert rendit hommage à Amé de Savoie, comme sire de Baugé, pour les seigneuries de Corlier, Verfey, Mornay et la seigneurie de Montdidier, qu'il avait acquise des seigneurs de Chambeu.

Humbert de Villars vendit, en 1304, à Hugues d'Arcieu, son *fidèle* ou vassal, demeurant à Saint-Jean-de-Thurignieu, la chassipoferie ou sergenterie de Trévoux, au prix de 109 liv. viennoises.

La même année, le sire de Villars reconnut que les château, ville, bourg et mandement de Trévoux, avec toutes ses appartenances, soit propriété, juridiction, seigneurie, empire pur et mixte, soit fiefs et arrière fiefs, étaient de la suzeraineté de l'église de Lyon, sous l'obligation de l'hommage (le péage de Trévoux excepté), moyennant quoi l'archevêque et le chapitre promirent d'aider le sire de Villars envers et contre tous, de leurs biens et de leurs hommes pour la défense de Trévoux. On accorda aux habitans d'Anse l'exemption du péage de Trévoux, pour les denrées de leur cru et pour celles qu'ils achetaient pour leur usage ; on en excepta celles qu'ils achetaient pour négocier. Le sire de Villars reçu 1,400 liv. en dédommagement.

En 1308 il confirma les priviléges du bourg de Marlieu ; il y avait 40 jours de crédit, et ceux de ses gens que les affaires de la seigneurie y attiraient, devaient recevoir, pour la nourriture de leurs chevaux, 2 deniers par jour et un par nuit en été; 2 par nuit et un par jour en hiver.

En 1308 il vendit au dauphin, héritier de la sirerie de Montluel, le château et la ville de Villars, avec la seigneurie de Pontein, moyennant 7,500 liv. viennoises; le dauphin les lui remit à titre de fief, et s'en fit rendre hommage. Il contracta un engagement de la même espèce envers Henri d'Antigni, seigneur de Ste-Croix, pour Bezenens, la Féole, la garde d'Ambérieux, et le temple de Villars.

En 1312 le sire de Villars traita, par l'entremise d'arbitres, avec Guichard de Beaujeu, au sujet des différens qui naissaient de leur voisinage. Ils convinrent qu'aucun des deux ne pourrait prendre en fief ni arrière fief des biens qui seraient du fief ou arrière fief de l'autre ; que si quelqu'un de leurs hommes voulait se mettre sous une autre garde et bourgeoisie, le seigneur dont il se séparerait pourrait faire saisir non-seulement ses immeubles trouvés hors de la franchise, mais encore ses immeubles quelle que part qu'ils fussent, à moins que la coutume du pays n'y résistât, et que si ce même particulier venait à délinquer avant l'an et jour qu'il lui fallait pour gagner la bourgeoisie, il serait renvoyé au seigneur dans le domaine duquel il était sorti, pour être puni suivant la coutume du lieu.

Jean, évêque de Valence et de Die, était alors prieur de Nantua; il renouvela les prétentions de ses prédécesseurs, et il les soutint par les armes contre le sire de Villars : cette guerre, dont on ne nous a pas transmis les détails, dura plusieurs années; l'épuisement de leurs finances, la lassitude forcèrent les deux parties à convenir d'une trêve en 1308; elle fut prolongée jusqu'en 1309; quatre arbitres nommés pour les concilier ne purent s'entendre, comme à l'ordinaire, et chacun resta maître de ce que le sort des armes avait mis entre ses mains. En 1323 le sire de Villars voulut reprendre les armes; de nouveaux médiateurs lui firent abandonner ce dessein. En 1331 il s'allia avec Guichard, sire de Beaujeu. Par ce traité ils se promirent de se servir l'un l'autre envers et contre tous, à l'exception de la part du sire de Villars, du dauphin et de l'archevêque de Lyon, au cas toutefois qu'il se trouverait être son vassal. Ce traité termina des différens prêts à s'élever entre ces deux seigneurs. La même année les hostilités recommencèrent entre le sire de Villars et le prieur de Nantua : elles ne furent pas de longue durée. Le comte de Genève fut assez heureux pour les accorder par un traité qui fixa les bornes des deux états.

En 1333, Humbert engagea à Amé, comte de Savoie, St.-Martin-du-Frêne, Chana, Bulon, Vo-

Iognat et Vaugrigneuse, et lui promit foi et hommage pour ces seigneuries.

Une administration faible, le goût de la dépense, de nombreux enfans à établir, obligeaient les sires de Villars à des emprunts dont ces inféodations étaient le gage : ainsi se préparait la décadence de cette famille.

En 1333, Hugues de la Palu, seigneur de Varambon, voulait épouser Éléonore, fille et héritière de Jean des Juifs. Le sire de Villars s'y opposa, en disant que le seigneur des Juifs lui devait hommage lige et le service en dépendant avant tout autre ; ce que ne pouvait faire le seigneur de la Palu, qui le devait aussi avant tout autre au comte de Savoie. Pour obvier à cet inconvénient il fut réglé 1.º que le seigneur de la Palu échangerait ses terres de Bresse, et toutes celles qu'il avait, *hors la baronnie de Villars*, contre Bouligneux ; sis dans la même baronnie qui appartenait à Pierre de la Palu, son frère, qu'ainsi il se trouverait libéré de l'hommage qu'il devait au comte de Savoie ; 2.º que si, par la succession des temps, les terres de Bresse et de Dombe se réunissaient sur la même tête, le seigneur à qui elles appartiendraient, donnerait un de ses fiefs au choix du sire de Villars, pour faire l'hommage et le service des Juifs et de Bouligneux ; 3.º enfin, que, si le seigneur de la Palu venait à succéder à la terre de Varambon, il serait obligé, dans ce cas, de faire servir le sire de Villars *par deux hommes d'armes à cheval*, *bien armés* et capables de servir pour les deux fiefs, dans chacun desquels il tiendrait un châtelain qui serait homme du sire de Villars et lui prêterait serment de fidélité avant d'entrer en exercice. Le mariage se fit à ces conditions.

Humbert continua les donations de ses prédécesseurs aux monastères de ses états. Il mourut en 1336; il avait été l'aîné de dix enfans: il en laissa sept d'Eléonore de Beaujeu.

Humbert VI, son fils aîné, lui succéda; son père l'avait émancipé depuis long-temps, et il gouvernait la sirerie pendant les dernières années de sa vie. Quoiqu'Humbert ne fût pas sujet du Roi de France, il réunit ses troupes à celles de Philippe de Valois, dans la guerre qu'il eut à soutenir contre Édouard III, roi d'Angleterre. A son arrivée à Tonneins en Guyenne, où était le rendez-vous général de l'armée, les chefs de l'armée se disputèrent l'honneur de le bien recevoir. Cette réception fut troublée par un différend qu'il eut avec deux de ses premiers vassaux: c'étaient Pierre de la Palu, seigneur de Varambon, et Galois de la Beaume, de la maison de Montrevel. Ils ne lui devaient le service militaire que pour la défense de ses propres états, et ils ne s'étaient engagés à sa suite qu'à condition qu'il les défrayerait ainsi que leurs vassaux. Ils se plaignirent de ce qu'on n'exécutait point ces engagemens, et ils abandonnèrent leur prince emportant leurs bannières avec eux, et se faisant suivre par leurs gens. Les chefs de l'armée française, avertis par le sire de Villars, appaisèrent ces seigneurs mécontens, et les engagèrent à choisir Henri de Villars, évêque de Valence, pour juge de ce différent.

Cette affaire étant terminée, ces deux vassaux accompagnèrent Humbert en Flandres, où Edouard venait de débarquer; Philippe confia la défense de Cambrai à Galois de la Beaume; Édouard vint assiéger cette ville avec 40 mille hommes; Galois s'acquit une grande réputation à la défense de cette ville. Humbert accompagna le duc de Berri en Auvergne, et se trouva avec l'armée du duc de Bourbon au siége de Limoges. Après la prise de cette ville, il prit congé de Philippe pour se rendre dans ses états, et avant son départ, il se déclara, en 1339, vassal de ce prince pour 400 livres de rente qu'il lui assigna sur son trésor: ces sortes d'hommages étaient communs. Le vassal ne perdait rien de son indépendance; mais il était obligé à secourir le prince à qui il faisait hommage de ses dons.

Vers l'an 1340, Humbert II, dauphin de Vienne, laissa tomber son fils unique dans le Drac, d'une fenêtre de son palais. N'ayant point d'héritier il hésitait sur le choix du maître qu'il allait donner à ses sujets. Le comte de Savoie cherchait à le déterminer en sa faveur; il avait pour lui le vœu des Dauphinois. Les habitans de cette province se flattaient d'engager le comte à préférer le séjour du Dauphiné à celui de la Savoie, pays froid et aride.

Cette réunion aurait d'ailleurs terminé les divisions qui régnaient depuis long-temps entre les deux pays. Tandis que Guillaume, fils de Galois de la Beaume, s'employait à cette négociation pour le comte de Savoie, le sire de Villars et son frère, l'archevêque de Lyon, avaient décidé le dauphin en faveur de la France. Ce prince se détermina à faire le voyage de Paris; le sire de Villars l'y accompagna : le traité fut projeté au château de Vincennes le 23 avril 1343, et conclu à Lyon le 16 juillet 1349, par l'entremise des deux Villars et de Charles de Valois, depuis roi sous le nom de Charles V.

En 1355, Humbert VI força Amé de Savoie de déclarer qu'il n'avait aucun droit sur ses états, à l'exception de l'hommage pour quelques seigneuries dont on devait se départir la même année.

Humbert VI fut marié deux fois ; il n'eut qu'une fille de la première. Il eut de Béatrix de Châlons, sa deuxième femme, fille du comte d'Auxerre, cinq enfans, dont l'aîné lui succéda. Sa deuxième femme lui apporta en dot 6,000 florins d'or, en paiement desquels il reçut des droits sur la châtellenie de Montgefon, le val de Vaugrigneuse et la seigneurie de Montdidier.

Dans son testament, qui est de 1363, il légua 800 florins d'or à l'abbaye de la Chassagne. Il avait précédemment donné à cette abbaye la haute justice dans tous ses domaines, excepté pour les crimes qui entraînaient condamnation au dernier supplice, et pour les délits commis dans les franchises, chemins publics et cimetières. Humbert VI mourut le 18 août 1372.

Humbert VII, son fils ainé, lui succéda. Pendant la vie de son père, ce prince n'eut d'autre titre que celui de seigneur de Rossillon et d'Annonay, deux terres en Bugey, qu'il avait prises en fief du comte de Savoie. Il était aussi feudataire du roi de France qui lui avait donné, en 1364, les châteaux de St.-Latier et de Champagne sur le Rhône. Les bienfaits d'Amé VI, comte de Savoie, surnommé le Comte Verd, l'avaient si fort attaché à son service que, pendant la vie de son père, il ne quitta presque pas la cour de Savoie. Jean, marquis de Montferrat, ayant appelé le Comte Verd à son secours contre Galéas Viscomti, seigneur de Milan, Amé choisit Humbert de Villars pour son lieutenant dans cette expédition. Ils firent lever le siège d'Asti aux Milanais, et leur livrèrent bataille peu après.

Le comte de Savoie ne tarda pas à recueillir les fruits de sa bienveillance, ou plutôt de sa politique. Humbert, devenu maître des états de son père, par reconnaissance, ou pour remplir des engagemens contractés, ou par faiblesse de caractère, assujétit la plupart de ses domaines à l'hommage envers Amé. Villars, Loyes, Pontein, Châtillon de Corneille, les Joux Noirs, la vallée de Rogemont, les châteaux du Molard, de Corlier et de Volognat, devinrent fiefs de Savoie, de terres allodiales qu'elles étaient. Cet hommage fut fait en 1373. Les habitans d'Arbent obtinrent du sire de Villars la permission de chasser à toutes sortes de bêtes dans la châtellenie de ce nom, de les suivre dans toute l'étendue de la Baronnie de Thoires, aux conditions que de tous les cerfs qu'on prendrait dans les mois de juin, juillet et août il en aurait le sommier, qu'on lui donnerait les quatre pates de l'ours et la hure du sanglier.

Les Valaisans venaient de secouer le joug de leur évêque après l'avoir chassé de son siége. Le prélat implora le secours d'Amé VII, comte de Savoie, qui proposa au sire de Villars de l'aider à rétablir l'évêque du Valais. Villars réunit ses troupes à celles de Savoie, défit les Valaisans et revint chez lui. A peine fut-il de retour que l'archevêque de Lyon lui demanda, le 10 octobre 1390, l'hommage du château de Bauvoir en Bugey, du Châtelard et de Trévoux en Dombe. Quoique l'origine de l'hommage pour les deux premières places fût obscure, comme il avait déjà été rendu plusieurs fois, Humbert ne fit aucune difficulté pour elles, mais il soutint que Trévoux n'avait été entre les mains de l'église de Lyon que parce que ce siége avait été occupé successivement par trois princes de sa famille, qui tenaient cette place à titre d'apanage de la sirerie de Villars, et avec clause de retour : ces raisons satisfirent l'archevêque, et cette affaire n'eut pas de suite.

Quelque temps après Humbert alla, à la tête de cent lances, aider Louis de Bourbon II à chasser les

Anglais du château de Belleperche en Auvergne. Aimé VII, comte de Savoie, étant mort, avait laissé le gouvernement de ses états et la tutelle de son fils à Bonne de Bourbon, sa veuve. Les états de Savoie, persuadés que ce fardeau était au-dessus de ses forces, envoyèrent, en 1393, supplier Humbert VII d'accepter la qualité de conseiller nécessaire de régence. Il répondit à la confiance des états.

Vers ce même temps la peste fit de grands ravages dans les états d'Humbert. La ville de Villars épuisa son patrimoine pour secourir ceux de ses habitans qui en furent attaqués. Peu après le sire de Villars perdit son fils unique : ce jeune prince, qui donnait à son père les plus grandes espérances, venait d'être appelé à gouverner le comté de Genève, ce qui réunissait une partie du Bugey et du pays Genevois aux états de son père : cette brillante perspective s'évanouit par sa mort. D'autres malheurs vinrent accabler le sire de Villars.

Eudes III, comte de Bourgogne, en donnant sa fille en mariage à Humbert III, lui avait cédé Montréal, Arbent et Martignat, sans aucune réserve, pas même de l'hommage simple ; depuis ce temps les sires de Thoires s'étaient regardés comme souverains de ces trois places : en 1231 Etienne, comte de Bourgogne, et son fils, furent obligés de reconnaître qu'ils n'avaient aucun droit sur ces terres. Les officiers de la justice de Montrevel, dans le comté de Bourgogne, possédé en 1400 par Philippe le Hardi, recurent les habitans de St.-Martin sous la garde de leur prince, avec Pierre de Rogemont, vassal des sires de Thoires; ils prétendirent avoir le droit de justice sur Montréal, Matafelon, Châtillon-de-Michaille, et avoir en outre la garde de Nantua. Humbert s'en plaignit au duc de Bourgogne qui, loin de reconnaître la légitimité de sa réclamation, lui demanda l'hommage pour toutes ses terres dans le Bugey, et notamment la sirerie de Thoires, et le fit citer devant son conseil à Dijon, afin d'y voir prononcer la confiscation de ces terres, pour en avoir refusé l'hommage.

Humbert protesta et dit qu'étant prince souverain, cette contestation ne pouvait être jugée que par des arbitres qui seraient choisis suivant l'usage; il ajouta que, ses droits étant infaillibles, il consentait qu'ils fussent examinés par le Conseil du duc. Philippe produisit un titre de 1273, dans lequel Jean, comte de Bourgogne, donnait à son fils la suzeraineté sur les terres du sire de Thoires; Humbert répliquait que ce titre secret n'avait jamais été connu; et que par suite du différent qui eut lieu en 1231 entre Étienne, un de ses prédécesseurs, et le comte de Bourgogne, ce dernier avait reconnu l'indépendance de la sirerie de Thoires et des fiefs réclamés; il observait que si les sires de Thoires avaient, dans un écrit secret, donné les terres du comte de Bourgogne à un de leurs fils, les comtes ne se croiraient pas dépossédés par ce faux titre, qu'il en devait être de même pour lui. Pour éviter d'être forcés par leur souverain, de rendre un jugement inique, les membres du Conseil du duc de Bourgogne lui firent observer qu'il s'agissait d'un objet féodal relatif au comté de Bourgogne, et que l'affaire ne pouvait être décidée que par le conseil de ce comté. Sur ces observations le duc envoya cette affaire à son parlement de Dôle ; Humbert refusa de reconnaître ce tribunal, ce qui aurait décidé la question contre lui : l'arrêt rendu le 5 mai 1401 porta que *pour avoir, ledit sire de Villars, dénié le fief de Montréal, et commis divers excès, désobéissances et rebellions envers son seigneur, il est privé dudit lieu de Montréal et de ses dépendances, et condamné à relâcher le tout au duc, et en l'amende outre de 1,000 livres etcvenans, dépens compensés.*

Par suite de cet arrêt Philippe envoya ses officiers pour le faire reconnaître à Montréal, Arbent et St.-Martin-du-Frêne. Les sujets du sire de Villars refusèrent de les recevoir. Philippe envoya le maréchal de Vergy avec des troupes ; elles prirent en peu de temps les places de Montréal, Brion, Arbent, Matafelon, la Bossie sur Cerdon, la Velière, Mérignat, Chenavel, Cerdon, Vardy et la Roquetière ; le château de Balmey fut défendu quelque temps par Jean de Rogemont, et cette place fut rasée.

Humbert, hors d'état de résister, s'adressa à Amé VIII pour être son médiateur auprès du duc de Bourgogne. Le comte de Savoie envoya des députés auprès du maréchal pour obtenir une trêve ; ils arrivèrent trop tard pour empêcher la prise de la sirerie de Thoires.

Humbert était pendant ce temps-là occupé à Trévoux. Le duc de Bourbon négociait avec lui pour acheter les seigneuries de Trévoux, d'Ambérieux et du Châtelard, avec tous les fiefs et arrière-fiefs qui en dépendaient. Le sire de Villars se voyait sans enfans; il craignait que le duc de Bourgogne ne voulût s'emparer de ses terres de Bresse, comme il venait de faire de celles du Bugey : ces raisons le déterminèrent à vendre, le 11 août 1402, ces trois seigneuries au sire de Beaujeu, moyennant 30,000 francs d'or. Humbert s'en réserva l'usufruit, et la faculté de rachat perpétuel dans le cas où il aurait des enfans.

Le comte de Savoie ayant eu connaissance de ce traité, qui lui donnait pour voisin un vassal de la France, envoya l'évêque de Lausanne auprès d'Humbert VII, pour lui faire des propositions analogues à celles du duc de Bourbon; les mêmes motifs amenèrent le sire de Villars à vendre, le 29 octobre 1402, au comte de Savoie, toutes ses terres dans le Bugey, avec les mêmes conditions et réserves portées dans le traité fait avec le duc de Bourbon. Il acheta de lui en même temps les fiefs de Bouligneux et de Sandrans. Le prix de cette aliénation fut de 100,000 florins d'or. Humbert se réserva les terres de Rossillon en Bugey, d'autres dans la Bresse, et quelques fiefs qui appartenaient à Isabelle d'Harcourt, sa femme.

Alix de Rossillon, première femme d'Humbert, lui avait laissé la propriété des terres de Rossillon en Dauphiné, Annonai et Boulieu en Vivarais, Miribel en Forez, Riverie en Lyonnais, et d'autres terres dans le Mâconnais. Isabelle d'Harcourt, sa dernière femme, lui persuada de lui céder ces terres; il y consentit, et il poussa la condescendance jusqu'à faire confirmer, en 1410 et 1411, cette donation par le roi de France.

Le comte de Savoie négocia auprès du duc de Bourgogne pour en obtenir la restitution des terres de la sirerie de Thoires, qui avaient été comprises dans ce traité. Ses efforts infructueux auprès de Philippe le Hardi recommencèrent auprès de Jean sans Peur, son fils; les deux parties contestaient comme auparavant sur la nullité de l'acte de 1273 et de l'arrêt du parlement de Dôle : le comte de Savoie ajoutait de plus, que, même en admettant la validité de ces deux actes, le duc ne devait retenir que Montréal et ses dépendances. On ne pouvait s'accorder de part et d'autre, et on se préparait à la guerre lorsqu'en 1412, Charles VI, roi de France, proposa sa médiation, qui fut acceptée; les chanceliers de Bourgogne et de Savoie plaidèrent leurs causes devant le Conseil du Roi, qui décida que les seigneuries d'Arbent, Matafelon, la moitié de St.-Martin-du-Frêne, la Garde de Nantua, le Barrio, le val de Cerdon, le val de Rogemont, Pontcin, Châtillon-de-Corneille, et les Joux Noirs, ne dépendaient point de la seigneurie de Montréal. Le duc les réclamait comme indemnité des frais de la guerre : dans une dernière conférence, tenue à Chambéri, il fut convenu entre les deux princes que le duc de Bourgogne rendrait au comte de Savoie toutes les terres que le sire de Villars avait possédées dans le Bugey; que le comte de Savoie payerait au duc de Bourgogne 26,000 francs d'or par forme de dédommagement, sur laquelle somme le comte se retiendrait ce qui pouvait lui être dû sur la dot de Marie de Bourgogne, son épouse. Ce traité fut exécuté en septembre 1414.

Humbert, qui n'avait cédé que la nue propriété de ses états, continua pendant sa vie à exercer les droits de la souveraineté; il excéda le pouvoir d'un simple usufruitier en faveur de l'abbaye de la Chassagne, à qui il accorda, en 1415, le droit de tenir une foire le jour de Sainte-Catherine, à la charge par l'abbaye de dire à perpétuité une messe pour lui la veille de la foire; il exempta du droit des aides les bourgeois de Loyes qui viendraient à ces foires. Il accorda peu après à cette abbaye le droit d'élever un fort près du monastère, de l'environner de fossés, d'obliger ses vassaux à en faire la garde, de nommer un gouverneur et un châtelain qui commanderaient sous les ordres de l'abbé; il semblait qu'il voulait l'élever au rang dont il descendait. Il couronna toutes ces libéralités envers ce monastère, en l'instituant son héritier universel. Il se contenta, dans son testament, de donner un marc d'argent à Philippe de Levi, seigneur de Laroche en Rénier, son neveu, et cent sous à Jacques de Vienne, un autre de ses neveux. L'abbé d'Ambronay et deux religieux furent nommés exécuteurs de son testament. Humbert mourut à Trévoux en 1423. L'abbaye de la Chassagne se présenta pour recueillir sa succession. Il ne restait rien de ces riches domaines que la maison de Villars avait possédés; mais le duc de Savoie devait encore 13,000 florins en reste du prix de son acquisition. Amé VIII, pour se libérer envers l'abbaye, lui céda tous les revenus des états de Villars en Bresse pendant neuf ans : ainsi les moines de la Chassagne ont été en quelque sorte les derniers souverains de cette sirerie.

Dans la vente qu'Humbert VII avait faite de ses terres de Villars, il en avait expressément excepté la seigneurie de Montdidier qui était entre les mains de Jacques de Vienne ; Humbert l'avait rachetée de celui-ci, et revendue à Amé VIII moyennant 1,500 livres d'or qu'il n'avait pas encore reçues au moment de sa mort. Isabelle d'Harcourt, sa veuve, se les fit payer à compte des droits de son mariage. L'abbé de la Chassagne redemanda cette somme en qualité d'héritier universel d'Humbert, il soutint à Isabelle que les terres qui provenaient d'Alix de Rossillon, et qu'elle s'était fait donner par son mari, n'étaient point une libéralité de sa part, mais un acquittement de sa dot, et qu'elles en excédaient la valeur. Les arbitres choisis pour décider la difficulté, adjugèrent à l'abbé le prix de la terre de Montdidier, et la nue propriété d'un étang. L'abbaye fut chargée de quelques prières pour Isabelle d'Harcourt, et tenue de confirmer les autres donations que son mari lui avait faites.

Nous ne pouvons nous dispenser de donner une légère idée du comté de Genevois qui aurait fait partie des états des sires de Villars, si cette maison ne s'était pas éteinte : ce comté se formait du bailliage de Terny, de la seigneurie de Gex et du pays de Vaud. Gérard ou Gérald forma cette principauté en 1032, en secouant le joug des rois de Bourgogne, à l'exemple de ses voisins. La ville de Genève ne fut point comprise dans cette usurpation, parce que l'évêque s'y était déjà emparé de la puissance séculière, sous le titre de comte de Genève. L'anarchie de ces temps-là autorisait en quelque sorte ces changemens d'autorité, parce que les peuples avaient besoin de protecteurs et de maîtres.

Dans le temps qu'Amé I.er, arrière-petit-fils de Gérald, commandait dans le comté de Genevois, vers l'an 1120, Guido, son frère, était évêque de Genève : plus attaché à la grandeur de sa maison qu'aux intérêts de son église, il en confia l'avouerie à Amé son frère, avec le droit d'avoir dans la ville un lieutenant ou vidame (mot dérivé de vice-Dominus) pour administrer la justice. Ces concessions furent la source des prétentions des comtes et ducs de Savoie sur cette ville. En 1179, cette principauté fut séparée en deux. Amé eut la principauté de Gex et de Vaud en apanage, à charge d'hommage envers son frère. Le dernier des comtes de Genevois, Amé III ayant vu périr ses nombreux enfans, désigna pour son successeur Humbert, son petit-fils, par

Marie de Genève, sa fille, qui avait épousé le dernier sire de Villars. Après la mort de son aïeul, Humbert voulut prendre possession de ses états, mais il fut arrêté par un compétiteur puissant.

Le dernier comte de Genevois avait laissé un fils nommé Robert. Ce fils avait embrassé l'état ecclésiastique ; son père avait cru qu'une souveraineté séculière était incompatible avec cet état, et avait, comme nous l'avons vu, laissé ses états à son petit-fils. Robert, devenu cardinal, puis pape sous le nom de Clément VII, partit d'Avignon pour s'opposer à son neveu. Humbert préféra à une guerre incertaine un traité qui lui assurait cette succession après la mort de Clément VII. Celui-ci mourut le 16 septembre 1394; Humbert à sa mort se mit en possession de ce comté; il en jouit peu de temps : il mourut à Pierre-Châtel en 1400. Il ne laissait point d'enfans, et légua par son testament ce comté à Odo de Villars, petit-fils d'Humbert V, dernier mâle de la maison de Villars. Amé VIII, duc de Savoie, lui disputa cette succession ; Odo qui n'avait point d'enfans, changea ce comté contre la seigneurie de Châteauneuf en Valromey, et la terre de Lompnès, et 45,000 florins d'or de retour. Odo affranchit en 1407 tous les serfs de Montribloud. Cette terre lui appartenait ainsi que celle de Bauvoir en Bugey, et Montellier en Bresse, comme apanage de famille. Après la mort d'Odo, qui eut lieu en 1409, sa succession fut partagée le 14 mars 1418, entre les seigneurs de Montrevel et d'Antremont, ses beaux-frères.

Chapitre III.

Sirerie de Coligny.

Coligny, ville principale de cette sirerie, était encore, comme aujourd'hui, un bourg peu considérable. Il était divisé en deux parties qui avaient primitivement été gouvernées par le même souverain. La partie qui dépendait du comté de Bourgogne s'appelait Coligny-le-Vieux, celle qui dépendait de la Bresse s'appelait Coligny-le-Neuf. On prétend, mais sans preuves suffisantes, que ce bourg doit son origine et son nom à une des colonies que Jules César fit établir dans les Gaules par Munatius, pour contenir les Séquanois et les Helvétiens.

Cette principauté paraît s'être formée vers le milieu du 10.e siècle. Dans le temps de la plus grande puissance des sires qui la gouvernaient, ils possédaient dans le comté de Bourgogne Orgelet, Arinthod, Andelot, Gigny; dans le duché de Bourgogne, Cuseau, Savigni et l'abbaye du Miroir; dans la Bresse, Coligny, Beaupont, Marbos, Saint-Étienne-du-Bois, Pirajoux, Bény, Cormos, Montjouvent, Treffort, Jasseron et Pontd'Ain; dans le Bugey, Pontcin, Ambronay, St.-Rambert, St.-Sorlin, Rougemont, Port, Brion et Matafelon.

D'après l'autorité des anciens historiens, on regarde comme chef de cette maison Manassés le Vieux, qui vivait au commencement du 10.e siècle. Gisalbert, un de ses fils, fut comte de Beaune et duc de Bourgogne par Ermengarde sa femme, fille de Richard le justicier, qui s'intitulait comte par la grâce de Dieu ; le cadet Manassés eut le comté de Dijon, d'Auxois, et une partie du comté de Bourgogne dont dépendait ce qu'on appela dans la suite sirerie de Coligny.

Manassés II vivait vers l'an 925. En cette année, une troupe de Normands, conduits par un chef appelé Renaud, ravageait la Bourgogne : Manassés se réunit à trois autres seigneurs et les défit après leur avoir tué plus de 800 hommes.

Manassés III, son fils, lui succéda. Ce prince est réellement la tige des sires de Coligny. Ce n'est que sous lui qu'on commença à désigner les coteaux qui s'étendent depuis Coligny jusqu'à Pontd'Ain, sous le nom de Revermont, *Reversus mons*. Dans une donation qu'il fit en 974, et datée du règne de Conrad, roi de la Bourgogne transjurane, Manassés prend le titre de comte : dans cette charte faite au château de Coligny, il donne à l'abbaye de Gigny les églises de Marbos et de Treffort. On voit par cette charte qu'il se regardait encore comme vassal du roi de Bourgogne.

Son fils et son petit-fils après, lui succédèrent.

Manassés VI leur succéda. En 1086 il se rendit garant pour l'abbé de Nantua, d'un traité de paix et d'alliance que celui-ci conclut avec Hugues de la Baume, qui présenta de son côté Hugues, sire de Thoires, pour garant. Il est appelé dans ce titre sire de Coligny.

Humbert Ier, son fils, lui succéda sous la tutelle de la comtesse Adélaïde sa mère. Elle donna en 1090 à l'abbaye de Nantua, le château de Brion en Bugey, et cent sous à prendre sur les revenus de cette terre.

En 1116 on voit Humbert donner aux Chartreux de Portes tout ce qui lui appartenait sur le territoire de ce nom. Deux religieux de l'abbé d'Ambronay en obtinrent la permission de se retirer dans les déserts de Portes, sous la règle de St.-Bruno. Ce lieu solitaire servait, à ce qu'il paraît, de frontière à tous les petits états qui s'étaient formés. Tous les princes voisins s'empressèrent de favoriser l'entreprise des deux moines d'Ambronay, et ils leur cédèrent tous leurs droits sur ce territoire. Ainsi ce monastère eut à la fois pour fondateurs l'abbé d'Ambronay, le sire de Coligny, le comte de Savoie, le sire de la Tour-du-Pin, et le sire de Beaujeu.

L'abbaye du Miroir avait obtenu de Guillaume, comte de Mâcon, une partie du territoire où elle était située; en 1131 Humbert agrandit leurs possessions, leur fit élever une maison spacieuse, et leur accorda le droit d'envoyer leurs troupeaux dans les pâturages de ses domaines.

Gueric, l'aîné de ses quatre fils, lui succéda, on ne sait en quelle année.

Un nommé Guillaume de Torria, qui occupait un petit fort dans les montagnes de Franche-Comté, avait enlevé quelques têtes de bétail à l'abbaye du Miroir. Gueric fut médiateur du traité de paix entre Guillaume et l'abbaye, qui acheta sa tranquillité moyennant 5 sols et une paire de souliers. En 1156

Gueric vendit à cette abbaye la terre appelée la Combe d'Ossée, moyennant cent sous. Il se repentit d'avoir démembré, à vil prix, une portion de son domaine, et la reprit à main armée. L'abbaye implora la médiation d'Héraclius, archevêque de Lyon, et du comte de Mâcon; elle parvint à obtenir de Gueric la restitution de cette terre, et elle lui donna en récompense 300 sous et un palefroi ferrant. Dans ce traité conclu en 1158, Gueric promit avec serment, que si lui ou un des siens maltraitait à l'avenir les gens de l'abbaye, ou lui enlevait quelques-unes de ses possessions, et qu'il n'eût pas réparé le dommage dans les sept jours qui le suivraient, il se renfermerait dans un de ses châteaux jusqu'à ce que l'abbaye eût reçu une entière satisfaction.

Gueric se rendit peu après garant d'une vente faite à cette abbaye par Hugues de Beaufort, son vassal, qui prenait la qualité de connétable.

Sur le sceau que Gueric apposait au bas de tous ces actes, il était représenté à cheval, armé de toutes pièces, tenant à la main un glaive nu avec la légende *Signum Guerici de Coloniaco*.

Gauthier, 4.e frère de Gueric, eut en apanage quelques possessions vers St.-André en Revermont et à Ambronay. Guillaume, second fils de Gauthier, chanoine de Lyon, légua en 1213 ces deux propriétés au chapitre dont il faisait partie.

Humbert II, fils de Gueric, lui succéda. Il épousa Ide, fille de Girard, comte de Bourgogne, et veuve de Simon, duc et marquis de Lorraine ; elle conserva le titre de duchesse. En 1171 Humbert II accompagna Robert, duc de Bourgogne, à la Terre-Sainte. Il mourut vers l'an 1190, laissant huit enfans.

Guillaume I.er, son fils aîné, lui succéda. La sirerie de Coligny fut divisée entre les enfans d'Humbert, ce qui prouve qu'il ne fit point de testament. Guillaume n'ayant qu'une petite portion des domaines de son père, voulut, à l'imitation des petits souverains de son temps, se procurer l'avantage de relever de quelque prince puissant. Il venait d'acquérir des enfans d'Humbert de Thoires, les terres de Brion et de Rougemont en Bugey; il reconnut les tenir en fief honorifique de Thomas I.er, comte de Savoie.

Hugues II, frère de Guillaume, avait eu dans son partage les terres de Marbos, de Treffort, de Saint-André sur le Suran, et une partie du Revermont; il eut quelques difficultés avec l'archevêque de Lyon, au sujet de la terre de St.-André : ce différend fut bientôt terminé par l'hommage qu'Hugues rendit au prélat pour cette terre. Ceci prouve que le legs fait en 1213 par Guillaume de Coligny, chanoine de Lyon, à son chapitre, n'était point de la propriété entière de ses biens. Entraîné par l'exemple des princes de l'Europe, Hugues voulut aller faire le voyage de la Terre-Sainte : avant son départ il laissa le gouvernement de ses états à Guillaume son frère, et combla les églises et monastères de bienfaits. Il donna pour le salut de son âme et de celles de ses prédécesseurs, à la chartreuse de Seillon, le territoire de Sélignat, pour y bâtir une maison de son ordre; à la chartreuse de Montmerle, (pour y bâtir une grange) des bois et pâturages situés à Valraison, dans le territoire de Coligny, et des exemptions de droits; à la chartreuse de Portes, des droits de pâturages étendus, près d'Ambutrix; l'abbaye de St.-Sulpice en obtint un terrain considérable qui s'étendait jusqu'à l'Albarine, la permission de construire une maison dans sa terre, et la liberté d'y vendre et acheter sans payer aucun droit : en reconnaissance de ce don l'abbaye l'affilia à son ordre, et promit de faire pour lui, à sa mort, ce qu'elle avait coutume de faire pour un de ses religieux. Cette dernière concession est de 1201. Hugues accompagna Boniface de Montferrat dans une croisade, et il fut tué au siége d'un bourg de Bulgarie. Par son testament il avait institué Béatrix sa fille aînée, héritière dans le cas où Guillaume, son oncle, n'aurait point d'enfans; la seconde eut la seigneurie de Varey.

Guillaume, après la mort de son frère, fut possesseur de Coligny le Neuf; il exempta de divers droits les chartreuses de Seillon et de Meyriat; il donna à cette dernière des terres du côté d'Arvières. L'abbaye de St.-Sulpice obtint la confirmation des donations précédentes; enfin il se dépouilla, en faveur de l'abbaye d'Ambronay, du droit de garde et du léger tribut qui servait seulement à faire ressouvenir celui qui le payait de sa dépendance; il poussa même la condescendance jusqu'à déclarer que ses prédécesseurs avaient eu tort d'exiger ce droit. Dès-lors cette abbaye se vit l'égale de ses anciens souverains jusqu'au temps où la terre de Coligny ayant passé aux comtes de Savoie, ceux-ci la firent rentrer dans l'obéissance.

Guillaume étant mort en 1232, sans enfans, Béatrix sa nièce, fille d'Hugues de Coligny, hérita de ses biens et de ceux de son père. Albert de la Tour-du-Pin, son mari, devint seigneur de Coligny-le-Neuf, de quelques terres en Bresse et de toute la partie du Bugey qui en dépendait, et qui était désignée sous le nom de Manche de Coligny. Ils confirmèrent aux chartreuses de Sélignat, de Montmerle et de Meyriat, les donations de leurs prédécesseurs.

Amé, deuxième fils d'Humbert II, et Humbert III, son frère, eurent en partage, vers l'an 1190, Coligny-le-Vieux et d'autres terres qui s'étendaient jusque vers Arinthod en Franche-Comté. Amé eut dans son lot des terres autour de l'abbaye du Miroir, et d'autres qui s'étendaient jusqu'à Jayat. Amé donna, en 1210, au chapitre de St.-Pierre de Mâcon, tout ce qu'il possédait à Jayat; en 1211 il donna à l'abbaye du Miroir un moulin, et les dîmes d'une vigne qui avait appartenu aux Templiers.

Quelques difficultés étant survenues entre cette abbaye et Béatrix sa sœur, épouse du seigneur de Montmoret, le chapelain de Cuseau, par ordre de l'abbé, refusa à cette dame la sépulture ecclésiastique; Amé se porta pour médiateur, il confirma la donation d'un moulin, et l'abbé lui donna six livres stevenants. Ce traité de 1222, daté de Cuseau, prouve qu'Amé eut cette seigneurie dans son lot. Il mourut sans postérité et laissa ses biens à Amé II, fils d'Humbert III, son frère.

Amé II est le premier de sa maison qui ait pris le titre de seigneur d'Andelot et de Jasseron.

En 1230 il exempta les chartreux de Seillon des droits d'aides, de péage et autres exactions. L'abbé de St.-Oyen-de-Joux ou St.-Claude réclama d'Amé des droits sur la seigneurie de Jasseron, fondés sur une cession faite par Richer, fils de Manassés III, cession confirmée par Amé I.er; Amé II reconnut les droits de cette abbaye, et reçut d'elle 50 livres genevoises.

En 1232 il donna aux chartreux de Montmerle tout ce qu'il possédait dans les territoires de Valère et de la Combe, en outre les droits de pâturage dans ses forêts, ripes, prés et autres possessions; il les rendit responsables seulement du dommage qu'ils causeraient dans l'exercice de ces droits.

Un seigneur nommé Varuscon s'était fait religieux de l'abbaye du Miroir; il lui céda les hommes et les possessions qu'il avait dans le domaine du sire de Coligny; celui-ci, comme seigneur Suzerain, s'était emparé des objets cédés qui étaient devenus un objet de contestation entre lui et l'abbé du Miroir; l'abbé négocia avec le sire de Coligny, qui lui céda en 1235 tous ses droits moyennant 10 livres stevenants (1).

---

(1) Voyez Ducange, au mot Stephanienses.

Dans ces temps d'ignorance, les moines, qui étaient presque les seuls lettrés, rédigeaient les conventions des particuliers et leur donnaient la même authenticité qu'elles acquièrent de nos jours lorsqu'on les fait écrire par un notaire.

Amé demandait à Jean de Cuseau, son beau-frère, 200 livres viennoises qu'il devait lui payer pour la dot d'Alix, sa femme. Ces deux seigneurs réglèrent leurs conventions pardevant le prieur de Gigny, qui les rédigea en 1244, comme homme public, et leur donna un caractère d'authenticité. Jean de Cuseau céda à son beau-frère, pour s'acquitter des 200 livres viennoises qu'il lui devait, tout ce qu'il possédait à Vairia, et Amé, de son côté, le tint quitte du paiement de la dot de son épouse, et en outre de 60 liv. viennoises que Jean de Cuseau devait lui restituer pour avoir été comptées à Hugues son père, par forme de cautionnement des droits d'Alix. Les chartreux de Montmerle réclamèrent d'anciens droits sur ce village de Vairia; Amé et sa femme, par la médiation de Jean, comte de Bourgogne et de Salins, leur vendirent, en 1246, ces droits pour 110 livres viennoises.

En 1247 Amé fut médiateur entre le seigneur de Binanc et l'abbaye du Miroir, qui avait éprouvé de la part de ce seigneur quelques vexations au sujet d'un terrain qu'il prétendait lui appartenir. Le seigneur de Binanc le céda à l'abbaye. En 1249 Amé parut comme témoin dans la donation faite par Gauthier, seigneur du Tremelay, à la même abbaye, de deux mex pour la dispense du vœu qu'il avait fait de s'enrôler pour la guerre contre les Sarrasins.

Amé II mourut vers l'an 1260; il laissa, d'Alix de Cuseau, sa femme, quatre enfans : Guillaume, Etienne, Guy et Guillemette. Guy, prieur de Nantua, eut en apanage les terres de Montagu, Monteneuil, Chalançon, et St.-Germain-de-Joux ; il associa à cette seigneurie Amé V, comte de Savoie. Guillemette fut mariée au seigneur de Montdidier et Riottier.

Guillaume II succéda à Amé II. L'abbé de Saint-Claude lui demanda l'hommage du fief de Jasseron: quoique dans les conventions stipulées avec ses prédécesseurs, au sujet de ce fief, l'abbé n'en eût point exigé, Guillaume y consentit, et par un traité conclu en 1265, il reconnut tenir la seigneurie de Jasseron en fief du monastère de St.-Claude, et promit de lui en faire hommage. Il est convenu dans cet acte, que, dans les temps de nécessité, l'abbé pourrait se servir du château de Jasseron, en y apportant tous les ustensiles qui resteraient au château lorsque l'abbé s'en retirerait; que l'abbé aurait le droit de faire publier le ban de vendanges dans le territoire de Jasseron, et de juger ceux qui l'enfreindraient ; que le sire de Coligny aurait seul la liberté de vendanger ses vignes, vendre ou acheter du raisin sans la permission de l'abbé ; que les mex et terres du fief appartiendraient en commun au sire et à l'abbé ; que celui-ci aurait le droit de succéder aux tenanciers morts sans héritiers légitimes ou expatriés ; que le sire de Coligny aurait le droit d'imposer la taille ; que l'habitant de Jasseron ne pourrait donner à l'église au-delà de la 4.e partie de son mex ; qu'il ne pourrait planter ni cultiver une vigne sans la permission de l'abbé qui, dans le temps de vendange, percevra les dîmes et cens dus au monastère. Dans ce même acte, Guillaume prit en fief de l'abbaye toutes les terres et hommes qu'elle avait au territoire d'Oulez, et s'obligea de lui donner à chaque pêche les plus gros poissons de l'étang de Moutier, en dédommagement des pertes que l'abbé prétendait avoir éprouvées par la construction de cet étang.

La même année il céda à l'abbaye du Miroir tout ce qu'il avait au territoire de Fay, en acquittement de quelques dettes anciennes. Enfin, en 1270, par un jugement de trois arbitres, cette abbaye obtint de lui le droit de pâturage et d'usage dans tous ses domaines, celui de vendanger ses vignes à sa volonté, la faculté de faire construire en pierres l'écluse du moulin près de l'abbaye, la propriété de la forêt d'Osséo et le droit de justice sur les hommes que le monastère avait dans la châtellenie de Chevreau. Guillaume II mourut vers l'an 1275 ; sa fille unique épousa le sire de Montluel, à qui elle apporta en dot Coligny-le-Vieux et tous les principaux domaines des sires de Coligny.

Étienne, frère de Guillaume, jouissait en Bresse des terres de Jasseron, Beaupont, Beauvoir, Montdidier, Ceyzeriat, Attignat et de la seigneurie du Revermont, dont il faisait l'hommage au sire de Baugé; en Franche-Comté il avait Crécia, Broissia et Digna. Gauthier de Coligny, son oncle, avait épousé Alix de Commerci : il stipula dans son testament que si Humbert leur fils mourait sans enfans, Alix rendrait à Étienne les seigneuries d'Andelot et de St.-André en Revermont ; la prévoyance de Gauthier fut justifiée par l'événement, et Étienne recouvra ces deux seigneuries.

Il fut obligé en 1281, pour solder des dettes usuraires que sa prodigalité lui avait fait contracter, de vendre la terre de Sancia à deux habitans de Bourg; il s'en réserva les droits seigneuriaux, dont il céda l'hommage à l'abbaye de St.-Claude pour s'indemniser de quelques revenus qu'il avait perçus indûment sur des possessions de ce monastère. En 1284 Etienne se rendit feudataire de Robert, duc de Bourgogne, pour une partie de sa terre d'Andelot, jusqu'à la concurrence de 30 livres viennoises; il fit alliance avec ce duc, promit de l'aider dans la guerre qu'il soutenait contre le sire de la Tour-du-Pin, et de recevoir ses troupes dans ses châteaux et forteresses : le duc lui donna 700 livres viennoises en raison de cette alliance. Dans ce traité Étienne réserva, avant l'hommage qu'il se soumit à faire au duc, ceux qu'il devait au seigneur de Coligny, à l'abbé de St.-Oyen de Jo (ou Joux), au comte de Savoie, au seigneur de Baugé, au comte d'Auxerre, à Renaud de Bour-

gogne et au seigneur de Ste.-Croix ; ces hommages étaient plutôt des marques d'alliance que des caractères de sujétion.

La guerre entre le sire de la Tour-du-Pin et le duc de Bourgogne se termina en 1285 par la médiation du roi de France ; le duc de Bourgogne renonça à ses prétentions sur le Dauphiné, en faveur du sire de la Tour-du-Pin, qui lui céda Coligny-le-Neuf et les seigneuries qui en dépendaient dans le Revermont, et qui lui venaient de Béatrix de Coligny, sa mère.

Amé V, comte de Savoie, obtint en 1289 ces seigneuries du duc de Bourgogne, et il lui donna en échange les terres de Cuisery, Savigny et Sagy, que Philippe de Savoie, son oncle, s'était fait donner par Alexandre de Baugé. Étienne n'était pas assez puissant pour essayer de recouvrer l'héritage de ses pères. Bien loin de là, accablé par ses dettes, il se trouva heureux de vendre au comte de Savoie les seigneuries de Jasseron, Ceyzeriat, Treffort, et le péage du Pontd'Ain, moyennant 145 livres de rente, en acquittement desquelles le comte de Savoie donna à titre de fief, à Étienne, diverses seigneuries entre le Suran et la rivière de Solenan. Cet acte ressemble à un échange ; il est probable que la somme donnée à Étienne a été omise dans l'acte. Amé s'en mit en possession en 1307, lui promit sa protection, et s'engagea de n'exiger aucun droit de garde de lui ou de ses justiciables.

L'abbé de St.-Claude, qui avait les droits féodaux

et une partie du domaine utile de Jasseron, se plaignit hautement de ce traité, et menaça de porter la guerre dans les petits états d'Étienne. Celui-ci eut recours au comte de Savoie, dont la protection puissante empêcha l'effet des menaces de l'abbé. Étienne mourut vers l'an 1318. Dans son testament de la même année il fit divers legs à des maisons religieuses, et régla le partage de ses domaines entre ses enfans.

Nous avons vu qu'en 1250 les sires de Baugé avaient affranchi les villes de Baugé et Bourg; que le sire de Villars avait affranchi Montréal en 1287. Étienne de Coligny et Guillaume, abbé de St.-Claude, accordèrent en 1283, à la ville de Jasseron, une charte d'affranchissement général, analogue à celle dont nous avons donné l'extrait. Par cette charte, qui fait connaître les mœurs et les usages de ces temps-là, Étienne de Coligny, et Guillaume, abbé de Saint-Claude, affranchissent les habitans et le territoire des tailles arbitraires et des corvées qu'ils avaient coutume d'exiger d'eux.

Celui qui viendra se bâtir une maison dans le territoire de Jasseron payera pour chaque toise de sa maison excédant les huit premières, six deniers viennois de cens annuel. Chaque habitant payera un quartal de froment et un quartal d'avoine, à la mesure de Bourg, par seiterée de terre; douze deniers viennois par chaque char de foin, six deniers par chaque char de foin dit seytive. Il payera la quarte sur tous les vins. Tous les autres impôts sur le blé, le vin, le pain, sont supprimés. Les seigneurs se retiennent le droit de tâche sur les terres en friche, tous les bois leur appartiendront, les habitans auront le droit d'y prendre leur chauffage, les bois pour leurs instrumens d'agriculture. Les habitans auront le droit de pâturage dans les forêts, et d'y envoyer deux porcs chacun, sans être tenus au droit de peyssonage ; les seigneurs se réservent les fours, pressoirs, moulins, battoirs et foulons. Ils exigent un denier par sol du prix de toutes les aliénations, pourvu que les vendeurs résident dans le territoire de Jasseron. Les habitans ne seront tenus de se fortifier, d'aller au combat, de faire la sentinelle, que dans la propre cause du seigneur de Jasseron. Les habitans se pourvoiront pardevant le châtelain lorsqu'ils intenteront quelqu'action en justice. Lorsqu'une plainte lui aura été faite pour injures verbales ou pour coups de poing, le coupable payera au seigneur trois sols viennois d'amende, cinq sols pour un soufflet, sept sols pour un coup de pied, de bâton ou de pierre, pourvu qu'il n'en soit résulté ni effusion de sang ni blessure grave. Pour blessure grave, fracture d'un membre, le coupable payera soixante sous d'amende, et il donnera, en premier lieu, satisfaction à l'offensé. La preuve, dans le cas d'effusion de sang, sera faite par deux témoins dignes de foi, et la plainte jugée par quatre bourgeois de probité reconnue, qui seront nommés par le châtelain. Celui qui aura fait injure à un bourgeois de Jasseron n'aura aucune paix avec le seigneur qu'il n'ait satisfait le plaignant. Si quelqu'un refuse de payer une dette ou qu'il occasionne un préjudice évident aux habitans de Jasseron, la plainte en sera portée devant les seigneurs ou leurs officiers, qui rendront un jugement par suite duquel personne ne lui donnera communication ou entrée dans les foires sans le consentement de celui qui aura souffert le dommage, ou à qui appartiendra la dette. Les frais des jugemens de condamnation, et les peines pécuniaires n'excéderont pas sept sous viennois, excepté dans les cas spécifiés dans cette charte. Si celui à qui on a annoncé le guet ne l'a pas fait, il le fera deux fois; mais la maison de celui dont la femme ou la fille sera dans les douleurs de l'enfantement, ne devra ni guet, ni garde, ni service militaire jusqu'à ce que l'une ou l'autre soit délivrée. Celui qui aura acquis une maison ou d'autres immeubles dans le territoire de Jasseron, se conformera aux usages de ce territoire et ne pourra en être dispensé par le seigneur qui ne pourra de même accorder aucun privilége aux bourgeois qui seraient à son service. Les boulangers diminueront le prix du pain à proportion de celui du blé. Celui qui ne sera pas de poids sera distribué aux pauvres; en cas de récidive dans l'année, le délinquant payera en outre une amende de trois sous. Les bourgeois de Jasseron auront droit de chasse dans les forêts des seigneurs, sauf leurs droits réservés sur les bêtes fauves. Si un étranger a une maison ou d'autres biens dans le territoire de Jasseron, et que le seigneur soit en état de guerre avec celui de l'étranger, les biens et la personne de l'étranger seront respectés.

Si quelqu'un de la famille du sire ou le curial faisait injure à un autre, et qu'il en fût porté plainte, l'offensé aura la même justice que vis-à-vis d'un habitant, à moins que le curial n'eût agi par forme de correction en faisant les fonctions de sa charge. Personne ne sera responsable des délits commis par un autre; le père ne le sera pas de ceux de ses enfans, à moins qu'il ne soit lui-même coupable ou complice, ou qu'il n'ait pas voulu expulser le coupable de sa maison, en ayant été averti par le seigneur, ou qu'ayant connaissance du délit, il ait donné retraite au criminel. Les parens de ceux qui mourront sans testament en hériteront, sauf les droits des veuves ou autres. Les procès seront jugés gratuitement, et si la qualité de la cause exige un assesseur, la partie gagnante pourra seulement exiger la somme modique qui aura été taxée à l'assesseur. Quiconque vendra à faux poids et fausse mesure payera une amende de soixante sols : celui qui donnera caution ou qui obligera ses biens ne sera pas soumis à la contrainte par corps.

Celui qui voudra se servir du sceau du sire pour donner plus d'authenticité à son contrat, payera pour chaque contrat quatre sous viennois. Les cas qui ne seraient point prévus dans les franchises seront réglés selon les usages des autres villes franches, ou suivant le droit écrit. Si quelqu'un déplace frauduleusement la borne de son voisin, et que, d'après la plainte qui en sera faite, il soit convaincu, sa punition sera à la discrétion du seigneur. Il n'y aura lieu à infliger aucune peine ou amende par suite des rixes entre enfans jusqu'à l'âge de douze ans, même lorsqu'il y aurait eu effusion de sang. Lorsque des animaux auront fait du dégât dans des vignes ou terres ensemencées, il sera payé six deniers par tête de porc, et quatre deniers par tête d'autre espèce de bétail, outre la valeur du dommage, qui sera payée au propriétaire. Celui qui aura dénoncé ces dégâts sera cru sur sa déclaration. Les habitans de Jasseron peuvent faire choix de quatre syndics, qu'ils présenteront au sire. Les moines, clercs et religieux seront exempts de toute exaction et de collecte.*

Le sire se réserve la faculté de construire une boucherie et des halles dans la ville de Jasseron, pour la commodité des marchés. Les bourgeois feront choix de deux d'entre eux qu'ils seront libres de changer; le seigneur nommera deux nobles qui se réuniront à eux pour juger les contestations qui pourraient s'élever entre le sire et les habitans sur l'exécution des présentes: en cas de partage, il sera nommé un jurisconsulte qui décidera suivant la rigueur du droit. S'il arrivait que le sire ou ses successeurs vinssent à introduire de nouveaux usages contre les franchises et la liberté des habitans, en supposant même que leurs prétentions fussent soutenues par la possession, on n'y aura point égard à cause de la puissance des sires et de la faiblesse des habitans qui n'auront pu se défendre. Enfin le sire de Coligny, l'abbé et le chapitre de St.-Claude promettent et jurent l'observation des franchises et priviléges accordés aux habitans de Jasseron, et les font jurer par les nobles du pays.

Étienne II, après le décès de son aïeul, fut mis sous la tutelle de Beraud, sire de Crécia, son oncle. En 1328 Jean de Montluel, se voyant sans enfans, lui fit donation de Coligny-le-Vieux, qu'il tenait en dot de Marguerite de Coligny, sa femme. Étienne II épousa Éléonore de Villars: on ignore l'époque de sa mort.

Jean II, son fils ainé, lui succéda: en 1343, pendant qu'il était encore sous la tutelle de sa mère, il recueillit la donation qui avait été faite à son père par Jean de Montluel. En 1373 il accompagna Amé V, dit le Comte Vert, dans la guerre qu'il fit aux Valaisans pour le rétablissement d'Édouard de Savoie, évêque de Sion, que ses peuples avaient chassé de sa terre de Valais. En 1378 Jean II accorda à l'abbé de St.-Claude la permission de fortifier son prieuré, qui était dans la terre de Coligny, à charge que toutes les fois que le sire de Coligny ou ses successeurs y voudront entrer, le prieur ou ses successeurs lui en ouvriront les portes.

Je dois rappeler ici, à l'occasion du grand nombre de traités et concessions faites par les sires de

Coligny aux abbayes et communautés religieuses qui les environnaient, et dont cette Histoire contient un extrait, qu'il ne faut pas en induire que ces sires n'aient point eu d'autres guerres à soutenir ni d'autres traités à conclure que ceux que nous avons cités, et qu'ils aient été constamment circonvenus par les chefs de ces maisons religieuses, pour les porter à se dessaisir de leurs biens en leur faveur. Tous les écrivains qui ont voulu éclaircir l'histoire du moyen âge ont compulsé les archives de tous les monastères, seuls dépôts de livres et de titres dans ces temps où l'imprimerie n'était pas connue. Ils n'y ont presque toujours trouvé que des titres utiles à ces communautés, des titres de propriété; et ce n'est qu'en faisant des extraits de ces chartes que ces historiens ont pu se procurer les généalogies des maisons souveraines et quelques faits de leur histoire. Nous ne pouvons douter que les événemens les plus intéressans, les intrigues de ces petites cours, leurs divisions et les faits d'armes dont la vie de ces guerriers du moyen âge devait être remplie, ne nous soient totalement inconnus. C'est pour suppléer, autant qu'il a été en nous, à ce vide, que nous avons extrait de tous ces contrats de vente, échange ou transactions, tout ce qui peut jeter quelques lumières sur les mœurs et usages de ces temps déjà éloignés de nous.

Jean II mourut vers l'an 1396 : il eut de Marie de Vergy plusieurs enfans.

Jacques I.er, dit Jacquemard, lui succéda : en 1396

il accompagna le duc de Nevers en Hongrie, et prit part à la bataille de Nicopolis. Il accompagnait aussi le duc de Bourgogne lorsqu'il vint à Paris demander justice au roi Charles VI, du meurtre de Jean, son père: ses domaines s'augmentèrent par la succession de Beraud II de Coligny, le dernier de la branche de Crécia. Par son testament fait en 1434, Jacques I.er disposa de ses biens entre les six enfans qu'il avait eus d'Huguette de la Beaume: ses funérailles furent faites avec pompe; les chefs des maisons religieuses qui avaient des liaisons avec sa famille, et un grand nombre de seigneurs y assistèrent: on voit, dans le mémoire des frais de cette cérémonie, vingt-quatre quartes de froment, autant d'avoine, six queues de vin blanc, trois barils de verjus, douze pintes de moutarde de Valois, achetée à Genève, quatre bœufs, six douzaines de moutons, huit porcs, un porc gras pour larder, six cents poulardes, quatre douzaines d'oyes, les assortimens sont proportionnés à ce détail, et le tout fut apprêté par le maître d'hôtel du duc de Bourgogne, qui était venu honorer les obsèques de sa présence.

Guillaume III, fils aîné de Jacques I.er, lui succéda: il épousa Catherine de Saligny, qui lui apporta en dot plusieurs belles terres dans le milieu de la France; deux de ses oncles morts sans enfans lui laissèrent d'autres terres qui avaient été détachées de la sirerie de Coligny. Guillaume mourut vers l'an 1457.

Jean III, son fils aîné, lui succéda; il fut obligé

de partager l'héritage de son père avec ses frères et sœurs. Jusqu'ici les sires de Coligny, réduits à un petit territoire à cause du partage de leurs domaines avec leurs frères, avaient conservé leur indépendance, mais sans aucun éclat. Depuis le mariage de Guillaume III avec Catherine de Saligny, les princes de cette maison perdirent beaucoup de la souveraineté de leurs ancêtres; les grands biens qu'ils acquirent en France les engagèrent à y prendre du service, à agir comme sujets du Roi de France, et à renoncer à une indépendance qu'ils ne pouvaient soutenir au milieu des grands états dont ils étaient environnés. Jean III de Coligny est le premier de sa maison qui ait établi sa demeure en France: il embrassa le parti de Louis XI dans la guerre dite du bien public; il se distingua en 1445 au combat de Montlehéri. Il mourut en 1480, laissant sept enfans d'Éléonore de Courcelles.

Gaspard I.er lui succéda: son frère aîné n'ayant point laissé d'enfans, il réunit toutes les terres de sa maison. Il fut conseiller et chambellan des rois Charles VIII, Louis XII et François I.er. Ce dernier lui donna le bâton de maréchal de France, et la jouissance de la principauté d'Orange, saisie au préjudice de Philibert de Châlons, comte d'Orange, qui s'était rangé du côté de ses ennemis. Gaspard mourut en 1522. Il laissa, de Louise de Montmorenci, sa femme, Odet de Coligny, qui fut cardinal et archevêque de Toulouse, Gaspard, plus connu sous le nom d'Amiral de Coligny, et François de Coligny, qui est plus souvent appelé d'Andelot dans l'Histoire de France.

Gaspard II de Coligny naquit à Châtillon-sur-Losing, le 18 février 1518 : ses talens militaires, ses grands biens, et les grandes charges qu'il occupait sous les règnes de François Ier, Henri II, François II et Charles IX, l'ont rendu plus célèbre que ses ancêtres ; son histoire, ainsi que celle de ses deux frères, dépend de celle du royaume de France, et elle ne doit point trouver place dans une histoire locale comme l'est celle dont nous nous occupons.

L'amiral de Coligny savait que ses ancêtres, par faiblesse ou par nécessité, avaient laissé passer entre des mains étrangères une partie des terres qui étaient primitivement dans la dépendance de cette sirerie.

Nous avons vu que Béatrix, fille d'Hugues de Coligny, avait apporté Coligny-le-Neuf et ses dépendances à Albert, sire de la Tour-du-Pin. Humbert de la Tour-du-Pin, devenu dauphin de Viennois, avait cédé Coligny-le-Neuf à Robert, duc de Bourgogne, pour faire cesser les prétentions de ce prince sur le Dauphiné, et le duc changea, en 1285, Coligny-le-Neuf avec Amé V, comte de Savoie, pour les terres de Cuisery, Sagy et Savigni.

Depuis, Aimon, comte de Savoie, donna en 1337 Coligny-le-Neuf et la seigneurie de Buenc à Édouard II, sire de Beaujeu, pour le dédommager des pertes que son père avait faites en le soutenant contre Guigues, dauphin. Édouard II se vit forcé de remettre cette terre à Robert de Beaujeu, son oncle ; il se réserva la faculté de réachat : par droit de succession elle passa dans la maison de Cusance, ensuite dans celle de Menthon, et fut revendue par cette famille au duc de Savoie, qui la vendit au comte de Châlons. En 1540, Louise de Montmorenci, veuve de Gaspard de Coligny, maréchal de France, en fit l'acquisition du comte de Châlons, ce qui n'empêcha pas le duc de Savoie d'ériger cette terre en comté, en 1556, en faveur de Philibert de la Beaume, quoiqu'il n'eût conservé sur elle d'autres droits que la faculté de réachat. Les sollicitations de l'amiral de Coligny firent révoquer cette donation en 1563, et il fut mis en possession de Coligny-le-Neuf. Il semble que la nature de ces deux terres, Coligny-le-Neuf et Coligny-le-Vieux, était de ne pouvoir être réunies long-temps. L'amiral s'étant déclaré chef des religionnaires en France, le roi d'Espagne confisqua Coligry-le-Vieux et toutes les terres qui en dépendaient dans la Franche-Comté.

En 1564 l'amiral de Coligny réclama, auprès du duc de Savoie, pour faire reconnaître les droits de souveraineté de sa famille, et il en fit déposer les titres entre les mains des avocat et procureur généraux de Savoie, qui répondirent que la demande du seigneur de Coligny ne pouvait être admise, attendu que Guillaume de Coligny avait en 1206 fait hommage lige à Thomas de Savoie, de l'honneur de la maison de Coligny, ce que ses successeurs avaient continué. Le député du sire de Coligny répondit que cette terre était, ainsi que les états de Savoie, fief immédiat du

St.-Empire Romain ; que l'hommage qu'on lui opposait n'était qu'une formule usitée par laquelle un seigneur contractait alliance avec un autre plus puissant que lui ; que dans les chartes de 1304 et 1307, Amé V, en recevant l'hommage du sire de Coligny, déclara qu'il n'avait aucun droit de juridiction sur ses terres et sur ses hommes.

Le duc de Savoie voulut décider lui-même la demande de l'amiral ; et, par une transaction du 18 février 1564, le duc, étant en son conseil, arrêta que « Coligny-le-Neuf serait érigé en marquisat, et que » l'amiral y aurait, de même qu'à Beaupont et Beau- » voir, pouvoir souverain et dernier ressort, à charge » qu'il reconnaîtrait de son Altesse les seigneuries de » Chevigna, Montjuif, et autres dépendances de » Coligny-le-Vieux, assises en Bresse, et avouerait » l'hommage qui avait été imprudemment fait par ». son châtelain. »

L'amiral souscrivit à cette décision, et donna même peu après une preuve de condescendance au duc de Savoie, en lui adressant une requête pour procurer, aux habitans de Coligny-le-Neuf, un marché par semaine et deux foires par année. Gaspard II de Coligny périt le 24 août 1572, dans le massacre de la St.-Barthelemy, et laissa de Charlotte de Laval, sa première femme, François, qui lui succéda, Louise de Coligny, bisaïeule de Guillaume III, roi d'Angleterre et stathouder de Hollande ; Charles de Coligny, fils d'Huberte de Chatenai, sa seconde femme, abjura la religion protestante, et obtint de l'archiduchesse d'Autriche la main-levée de la confiscation de la terre de Coligny-le-Vieux.

Après la mort de son père, François de Coligny se réfugia à Genève; Henri IV lui donna en 1586 la charge de colonel-général de son infanterie, et le gouvernement de Montpellier, et en 1591 la charge d'amiral de Guyenne; il mourut la même année: il avait épousé Marguerite d'Ailli.

Gaspard III, son fils puiné, lui succéda; Henri IV lui donna, en 1601, la charge d'amiral de Guyenne; en 1643 Louis XIV le fit maréchal de France, et érigea en sa faveur la terre de Châtillon-sur-Loing et d'autres en duché pairie, sous le nom de Coligny. Il eut plusieurs enfans d'Anne de Polignac.

Gaspard IV, son fils puîné, lui succéda; il abjura les erreurs de ses pères en 1643: en 1646 Louis XIV confirma l'érection de la duché pairie de la terre de Châtillon, sous le nom de Châtillon. Ce prince mourut le 9 février 1649, à Vincennes, d'une mousquetade qu'il avait reçue à l'attaque de Charenton, pendant les troubles de la Fronde. Il laissa, d'Elisabeth de Montmorenci, Henri-Gaspard, né posthume, mort jeune, le 25 octobre 1657: en lui finit la branche aînée des souverains de Coligny, féconde en grands hommes et illustre par ses alliances.

Les cadets de la maison de Coligny formèrent diverses branches dites de Crécia, de Saligni et d'Andelot; elles sont toutes éteintes, savoir: la première de Crécia, par la mort de Beraud II, en 1411; celle de Saligni, par la mort d'Alexandre, comte de Saligni, mort à 32 ans, au commencement du siècle dernier; la deuxième de Crécia, par la mort de Joachim, marié en 1644, à Jeanne de Talarue, dont il n'eut point d'enfans; et celle d'Andelot, par le décès de Paul, mort le 30 décembre 1601, des suites d'une blessure qu'il reçut au service de l'Empereur, en poursuivant les Turcs.

Chapitre 4.

SIRERIE DE MONTLUEL.

Les sires de Montluel étaient souverains du pays qu'on nomme encore aujourd'hui la Valbonne. Ce petit état était borné du côté de l'orient et du midi par le Rhône, qui le séparait du Dauphiné; du côté de l'occident par la seigneurie de Miribel et les terres du sire de Villars; du côté du nord, par les mêmes terres de Villars. Il avait neuf à dix lieues de circonférence: Montluel en était la capitale. Outre cette ville, il renfermait St.-Christophe, Pérouges, Sathonai, Montanay, Meximieux, Rillieu, St.-Jean-de-Niort, St.-Maurice-de-Gourdan, les Échées et tout ce qui était dans l'intérieur de ce territoire.

Montluel en latin, *Mons Lupellus*, *le Mont du Loup*, a pris son nom d'un monticule sur lequel cette ville est placée, et qui avait autrefois été couvert de bois qui servaient de retraite aux bêtes sauvages. La sirerie de Montluel a la même antiquité que les autres principautés voisines. Les sires qui la gouvernaient, occupés à faire régner la paix dans leurs états, ne sont guères connus que par les traités entre les princes voisins où ils ont paru presque toujours comme arbitres, quelquefois comme garans, et par les dons qu'ils ont faits aux églises.

Le premier de ces souverains, dont e nom se soit conservé, s'appelait Humbert; on le voit, en 1096, paraître comme garant dans un traité entre Thomas, comte de Maurienne, et Reinier, abbé de St.-Rambert. Un de ses successeurs appelé Pierre, fut en 1173 garant d'un traité entre l'archevêque de Lyon et le comte de Forêt. Humbert II, sire de Montluel, donna en 1201, à l'église de Lyon, une partie du village de Montanay. Les chartreux de Portes obtinrent de lui, en 1217, que toutes les denrées que l'on conduirait pour eux à travers ses terres, seraient exemptes de péage, et que les sires de Montluel accorderaient leur protection tant pour l'aller que pour le retour à ceux que la dévotion ou des affaires amèneraient chez eux. L'abbé de l'Ile-Barbe acheta de ce prince le village de Nillieu et le droit d'avoir un pêcheur au lac d'Echées. Quelques années après Humbert lui remit tous les revenus de sa seigneurie, pour le payer de la somme de onze mille sous forts, qu'il avait empruntée de l'abbaye. Humbert, dégoûté du monde, entra dans l'ordre des Templiers; il fit son testament au mois d'août 1236 : l'abbé de l'Ile-Barbe en fut dépositaire, et fut nommé son exécuteur testamentaire. Humbert donna à son église deux pièces de terre dans le territoire de Miribel.

Pierre, un de ses fils, lui succéda : l'abbé de l'Ile Barbe gouverna pendant sa minorité.

Humbert III, son fils aîné, lui succéda. Philippe de Savoie, archevêque et prince de Lyon, ayant contesté à Guigues, dauphin de Viennois, l'hommage des châteaux d'Annonay et d'Argental, ces deux princes choisirent, en 1265, Humbert de Montluel pour arbitre. Ce même Philippe, devenu comte de Savoie, présenta Humbert pour caution de la dot de Béatrix, sa nièce, qui épousait Jean de Châlons, fils du comte de Bourgogne. Humbert eut plusieurs enfans d'Isabelle, fille de Louis de Savoie, baron de Vaud.

Humbert IV, l'aîné, lui succéda. En 1274 il fut, avec le sire de Villars, garant de la dot qui fut constituée à Quiette de Bourgogne, lors de son mariage avec Thomas, comte de Maurienne et de Savoie : c'était l'usage de ces temps-là. En 1276 il accorda à la ville de Montluel ses premières franchises, moyennant 1,500 livres. Humbert IV fut en 1287 médiateur entre Amé V, comte de Savoie, et Humbert, dauphin de Viennois: il eut plusieurs enfans d'Alix, fille d'Albert, sire de la Tour-du-Pin.

Guy, son fils aîné, lui succéda. Il épousa Marguerite de Coligny, qui lui apporta en dot Coligny-le-Vieux, Jasseron et d'autres terres : il en eut plusieurs enfans.

Jean, son fils aîné, lui succéda. Ce prince n'ayant

aucune espérance d'avoir des enfans, fut gagné par Henri, dauphin, évêque de Metz, qui gouvernait alors le Dauphiné en qualité de régent, pendant la minorité de Guigues, et il donna sa principauté au dauphin. Il s'en était réservé la jouissance ; peu de temps après il la céda pour les châteaux de Donat et de Bellegarde en Dauphiné, Loyettes et Miribel en Bresse, deux places que le dauphin avait prises sur les comtes de Savoie. Enfin, le sire de Montluel remit au dauphin, le 12 février 1326, toutes ses terres, moyennant une pension viagère. Philippe de Vienne, son beau-frère, essaya d'attaquer cette donation, et prétendit que la terre de Montluel était substituée à ses enfans. Il ne put montrer le titre sur lequel il fondait sa demande ; et, hors d'état d'appuyer ses prétentions par la force des armes, il finit par négocier avec le dauphin ; et, par un traité conclu avec lui en 1343, le dauphin lui céda, en dédommagement de ses prétentions sur la sirerie de Montluel, la seigneurie d'Enterieux en Dauphiné, à titre de fief rendable : il y ajouta 300 florins.

Après la conclusion de ce traité le dauphin vint prendre possession de ses nouveaux états ; l'empressement de ses sujets à le recevoir fut récompensé par la liberté qu'il accorda à presque toutes les villes et bourgs. Péroges alla à Meximieux remercier le prince de cet affranchissement. Dans cette charte, le prince ne conserva à ses officiers le droit d'informer secrètement, que pour les grands crimes tels que le vol, l'homicide et la trahison.

Deux des cadets de la maison de Montluel formèrent les branches de Châtillon, Choutagne et de Châteaufort. Ces seigneurs, peu puissans, ne possédèrent que quelques terres peu importantes, et servirent des princes étrangers. La première de ces branches s'est éteinte dans le 15.e siècle, et Claude de Châteaufort, le dernier de la maison de Montluel, mourut le 5 novembre 1560.

Chapitre 5.

SIRERIE DE CHATILLON.

Des cinq sireries allodiales qui se formèrent en Bresse, la moins considérable fut celle de Châtillon, mais elle eut les deux plus fortes places de la Bresse : Châtillon et Montrevel. Châtillon prit son nom du mot *Châtel*, parce que le château où les sires de cette principauté faisaient leur résidence était considérable, ce qu'atteste encore l'étendue de ses ruines. Cette sirerie ne comprenait que les environs de ces deux places et quelques villages tels que Malafretas, Cuet, St.-Didier-d'Oussiat, St.-Martin-le-Châtel. Il est probable que la seigneurie de Montrevel, qui est éloignée de sept lieues de Châtillon, ne lui fut pas unie dans son origine, et qu'une alliance la fit tomber au pouvoir des sires de Châtillon : cette réunion existait en 1070. Ces seigneurs ne pouvaient pas mettre beaucoup de soldats sous les armes : ils furent obligés sans doute de chercher leur sûreté dans des murs épais, pour se mettre à l'abri des attaques de leurs puissans voisins ; il paraît que cette précaution leur réussit, car on ne trouve leur nom dans aucune des guerres de ce temps-là.

La ville de Châtillon appartenait originairement aux Enchaînés, famille très-ancienne de Dombes ; on ne sait comment elle a eu ses seigneurs particuliers, qui peuvent n'avoir été qu'une branche de cette famille.

Milo est le premier de ces souverains dont le nom soit parvenu jusqu'à nous : il vivait en 1070. Humbert, son fils aîné lui succéda ; Berard de Châtillon, évêque, et comte de Mâcon, frère d'Humbert, suivit Godefroi de Bouillon à la Terre-Sainte. Hugues, fils aîné d'Humbert, lui succéda. Il se rendit avec le sire de Baugé, garant d'un traité conclu en 1150 entre Guy l'Enchaîné, comte de Mâcon, et l'évêque de Mâcon. Guy, fils aîné d'Humbert, lui succéda. Etienne, son frère cadet, a été évêque de Die et mis par l'église au nombre de ses saints. Guy donna à l'église de Mâcon quelques héritages situés dans les paroisses de St.-Martin-le-Châtel et St.-Didier-d'Oussiat. Ponce, fils puîné de Guy, lui succéda. On ne sait comment concilier l'existence de ces souverains, et le mariage de Sibille de Beaujeu avec Renaud de Baugé, en 1228, dans lequel Sibille apporte en dot la ville de Châtillon. Renaud, fils aîné de Ponce, lui succéda. Renaud ayant perdu son fils unique, donna la seigneurie de Montrevel à Galois de la Beaume, son gendre, et vendit Châtillon à Sibille de Baugé ; il s'en réserva l'usufruit : il mourut en 1277. Un second fils de Ponce fut la tige des branches de Châtillon, Césille et de Jalamondes : elles ont fini dans le quinzième siècle.

Nous venons de donner sur sept des principautés qui s'étaient formées dans nos contrées, le peu de faits historiques qui sont parvenus jusqu'à nous. La huitième, celle du Bugey, n'était peut-être pas dans son origine plus considérable que les autres ; cependant elle s'est maintenue et élevée à un haut degré de puissance jusqu'à nos jours : les autres n'existent plus depuis assez long-temps.

Indépendamment de toutes les causes accidentelles qui peuvent faire éteindre les familles, ou du moins les branches mâles, nous devons remarquer que les sires de Baugé, de Thoires, de Villars, de Coligny, de Montluel, de Châtillon, et les comtes de Genève, n'eurent point la pensée d'assurer la stabilité de leurs principautés, en adoptant la loi salique dans toute son étendue, c'est-à-dire en déclarant leurs domaines inaliénables et transmissibles de mâle en mâle, par ordre de primogéniture. Ils ne regardèrent leurs nombreuses possessions que comme des propriétés dont ils pouvaient disposer suivant leurs volontés. De là les partages, les morcellemens de ces états ; de là les tentatives et les intrigues des princes voisins pour déterminer un souverain, sans enfans, à vendre ou céder sa principauté : nous en avons vu un exemple frappant dans Humbert VII, dernier sire de Villars. Nous devons regarder cette faute comme la principale cause de la ruine de ces principautés.

Chapitre 6.

PRINCIPAUTÉ DU BUGEY.

AMÉ II DE SAVOIE.

Le Bugey, rempli de montagnes et de vallées qui produisent d'excellens pâturages, n'était, après la destruction de l'empire romain, habité que par des pâtres. La quantité de *buges*, expression dont se servent encore les habitans de la campagne pour désigner les étables, a pu donner le nom à cette contrée : ce nom peut aussi, suivant l'opinion de Guichenon, dériver du mot *Sebusiani*. Sous le nom de Bugey on comprenait tout le pays situé à l'occident du Rhône, depuis Châtillon-de-Michaille jusqu'au Dauphiné : la manche de Coligny le bornait à l'occident. Il se composait de la frontière ou marche le long du Rhône, pays qui était resté sous l'obéissance des empereurs d'Allemagne, du Valromey, dont la capitale était Rossillon ; des abbayes de St.-Sulpice, de St.-Rambert et d'Ambronay qui, quoique allodiales, reconnaissaient la protection des comtes de Savoie.

L'empereur Henri IV se brouilla avec le pape Grégoire VII. Amé II, comte de Savoie, soit par politique, soit par esprit de religion, suivit le parti du pape. Les états d'Allemagne, assemblés près de Mayence, menaçant Henri IV de ne plus le reconnaître pour leur souverain, s'il ne faisait lever les foudres que le pontife avait lancées contre lui, ce prince se pressa de se rendre en Italie. Il demanda le passage à Amé II, et lui offrit, s'il voulait le lui accorder, la souveraineté du Bugey qu'il tenait de son aïeul, Conrad II. Amé l'accepta, lui ouvrit ses états, et accompagna l'empereur jusqu'au château de Canosse, où il fit son accomodement avec le pape. Cette cession eut lieu en 1077. On ignore l'époque de la mort d'Amé II : il avait épousé Jeanne, fille de Gerold, comte de Genevois.

Humbert II de Savoie.

Humbert, son fils aîné, lui succéda. Héraclius, archevêque de la Tarentaise, implora le secours d'Humbert pour délivrer ce pays des incursions d'Aimery, seigneur de Briançon : ce dernier fut vaincu, et la Tarentaise accrut le domaine des comtes de Savoie. Après la mort d'Adélaïs, son aïeule, il réclama sa succession, qui se composait du Piémont et de la ville de Suze; les arbitres nommés pour décider entre lui et des filles en dégré plus proche, la lui adjugèrent en vertu de la loi salique. Humbert accompagna Godefroi de Bouillon dans la croisade qui suivit le concile de Clermont, tenu en 1095. Au retour de son voyage à la Terre-Sainte, il donna en 1100, à l'abbaye de Cluny, la montagne d'Innimont et ses dépendances pour le salut de son âme et de toute sa famille. Cet exemple détermina l'évêque de Belley, le seigneur de Lotour en Dauphiné, ceux de Grammont, de Briord, de Moyria, de Bouvard et autres, à donner à ce monastère celles de leurs possessions qui touchaient la montagne d'Innimont. Humbert II mourut à Moutiers en Tarentaise, le 18 octobre 1103. On le nommait le Renforcé à cause de la hauteur de sa taille : il laissa sept enfans de Gite, fille de Guillaume, comte de Bourgogne.

Amé III.

Amé, jeune encore lorsque son père mourut, fut mis sous la régence de sa mère et ensuite d'Aimon, comte de Genevois. L'église de St.-Jean-de-Maurienne obtint d'Amé quelques domaines. Vers le même temps Ponce, évêque de Belley, donnait à l'abbaye de Cluny l'église de Rossillon et huit autres paroisses voisines. Le pape Pascal II confirma cette cession par une bulle datée de 1106.

Amé III fonda l'abbaye d'Hautecombe à la recommandation de St.-Bernard : ce monastère devint fameux par la sépulture des princes de Savoie. Amé fut déterminé à cette fondation par une autre circonstance ; il avait épousé Mahaut, fille du comte d'Albon, et il n'en avait point d'enfans ; Alix, sœur d'Amé, mariée à Louis le Gros, roi de France, convoitait les états de son frère, et déjà Louis le Gros envoyait une armée pour s'assurer des plus fortes places de la Savoie. Amé fit vœu de bâtir une abbaye dans ses états, s'il lui survenait un enfant. Peu après, la naissance d'Humbert, son fils, fit cesser les poursuites de Louis le Gros ; la comtesse de Savoie rappela à Amé le vœu qu'il avait fait, et il choisit l'emplacement du monastère qu'il dota convenablement : ce qui eut lieu vers l'an 1117.

Vers le même temps Amé jeta les fondemens de la chartreuse d'Arvières. On s'empressait à cette époque d'accueillir les solitaires de l'ordre de Saint-Bruno, dont les vertus édifiaient les peuples. Amé n'en avait point dans sa terre de Valromey. La montagne d'Arvières, au bas de laquelle coule un ruisseau de même nom, était une solitude convenable pour cet ordre ; le comte de Savoie fit part de son dessein au sire de Beaujeu, son gendre, à qui il avait constitué le Valromey pour la dot de sa femme ; le sire de Beaujeu approuva son projet, et ajouta une grange au territoire d'Arvières : leur exemple fut imité par les seigneurs voisins. Les premières cellules de ce monastère ne furent cependant bâties qu'après la mort d'Amé III. Ce prince s'engagea dans la seconde croisade ; il y accompagna le marquis de Montferrat et Louis le Jeune. Cette expédition fut malheureuse, le comte revenait dans ses états lorsqu'il tomba malade à Nicosie, alors capitale de l'île de Chypre, où il mourut le 1.er avril 1149. L'empereur Henri l'avait fait comte du St.-Empire.

Il y avait à la chartreuse de Portes deux églises l'une sur l'autre ; vers l'an 1145 la plus grande de ces églises fut renversée par un tremblement de terre ; elle fut rebâtie par Thibaud le Grand, comte de Champagne, et perfectionnée par Humbert II de Baugé, archevêque de Lyon.

Humbert III.

Humbert III, fils ainé d'Amé III, confirma à la chartreuse d'Arvières, à l'abbaye d'Haute-Combe, et à d'autres monastères, les priviléges et les donations de son prédécesseur ; son goût pour la retraite le détermina à établir sa résidence au monastère d'Haute-Combe. Il fut obligé d'en sortir pour se défendre contre le dauphin de Viennois. Déjà Guigues VII, dauphin, avait, sous le règne d'Amé III, fait une entreprise sur Montmélian, et avait perdu la vie dans cette attaque. Son fils voulut venger sa mort, et revint avec une armée mettre le siége devant Montmélian : Humbert le surprit et remporta sur lui une victoire complète. Après cette expédition, qui ramena la paix dans ses états, il retourna dans sa retraite.

Il fut une seconde fois obligé d'en sortir. Frédéric Barberousse, empereur d'Allemagne, convoqua tous les princes d'Italie à Roncaille, en 1158 : c'était à l'occasion du schisme qui s'éleva dans l'église lors de la nomination simultanée d'Alexandre III et de Victor IV, par deux partis dans le sacré collège. Les rois de France et d'Angleterre reconnurent Alexandre III, nommé le premier, et par vingt-deux cardinaux.

Humbert suivit leur exemple. Frédéric se déclara son ennemi, soutint que les évêchés qui étaient dans les états du comte de Savoie, étaient des fiefs impériaux, donna aux évêques la qualité de princes du St.-Empire, et les dispensa de la juridiction d'Humbert. St.-Anthelme occupait alors le siége de Belley. La bulle qui lui fut adressée en cette occasion est conçue en ces termes : « Il est de la dignité d'un » empereur de maintenir les droits des églises de » l'Empire et de ses ministres ; aussi nous annonçons » à tous les fidèles que, par un motif de reconnais- » sance envers Dieu, nous prenons sous notre pro- » tection et sauve-garde l'église de Belley, Anthelme, » ses successeurs et les chanoines de cette église, » leurs biens, leurs hommes, la ville de Belley et » son mandement. Nous voulons que l'évêque jouisse » de tous les droits réguliers de la ville ; savoir: du » droit de fabriquer de la monnaie, de lever des » impôts, des droits de péages, de pâturage, de » pêche, de chasse, des forêts, des rivières, avec » toute juridiction en la ville, sauf en toutes choses » le droit impérial. Nous défendons à toute per- » sonne séculière ou ecclésiastique, duc, marquis, » comte, d'enfreindre les ordonnances que l'évêque » rendra dans la cité. Nous permettons à l'évêque de » clore la ville de murs, de la fortifier ; nous lui » donnons le droit exclusif d'exercer la justice sur » ses hommes, d'exiger d'eux le tribut ordinaire et » de les envoyer contre l'ennemi. Si quelqu'un est » assez téméraire pour enfreindre notre édit, il payera » 50 livres d'or pur, applicables moitié à notre » chambre des comptes, l'autre moitié à l'évêque et » à l'église de Belley. »

Ardutius était alors évêque de Genève, Frédéric

lui adressa une bulle semblable à celle-ci ; elle fut la source de toutes les contestations qui survinrent entre les évêques de cette ville, les comtes de Genevois et les ducs de Savoie, contestations qui ont été la cause de la liberté dont elle jouit aujourd'hui.

L'évêque de Belley, que ces priviléges touchaient moins que la protection du roi de France, les regarda comme une confirmation de ceux anciennement accordés à son siége par Pépin et Charlemagne. St.-Anthelme était presque mourant, lorsque, quelques années après, Humbert III s'approcha de son lit pour lui demander sa bénédiction, et l'oubli de quelques différends qu'ils avaient eus ensemble par suite de la bulle de Frédéric. Le saint évêque pria le Ciel de lui accorder un fils et une nombreuse postérité. Humbert n'avait point d'enfans ; ses vœux furent bientôt accomplis : Béatrix de Vienne, sa troisième femme, lui donna un fils au château de Charbonnières, le 20 mai 1177. La haine de Frédéric Barberousse contre le comte de Savoie, le porta à ravager ses états de Piémont, et il brûla la ville de Suze. Humbert III mourut le 4 mars 1188.

Thomas I.er

Il donna à la chartreuse d'Arvières, fondée par son aïeul, des lettres de sauve-garde ; Louis de Beaujeu, seigneur du Valromey, leur en donna aussi : ce qui fait présumer que ces religieux ne jouissaient pas tranquillement de leurs possessions.

Quelque temps après, en traversant le Genevois, il vit Béatrix, fille de Guillaume, comte de Genève : épris de cette princesse, il la fit demander en mariage. Guillaume était ennemi de la maison de Savoie : cette inimitié subsistait depuis la défaite du dauphin et du comte de Genevois devant Montmélian, qu'ils assiégeaient.

Philippe Auguste, roi de France, ayant perdu Ingelburge son épouse, fit demander Béatrix, qui lui fut accordée. Thomas assembla ses amis, courut au passage de la princesse que l'on conduisait en France; il la rencontra à Rossillon, qui était alors la capitale du Valromey, et, d'accord avec elle, il l'enleva et l'épousa le même jour. Il retint le comte Guillaume son père, qui la conduisait, jusqu'à ce qu'il lui eût fait hommage du comté de Genevois, et eût constitué en dot à sa fille quelques villages et terres sur la frontière du Chablais.

L'abbaye de St.-Rambert était alors inquiétée par quelques seigneurs voisins. Incapable de défendre ses droits par la force, indépendante à la vérité des comtes de Savoie, elle fut obligée de renoncer à cet avantage, et d'implorer le secours de Thomas I.er, qui s'en déclara le protecteur et promit de la défendre contre ses voisins. Rainier, abbé de ce monastère, lui remit le château de St.-Rambert, lui fit part des droits et revenus de la seigneurie, en se retenant l'hommage pour le château de Cornillon et pour les droits qu'il abandonnait.

Foulques, curé de Neuilli, entraîna les peuples à une nouvelle croisade. Thomas fut du nombre des princes qui se croisèrent, et il signala sa valeur dans toutes les occasions, principalement à la prise de Constantinople sur les Grecs. A son retour dans ses états il exempta les religieux d'Haute-Combe de tous droits de péage, d'éminage et de lods dans toute l'étendue de ses états ; il donna aux chartreux de Meyriat le terrain qu'il possédait dans l'enclos de leurs limites. Il reçut le prieuré d'Innimont sous sa garde et protection ; le motif qui détermina l'abbé de Cluny, de qui ce monastère dépendait, à s'assurer la protection du comte de Savoie, était le même que celui de l'abbé de St.-Rambert.

Peu après Thomas réunit ses troupes à celles de Louis de France et de Simon, comte de Montfort, dans la croisade contre les Albigeois. Cette expédition lui réussit : il se reconnut de son succès par des libéralités envers les monastères. Thomas donna à la grande chartreuse 4 liv. de rente annuelle, à prendre sur le péage de St.-Rambert, pour être employées à la nourriture des religieux (qui venaient la visiter), la veille, le jour, et le lendemain de Pâques. Cette somme paraît modique ; mais, dans ce temps-là, où il n'y avait point de commerce et peu d'argent, le muid de bled valait 4 sous, le muid du meilleur vin 12 sous, la journée d'un ouvrier valait 4 deniers.

Nantelinus, évêque de Genève, se prévalait des bulles accordées par Frédéric Barberousse et ses successeurs. Les bourgeois de cette ville soutenaient qu'il n'avait de droit sur Genève que comme chef de l'église; que l'évêque dans son élection prêtait serment de garder les priviléges et les franchises de la ville; que l'empereur n'avait pas pu donner à un évêque la souveraineté d'une ville impériale, sans le consentement de l'Empire et de ses sujets. Nantelinus, trop faible pour soutenir ses prétentions contre une ville qui avait mis le seigneur de Gex et le comte de Genevois dans ses intérêts, fit alliance avec Thomas. Celui-ci lui promit de ne rien entreprendre sur la régale et la liberté de Genève; alors l'évêque lui remit les terres et châteaux des environs, sur lesquels le comte de Genevois pouvait avoir des prétentions : cette cession fut la cause des guerres entre les comtes de Genevois et ceux de Savoie, et l'origine des droits que ces derniers prétendaient sur Genève.

Guillaume de la Balme, dans l'intention de se ménager un protecteur, fit hommage à Thomas de la combe de St.-Rambert et du fief de Rougemont. Etienne Ier, sire de Villars, à qui cet hommage était dû, se plaignit de cette entreprise; Bernard de Villars se joignit à lui, et ils soutinrent que le comte de Maurienne n'avait aucun droit sur ces deux fiefs, ni même sur Festerne en Chablais : ce différend fut soumis à l'arbitrage des archevêques et évêques voisins. Ils décidèrent que les fiefs de la combe de St.-Rambert et de Rougemont demeureraient au sire de Villars, et Festerne au comte de Savoie; qu'il sera libre aux frères de Villars de racheter le péage de Chambéry, engagé à Guillaume de Chabod ; sur lequel péage ils se soumettraient à la justice du comte de Savoie, qui ne pourrait rien, à l'avenir, acquérir dans les terres des sires de Villars. On nomma, dans ce traité, des arbitres pour décider des difficultés qui surviendraient dans son exécution : cet arbitrage eut lieu en 1224 à Lyon. L'empereur Philippe, pour récompenser les services que Thomas lui avait rendus, lui donna Quiers et Tortone, dans le Piémont ; Frédéric II, son successeur, lui donna le titre de vicaire-général du Saint Empire romain, dans le Piémont et la Lombardie. Ce fut à sa sollicitation que cet Empereur cessa de soutenir les seigneurs d'Orange contre les Marseillais, qui avaient été mis au ban de l'empire. Thomas remporta une grande victoire contre les Milanais et les Astésans, qui soutenaient les habitans de Turin révoltés contre lui ; il venait de passer les Monts avec de nouvelles troupes, pour terminer cette guerre, lorsqu'il tomba malade et mourut à Aoste le 20 janvier 1233. Il n'eut point d'enfans de Béatrix de Genève, sa première femme ; il en eut quinze de Marguerite de Faucigny, sa seconde. Les seuls qui intéressent, dans l'histoire de ce pays, sont Amé IV, Thomas II, comte de Maurienne, Pierre et Philippe.

AMÉ IV.

Amé IV succéda à son père à l'âge de 36 ans. Pierre, un de ses frères, avait embrassé l'état ecclésiastique, il le quitta et demanda un appanage à Amé. Ce prince lui remit les châteaux et seigneuries de Lompnes et de St.-Rambert, de Seillon et de Contey, avec des terres dans le Chablais. L'empereur Frédéric II, passant en Italie pour punir la révolte des Milanais, fut reçu magnifiquement à Turin par Amé IV à qui il conféra le titre de duc de Chablais et d'Aoste.

Amé épousa en secondes noces Cécile de Baux, surnommée Passe-Rose, il en eut un fils et trois filles. Ce prince, par son testament du 9 septembre 1252, institua Boniface son fils, son héritier universel, et légua 1000 sous à la chartreuse d'Arvières, autant à l'abbaye de St.-Sulpice : il mourut le 24 juin 1253.

BONIFACE.

Ce prince n'avait que neuf ans à la mort de son père. Pierre de Savoie et Philippe, deux de ses oncles, se réunirent pour demander, pendant sa minorité, le partage des états de Savoie ; mais Thomas de Maurienne leur frère, son tuteur, eut l'adresse d'éloigner cette demande. Boniface voulut soutenir Mainfroi, roi de Naples, contre Charles de France, comte d'Anjou et de Provence. Charles porta la guerre dans le Piémont et surprit la ville de Turin. Boniface s'opposa d'abord avec succès à son ennemi ; mais Guillaume, marquis de Montferrat, et les Astésans, anciens ennemis de la maison de Savoie, se réunirent aux Français ; Boniface accepta imprudemment la bataille que ses ennemis lui présentèrent ; sa valeur et la force de son corps (il était surnommé Roland à cause de sa vigueur) ne purent l'empêcher d'être fait prisonnier; il fut conduit à Turin et y mourut en 1263.

PIERRE.

Après la mort de Boniface, Béatrix, Constance et Éléonore de Savoie, ses sœurs, demandèrent sa succession ; mais la même loi, qui priva en 1090 les héritiers les plus proches d'Adélais de Suze de sa succession, pour la donner à Humbert II, fut suivie pour décider de leurs prétentions. Non-seulement elles furent rejetées, mais encore celles des enfans de Thomas de Maurienne, frère aîné de Pierre. Les fils de Thomas devaient être préférés d'après les termes de la loi ; ils étaient en très-bas âge, et leur oncle, très-puissant, et jouissant en Europe d'une grande réputation, leur enleva leur héritage. Pierre, pendant la vie de Boniface, jouissait en Angleterre de toute la confiance d'Henri IV, son neveu; ce prince, pour le retenir à sa cour, lui fit construire un hôtel à Westminster, lui donna le comté de Richemont et la seigneurie d'Essex. Ces avantages ne purent le retenir ; à la mort de Boniface, il arriva en Savoie pour se faire reconnaître comme son successeur : il assembla des troupes, assiégea et reprit Turin envers laquelle il usa de modération.

Vers le même temps Rodolphe, comte de Genevois, lui refusa l'hommage de quelques seigneuries;

Pierre passa les montagnes et donna le rendez-vous à ses troupes, à St.-Rambert, pour attaquer Rodolphe, qui, craignant de perdre son comté, fit l'hommage qu'il avait refusé.

Pierre ayant pacifié ses états, retourna en Angleterre. L'empereur Richard, qui était à la cour d'Henri, lui confirma l'investiture des duchés de Chablais et d'Aoste, et le titre de vicaire du St.-Empire. Il était encore en Angleterre lorsqu'il apprit par Hugues de Bressieux que le comte de Genevois excitait du trouble dans ses états, que la ville de Turin s'était de nouveau révoltée, et que Guichard, sire de Beaujeu, qui devait l'hommage pour le Valromey, qui avait été donné en dot à une fille d'Amé III, qui avait épousé un sire de Beaujeu, refusait de rendre cet hommage.

Ces nouvelles déterminèrent le comte de Savoie à revenir dans ses états; Henri lui donna des troupes avec lesquelles il battit le comte de Genevois et reprit les châteaux de la Roue et de Clés, qu'il avait usurpés; il le contraignit en outre de lui faire hommage de toutes celles de ses seigneuries qui relevaient du comté de Savoie. Le sire de Beaujeu, craignant le sort du comte de Genevois, rendit, en 1264, l'hommage qu'il avait refusé.

Le sire de Beaujeu avait demandé au comte de Savoie la production de ses titres; celui-ci, au lieu de les représenter, fit constater ses droits par huit témoins: le premier et le second déposèrent avoir vu Humbert de Beaujeu faire cet hommage à Amé de Savoie, au château de *Clermont*, près le lac *Péladru*, hommage renouvelé, par Guichard, fils d'Humbert, à Pierre Chatel ; les troisième, quatrième et cinquième témoins dirent qu'Humbert voulait faire son hommage à genoux, mais que le comte de Savoie exigea seulement qu'il le fît debout ; les sixième et septième dirent que Guichard avait fait cet hommage à Pierre Chatel, après avoir pris l'avis d'Hugues Palatin, son conseiller ; enfin le huitième déclara avoir vu Humbert reconnaître cet hommage lorsqu'il engagea sa terre au comte de Savoie : cette enquête nous fait voir que les titres ne se conservaient pas alors avec beaucoup de soin.

Pierre de Savoie, après avoir une seconde fois pacifié ses états, projetait un nouveau voyage en Angleterre, mais il mourut au château de Chillon, dans le pays de Vaud, le 1.er juin 1268 : ses talens militaires lui acquirent le surnom de Petit-Charlemagne. Il eut, d'Agnès de Faucigny, Béatrix de Savoie, qui épousa Guy, dauphin de Viennois. Pierre, dans son testament, institua Philippe son frère, son héritier, et fit divers legs à sa fille, à sa femme et aux enfans de Thomas, sur lesquels il avait usurpé les états de Savoie. Il avait augmenté ces états de la Seigneurie de Faucigny et de Vaud : la ville de Berne s'était donnée à lui pour éviter les entreprises de voisins puissans.

PHILIPPE DE SAVOIE.

Ce prince est le huitième fils de Thomas Ier Il

embrassa, contre son inclination, l'état ecclésiastique : il devint prieur de Nantua, primicier de l'église de Metz, prévôt de St.-Donatien-de-Bruges, évêque de Valence, gouverneur du patrimoine et grand gonfalonier de l'église, enfin archevêque de Lyon, sans compter d'autres bénéfices qu'il possédait en Angleterre et en Flandre. Le pape Innocent IV l'avait dispensé de la simonie, et il cumulait les revenus de ces bénéfices. Il les quitta tous pour épouser Alix, comtesse de Bourgogne. Le comté de Bourgogne et les grandes terres que cette princesse lui apporta ne le contentaient pas. Il eut encore l'adresse de priver Guy, dernier sire de Baugé, de la succession de Renaud, son frère, qu'il se fit donner, ce qui lui valut les seigneuries de Bourg, St.-Trivier, Cuisery et Sagy; enfin son ambition fut complètement satisfaite lorsqu'il succéda à Pierre, son frère, dans l'usurpation des états de Savoie : il avait alors 63 ans.

Les Bernois, qui s'étaient donnés à Pierre de Savoie, étaient toujours inquiétés par leurs voisins. Pour se mettre à couvert de leur oppression, ils implorèrent la protection de Philippe, dont la puissance égalait presque celle des rois ; ils lui accordèrent les revenus du péage de leur ville, le droit de battre monnaie et de rendre la justice dans leur territoire; ils le subrogèrent dans tous les droits que les empereurs avaient eus sur leur ville : ils jurèrent l'observation de ces priviléges, tous jusqu'à l'âge de 14 ans.

La même année il commença une guerre contre

Guy, dauphin, seigneur du Faucigny, au sujet de la moitié de la ville de Thonon. La reine de France et le comte de Genevois lui firent conclure une trêve. En 1269 Philippe demanda à Humbert, dauphin de Viennois, l'hommage pour la seigneurie de St.-Sorlin, en Bugey, et pour la terre de Bourgoin et autres en Dauphiné. Humbert observa inutilement que la terre de St.-Sorlin, vendue autrefois sans réserve par les comtes de Savoie aux comtes de Coligny, était passée par un mariage dans sa maison, et que c'était à Philippe à prouver que cet hommage était dû : la puissance de ce dernier détermina Humbert à céder et à rendre l'hommage demandé.

Le sire de Beaujeu fut obligé de renouveler à Philippe l'hommage que ses prédécesseurs avaient fait aux comtes de Savoie, pour le Valromey et autres terres en Bugey.

Nous avons vu que Thomas II, comte de Maurienne, fils de Thomas I.ᵉʳ, était mort lorsque son frère Pierre, et après lui Philippe, profitèrent de la jeunesse de son fils aîné pour s'emparer des états de Savoie. Thomas II avait eu, de Béatrix de Fiesque, Thomas III, Amé V, Louis et Eléonore. Philippe, pour appaiser leurs murmures et les dédommager, les apanagea. Thomas III, l'aîné, eut les comtés de Maurienne et de Piémont; la Bresse et le Revermont furent cédés à Amé V ; la baronnie de Vaud et de Valromey à Louis. Eléonore fut mariée à Louis de Beaujeu : en traitant de sa dot, en 1276, ce prince se désista de ses prétentions sur Virieu, Cordon, Château-Neuf en Valromey, et tout ce qu'il possédait en Bugey, en faveur de Louis de Savoie, son beau-frère.

On est étonné de voir les comtes de Savoie et les sires de Beaujeu se qualifier en même temps de seigneurs du Bugey et du Valromey. Cette contradiction apparente vient de ce que les comtes de Savoie, en aliénant une partie de ces provinces, se réservaient néanmoins la qualité de seigneurs de ces mêmes provinces : ils y exerçaient de temps en temps des actes de pouvoir, y levaient des troupes et des subsides, et recevaient, dans les châteaux qu'ils s'étaient réservés, les hommages des princes leurs feudataires.

D'après les dispositions du testament de Pierre, ses trois neveux étaient légataires de tous les biens qu'il possédait en Angleterre, à la réserve du comté de Richemont et de son palais de Londres. Cette succession leur fit faire un voyage en Angleterre ; alors ils traitèrent avec Éléonore, leur sœur, qui, par un acte conclu à Hambing, le 19 août 1275, leur relâcha les terres de Pierre-Châtel, Seyssel et Montfalcon.

L'abbaye de Saint-Chef, en Dauphiné, avait des terres en Bugey ; on ignore comment elle les avait acquises. L'abbé de ce monastère fut, en 1279, obligé, pour se défendre de ses voisins, de recourir à la protection de Thomas, comte de Maurienne. Ce prince prit la défense de cette abbaye : il se fit donner, par l'abbé, cent deux meix que ce monastère possédait depuis Innimont jusqu'au Rhône, et depuis le ruisseau de Glandieu jusqu'à Saint-Léger : cette cession fit qu'il prit aussi la qualité de seigneur du Bugey. L'abbaye d'Ambronay fut aussi, en 1282, obligée d'avoir recours à la protection de Philippe, qui, moyennant quelques portions des revenus de cette abbaye, promit de la défendre envers et contre tous.

Le marquis de Monferrat, ennemi héréditaire de la maison de Savoie, fit encore soulever la ville de Turin contre Thomas III, son souverain ; celui-ci parvint à s'emparer de cette ville, dont il gagna les habitans en confirmant leurs privilèges. Le marquis de Monferrat allait en Espagne demander du secours au roi de Castille, son beau-père ; il fut arrêté à Valence en Dauphiné, et conduit avec sa femme au château de Pierre-Châtel : les évêques et seigneurs voisins sollicitèrent et obtinrent sa liberté.

Les évêques de Belley jouissaient encore de tous les droits que le roi Pepin, les empereurs Charlemagne et Frédéric leur avaient accordés ; ils donnaient cependant des secours de temps à autre aux comtes de Savoie : Pierre de la Beaume était alors évêque de cette ville. Il craignait avec raison que les comtes de Savoie ne demandassent, à titre de sujétion et de vasselage, les secours que lui et ses prédécesseurs lui avaient prêtés ; il présenta ses raisons à Philippe, qui les agréa : ce prince déclara donc, en faveur de l'évêque et du chapitre, que les secours ci-devant accordés à ses prédécesseurs n'étaient pas d'obligation ; mais des services gratuits qui ne pouvaient lui être préjudiciables, et dont il ne voulait pas se faire un titre pour en exiger à l'avenir. Le comte reconnut par là l'indépendance des évêques de Belley ; mais elle leur fut enlevée postérieurement, comme nous le verrons dans la suite de cette Histoire.

Philippe n'avait point d'enfans d'Alix, comtesse de Bourgogne. Une longue maladie l'accablait depuis qu'il avait quitté l'état ecclésiastique pour satisfaire son ambition ; il sentait sa fin approcher. Il crut appaiser sa conscience alarmée en confirmant les apanages des enfans de Thomas III et de Louis ses neveux, et en disposant des états de Savoie en faveur d'Amé V. C'eût été de sa part une restitution légitime, s'il n'eût pas eu cette préférence pour ce dernier. Amé V avait été élevé par Philippe, qui lui avait reconnu des talens. On verra dans son histoire qu'il justifia le choix de son oncle, quoiqu'injuste. Philippe mourut au château de Rossillon, le 17 novembre 1285. Il laissa à Louis, son neveu, la baronnie de Vaud. Thomas III était mort depuis deux ans, et avait laissé des enfans. Philippe, par son mariage avec la comtesse de Bourgogne, avait acquis une puissance bien supérieure à celle de ses prédécesseurs. Elle s'accrut encore par la vigueur de son caractère et par son habileté à profiter de toutes les occasions que la fortune lui présentait pour agrandir les états de la maison de Savoie. Dans son testament il exempta la grande chartreuse du droit de péage dans tous ses états.

Les affranchissemens, dont l'introduction date en France du règne de Louis le Gros, étaient, sous le règne de Philippe de Savoie, encore inconnus dans le Bugey. Dans ces siècles de barbarie, où la multiplicité des petites souverainetés occasionnait des guerres continuelles, les lois, peu fixes d'ailleurs, n'étaient point respectées ; les hommes qui étaient libres à l'époque de la décadence des rois français de la deuxième race, furent peu à peu obligés, pour conserver leurs propriétés, de choisir un voisin plus puissant qu'eux pour protecteur. Ce que les simples particuliers faisaient par nécessité en faveur des seigneurs voisins, ceux-ci furent obligés de le faire à l'égard des seigneurs ou princes plus puissans. Les abbayes furent obligées de suivre cet usage, et nous en avons vu des exemples nombreux. Quant aux particuliers, le droit de garde, de protection fut peut-être pour eux l'origine de toutes les autres servitudes. L'esclavage existait déjà dans nos contrées avant que les Romains y eussent apporté leurs lois et leurs usages. Les Francs modifièrent sur ce point les coutumes des Romains, et l'extension des hommages et autres droits féodaux rendit le nombre des hommes libres extrêmement borné.

En 1185 Jean, seigneur du Balmey, donna la liberté à Jean Pition, son homme lige, et le tint quitte *ab omni usagio bono vel malo legis salicæ, à consuetudine legis salicæ, ita ut filiæ suæ possint sibi succedere.* En 950 Albitius, comte de Genevois, donna à Altauus, abbé de Nantua, les villages de St.-Germain-de-Joux et autres terres, pour en jouir suivant la disposition de la loi salique. En 1292 Guillaume, prieur de la chartreuse de la Valsainte, au canton de Fribourg, donna à Jeanne, fille du seigneur de Charmey, le tiers du village de Charme, pour en jouir suivant la disposition de la loi salique : c'est-à-dire que, si elle venait à mourir sans enfans mâles, ce tiers devait retourner aux chartreux de Valsainte. Ces exemples prouvent que la loi salique dont Marculfe et autres nous ont conservé les dispositions, était d'un usage général dans nos contrées. Les conditions des franchises données postérieurement par les comtes de Savoie, approchent des institutions saliques, et confirment les preuves que nous venons de donner.

Chapitre 7.

LE PAYS DE GEX SOUS SES SEIGNEURS PARTICULIERS.

Le pays de Gex est une petite contrée de forme triangulaire; le mont Jura la sépare au nord-ouest de la Franche-Comté; au sud-est le Rhône la sépare de la Savoie; elle est bornée à l'est par une partie de la Suisse, par le lac de Genève et par le territoire de cette ville. Ce pays ne touche le Bugey que par le passage étroit qui est entre le Rhône et le mont Jura.

Avant que les Romains eussent fait la conquête des

Gaules, le pays de Gex dépendait des Suisses, qui étaient, comme aujourd'hui, formés de petites républiques indépendantes, unies contre l'ennemi commun. Après la victoire de César sur les Suisses, il les reçut à son alliance.

Le pays de Gex fut, avec la Suisse, soumis aux Bourguignons, qui s'établirent, en 411, dans les Gaules. Les Francs remplacèrent les Bourguignons: ce ne fut que sous le règne de Charles le Gros que l'anarchie dans laquelle l'empire français tomba, favorisa l'ambition de Rodolphe Guelf, dit de Stretlinguen. Il se forma une souveraineté en 888, vers la Suisse et la Savoie, au-delà du mont Jura. Le pays de Gex fit partie du royaume que ce prince fonda sous le titre de Bourgogne transjurane.

Sous Henri III, fils de Conrad le Salique, un de ses successeurs, Gerold, comte de Genève, suivant l'exemple général de ses voisins, usurpa la puissance souveraine dans son gouvernement. Sa principauté se composait de la ville de Genève, du pays genevois, du pays de Gex et du canton de Vaud. Amé II, petit-fils de Gerold, qui vivait en 1157, partagea ses états entre Guillaume et Amé ses deux fils. L'aîné fut comte de Genevois, le cadet seigneur de Gex, qu'il possédait comme fief relevant du comté de Genevois.

Le dernier seigneur de Gex ne laissa qu'une fille nommée Lyonette, qui épousa Simon de Joinville, petit-neveu du sire de Joinville, sénéchal de Champagne et historien de Saint-Louis. Henri, évêque et comte de Genève, contesta à Lyonette le droit de succéder au fief de son père; cependant elle obtint en 1262, pour son mari, la Marche ou baronnie de Gex, à titre de fief. On donnait à ce pays le nom de Marche parce qu'il avait presque toujours été frontière des différentes souverainetés dont il avait fait partie.

Hugard, fils aîné de Simon de Joinville, lui succéda dans la baronnie de Gex: étant mort sans enfans, son frère Hugues hérita de ses états et ne laissa qu'une fille qui, par une alliance qu'elle contracta avec un cadet de la maison de Genève, fit passer cette seigneurie aux seigneurs d'Anthon et de Varey, qui en sortaient. Hugues, seigneur d'Anthon et de Varey, ayant pris le parti du comte de Genève contre Edouard, comte de Savoie, en 1326, perdit son comté de Gex en 1335, malgré l'alliance du dauphin de Viennois, qui le dédommagea en lui assignant des terres dans le Dauphiné: depuis cette époque le pays de Gex a toujours appartenu à la maison de Savoie, jusqu'en 1601, année de sa réunion à la France.

Livre III.

GOUVERNEMENT DE LA MAISON DE SAVOIE
sur la Bresse et le Bugey.

Amé V.

Le Bugey et le pays de Gex ne furent réunis aux états de la maison de Savoie que sous Amédée VIII;

mais, comme la Bresse passa sous la domination d'Amé V, par son mariage avec Sibille de Baugé, et par le traité fait avec Robert, duc de Bourgogne, qui lui remit la sirerie de Coligny-le-Vieux, nous commencerons l'Histoire générale de la Bresse et du Bugey au règne d'Amé V.

En 1280 Sibille de Baugé affranchit les habitans de Pontdeveyle, moyennant 110 liv. viennoises.

En 1285, dès les premiers jours de son règne, ce prince accorda, aux habitans de Seyssel, des franchises dont nous donnerons un extrait; il reconnut dans l'acte de concession avoir reçu 200 livres viennoises pour leur prix.

Quiconque s'établira à Seyssel et y aura demeuré l'an et jour, sera libre, pourra disposer de ses biens, et ne devra ni droit de leyde ni péage. S'il veut établir son domicile ailleurs et sortir de la ville, le seigneur lui donnera un sauf-conduit pendant 24 heures. Si un bourgeois meurt intestat et sans héritiers connus, le seigneur remettra les effets de sa succession au pouvoir de deux bourgeois d'une probité reconnue, qui en auront soin pendant une année. Après ce temps, si aucun héritier légitime ne s'est présenté pour réclamer la succession, le seigneur en distribuera une partie aux pauvres et se retiendra le surplus. La même chose sera observée à la mort des marchands étrangers et des voyageurs. Les marchands étrangers seront assujétis au paiement de la leyde et seront en sûreté jusqu'à ce qu'ils soient de retour dans leur maison. Celui qui aura donné un coup de poing ou de bâton payera 3 sous d'amende; elle sera de 5 sous pour un soufflet, de 60 sous pour avoir jeté une pierre, que le coup ait porté ou non, de même somme pour avoir tiré l'épée, ou pour blessure ou coup entraînant effusion de sang; de même somme pour fracture faite à la maison d'un voisin. Il ne sera point adjugé d'amende pour le soufflet qu'aurait reçu une femme de mauvaises mœurs, qui aurait insulté un honnête homme. Le seigneur de la ville aura le droit de se faire représenter toutes les mesures; celui qui en aurait de fausses sera condamné à 3 sous d'amende. Celui qui aura deux mesures, une trop grande et une trop petite, sera puni à la discrétion du seigneur. Si le comte lève une armée et fait publier le ban, celui qui ne marchera pas, payera 60 sous d'amende, à moins qu'il n'ait une excuse raisonnable. Tous doivent faire le guet, excepté les prêtres et les soldats. Les bouchers doivent les langues de bœufs et de vaches, de quelque part qu'elles viennent. Le marchand étranger payera, les jours de foire, une obole pour le droit de leyde; quatre deniers pour un cheval ou un âne, un denier pour chaque douzaine d'aunes de toile, 2 sous pour toutes autres espèces de marchandises, comme verres, poterie, etc. Celui qui aura été attaqué dans un bois, ou de nuit ailleurs, en fera la preuve par un seul témoin; s'il n'a point de témoin et que l'accusé se purge par serment de l'accusation, il en sera renvoyé. Toute personne qui prouvera un délit commis contre elle, aura un dédommagement fixé à la moitié de l'amende due au seigneur. Si le comte veut avoir des moulins ou des fours, la ville les entretiendra et le châtelain y forcera les habitans. Si le riche plaide contre le pauvre, la ville donnera conseil à celui-ci suivant les règles de l'équité. Si le seigneur vient dans la ville, il y sera reçu avec toutes les marques de joie publique, et il sera libre à ceux qui voudront le servir gratis, de le faire. L'étranger ne sera pas arrêté en passant dans la ville, et on suivra les règles de la justice envers lui. Le seigneur ne pourra rien exiger sur les successions de ceux qui mourront intestat ou autrement : il veut que leurs biens soient remis à leurs héritiers suivant l'ordre des successions. Le comte jura l'observation de ces franchises sur les Sts.-Évangiles.

Ce prince, à la mort de Philippe de Savoie, son oncle, ne possédait que la principauté de Carignan, que son père, Thomas II, avait achetée de la maison de Pronanne avec le marquisat d'Ivrée. Amé II forma des prétentions sur Coligny-le-Neuf et sur la terre du Revermont comme mouvantes de son fief; le duc de Bourgogne, à qui elles appartenaient, termina cette difficulté en cédant au comte de Savoie Coligny-le-Vieux et ses dépendances, et le comte abandonna au duc Savigni, Cuisery et Sagy. Ce traité fut conclu dans le mois d'octobre 1289 ; ces terres ont été depuis appelées Bresse Chalonnaise, et elles ont communiqué ce nom à toute la partie de la Bourgogne qui est à l'orient de la Saône.

Après la conclusion du traité, le duc Robert écrivit de Tournus à Girard de la Palu et à Humbert de la Beaume, de reconnaitre le comte de Savoie : « Vos
» faisons que nos tot le droit que nos avons en Co-
» ligny, Treffort, Marbos, Saint-Eteven, et en Saint-
» Andrier, et en tote la terre du Revermont, avons
» bailié et donné à noble home et notre chier cusin
» monseigneur le comte de Savoie, seigneur de
» Baugia, et à ma dame Sibille, dame de Baugia,
» sa femme, par non d'échange fait entre nos et eux,
» pourquoi mandons que vos audit comte des hom-
» mages et des féautés en quoi vos nos êtes tenus,
» répondois et lui façois, nos voulons que vos sois
» quittes de féautés et des hommages en quoi vos êtes
» tenus à nos et en cette manière vos en quittons par
» ces lettres, et en lesquelles nos avons mis notre
» scel; données à Tournus, samedi corant 1289 »

Le dauphin, irrité de l'accomodement que le comte de Savoie venait de conclure avec le duc de Bourgogne, se préparait à porter la guerre dans les états du comte. Celui-ci, de son côté, exigeait l'hommage du Dauphin à cause de sa seigneurie de Coligny et de la baronnie de la Tour. Le pape Clément V, qui tenait alors le St.-Siége à Avignon, fit cesser les hostilités déjà commencées, et fit consentir, en 1292, ces deux princes à une trève d'une année, pendant laquelle quatre chevaliers nommés arbitres décideraient de cette contestation. Le temps de la trève s'écoula; les médiateurs la firent prolonger jusqu'à la décision des arbitres qui firent conclure le 6 juin 1293, un traité par lequel le comte de Savoie se désistait de sa demande de l'hommage sur la baronnie de la Tour et sur la seigneurie de Coligny-le-Neuf.

Une loi somptuaire, rendue en 1294, défendait de donner au *grand mangier* (au souper) plus de deux mets et un potage au lard, sans fraude ; et au petit mangier ou dîner plus d'un mets ou entremets.

Sibille de Baugé, épouse d'Amé, mourut le 25 mai 1294 ; elle fut enterrée à Haute-Combe en Savoie. Dans son testament, elle donna l'usufruit de ses biens à son époux, institua son fils aîné pour héritier, et lui substitua son second fils et ses enfans : elle ne signa point son testament, parce qu'elle ne savait point écrire.

Peu après Amé demanda au dauphin l'hommage pour la seigneurie de Montluel dont il avait hérité de Jean, dernier sire de cette principauté, décédé sans enfans mâles. Amé prétendit le même droit sur la sirerie de Villars. On se déclara la guerre. Le comte de Genevois, allié du dauphin, entra à main armée en Bugey, dans le Valromey et dans le pays de Vaud ; Amé rassembla ses troupes, força le comte de Genève à s'enfuir, se saisit du pont de Genève, surprit le fort de l'Écluse et le château de Léal. Le comte de Genève craignant de perdre tous ses états, fit sa paix particulière avec Amé, et se réunit à d'autres seigneurs pour faire accepter au dauphin sa médiation ; ils firent cesser cette guerre par un traité du 7 mai

1304. Il y fut convenu 1.° que le domaine utile et direct de la seigneurie de Montluel appartiendrait au dauphin; 2.° que le comte de Savoie rendrait au comte de Genevois ses châteaux qu'il lui avait pris; 3.° que le dauphin se départirait de l'hommage sur le Faucigny et de tous les droits qu'il prétendrait sur Meximieux et sur le bourg St.-Christophe; 4.° que le comte de Savoie remettrait le château de Monthou et ceux appartenant au sire de Villars; enfin, que le pape déciderait de l'hommage prétendu sur Villars par l'une et l'autre des parties, en faveur de celle qui aurait le meilleur droit.

En 1304 Guy-Gonnet de Mizeria, damoiseau, prit en fief et casement lige du prieur le couvent de St.-Pierre de Mâcon, la poëpe de Miséria, ses fossés et autres dépendances : le terme de casement était alors adapté aux châteaux comme aux simples maisons. Ces poëpes, dont il est question ici, sont des terres élevées et environnées d'un fossé, dont plusieurs avaient des droits considérables. Les titres du Dauphiné les confondaient avec les châteaux : *poipia seu castrum.* Plusieurs étaient alors des marques de seigneuries ou des maisons fortes pour s'y retirer en temps de guerre.

En 1308 Guichard de Beaujeu, fils et héritier d'Aliénor de Savoie, céda à Amédée, comte de Savoie, tous les droits qui lui revenaient par sa mère; Amédée lui donna en échange le péage qu'il avait à Belleville, et qui se levait dans un endroit appelé

Martinec : on voit par les anciens titres que ce péage était le même que celui de Baugé.

Avant leur destruction, arrivée en 1311, les Templiers possédaient en Bresse plusieurs commanderies : Laumusse, anciennement dite l'Hôpital des Frères du Temple, le temple de St.-Martin-le-Châtel, Epaisse, Vavrette, Teyssonge, les Feuillées, le temple de Molissol, étaient de ce nombre. Presque toutes ces commanderies furent données aux chevaliers de St.-Jean-de-Jérusalem.

Le comte de Savoie et le dauphin de Viennois étaient trop voisins et trop mutuellement jaloux de leur puissance pour demeurer d'accord. Le dauphin de Viennois, allié de l'Angleterre, s'empara du château de Montrevel au préjudice d'Amé V, allié de la France. Ce château lui fut rendu en 1314. Ce fait isolé nous fait présumer que nous ne connaissons que très imparfaitement les détails des guerres de cette époque. Amé défia au combat particulier Jean, dauphin héritier des états de son père et de sa haine contre Amé. Cependant l'archevêque de Grenoble et plusieurs seigneurs parvinrent à leur faire conclure, à Villars, un traité le 10 juin 1314. Il fut décidé que le comte de Savoie aurait en toute propriété la ville d'Ambronay, St.-Jean-de-Bornai, l'hommage de Maubec, de Villeneuve, de Mare, de la Palu, de Dolomieu, d'Hautvilliers et d'Entremont ; que le dauphin aurait les châteaux d'Enterieux, de Saint-Laurent en Viennois, de Messieu et de Bouchage. L'un et l'autre s'engagèrent à ne construire aucune forteresse du côté des Molètes, au mandement d'Avalon. On ajouta que l'hommage du sire de Villars, respectivement prétendu, demeurerait encore indécis, et que l'observation du traité serait jurée de chaque côté par quarante gentilshommes.

En 1317 Amédée, comte de Savoie, et Jean, seigneur de St.-Trivier, firent des conventions dont la teneur nous fait connaître quelques usages de ce temps : 1.º le comte de Savoie s'engagea à donner 1,300 liv. viennoises au seigneur de St.-Trivier, et celui-ci promit de tenir en fief des terres du comte pour la valeur de 300 livres de revenus ; 2.º ils convinrent que tous leurs différends seraient jugés par deux gentilshommes qu'ils choisiraient, et qui seraient obligés de se rendre sur la frontière, *ou marche pour ainsi dire commune, où l'on avait coutume de s'assembler pour terminer leurs différends* ; 3.º le comte déclare qu'aucun de ses officiers ne pourra faire, pour quelque cause que ce soit, ni saisie ni exploit sur les biens et hommes du seigneur de St.-Trivier, soit qu'il soit du fief de Savoie ou non ; 4.º le comte s'oblige à défendre tous les biens et libertés du seigneur indistinctement ; à contraindre de réparer les dommages faits et à faire ; à défendre et à délivrer sa personne à ses propres frais, avec une grande ou petite armée, même contre ses propres sujets, s'ils lui faisaient la guerre ; 5.º le comte de Savoie convient qu'il ne pourra prétendre *aucune souveraineté ou ressort dans* ce *fief, si ce n'est la supériorité que les seigneurs ont, suivant la coutume de Dombe, sur les biens féodaux*, et que ce fief ne pourra jamais être séparé de la terre de Baugé; 6.° le comte de Savoie déclara que les hommes du seigneur de St.-Trivier, qui seront de ce fief, ne pourront être contraints de suivre le *cri de la corne à bouquin*, ni l'étendard de ce comte pour aller à la guerre.

La paix ne dura que deux ans. Trois moines de l'abbaye d'Ambournay, originaires du Dauphiné, soit pour servir leur prince, soit pour satisfaire leur ressentiment particulier, assassinèrent, pendant la nuit, Amblard de Briord, leur abbé, qui était dans les intérêts du comte de Savoie, et livrèrent la place au dauphin. Amé reprit aussitôt les armes, les princes voisins s'unirent à lui; il assiégea et reprit bientôt la ville d'Ambournay; il y désigna Pierre de la Beaume pour abbé; il reprit ensuite sur le dauphin la ville de St.-Germain d'Ambérieux; dans cette occasion Amé dit à ses soldats qui demandaient le pillage : « Je sais » ce que vous avez souffert pour mon service, je ne » l'oublierai pas; mais sachez qu'il n'y a pas un ha- » bitant de cette malheureuse ville qui ne pleure un » parent ou un ami tué sur le rempart. » Le dauphin de son côté assiégea le château de Miribel; Amé voulut secourir cette place, mais il fut prévenu par le dauphin qui l'eut par composition.

Ces hostilités se ralentirent bientôt par la mort de Jean, dauphin, qui arriva le 3 mars 1319.

L'année suivante, Guillaume III, comte de Genevois, allié du dauphin et son vassal, mourut. Amédée son fils, hérita de ses états et de sa haine contre la maison de Savoie.

En 1323 Amé s'était rendu pour des négociations à Avignon, résidence des papes; il y mourut. Ce prince eut le surnom de Grand: il le mérita. « Sa sagesse, dit » Mezerai, le fit regretter dans toutes les cours de l'Eu- » rope. Il trouva l'art d'être si bien avec tous les princes » qu'il se rendit le perpétuel médiateur dans les diffé- » rends que l'intérêt et les jalousies faisaient naître » parmi eux. » C'est à lui que les chevaliers de St.-Jean de Jérusalem durent, suivant l'opinion commune, la conservation de l'île de Rhodes. On prétend qu'il en perpétua le souvenir en portant dans ses armoiries cette devise: F, E, R, T. que l'on interprète ainsi, *fortitudo ejus Rhodum tenuit*. Ce prince fut enterré en l'abbaye d'Haute-Combe en Savoie. Il eut douze enfans, tant de Sibille de Baugé que de Marie de Brabant, sa troisième femme.

EDOUARD.

Ce prince, successeur d'Amé V, naquit au château de Baugé le 8 février 1281. Amé l'avait institué son héritier; il avait été apanagé des seigneuries de Bresse et de Coligny: il donna des preuves de courage à la bataille de Mons-en-Puelle, que Philippe-le-Bel gagna en 1304 contre les Flamands. Édouard y avait conduit des troupes, et le roi de France le fit chevalier avant de livrer la bataille.

En 1324 Édouard fit, avec Aimon son frère cadet, une convention portant que ce dernier se départirait, comme cadet, de tous ses droits sur le comté de Savoie, moyennant certaines terres qu'on lui remit pour apanage; mais il fut convenu que, si Édouard n'avait que des filles, elles ne pourraient lui succéder, à l'exclusion d'Aimon et de ses enfans mâles: ce qui arriva. La Bresse fit partie des terres remises à Aimon à titre d'apanage.

Après le couronnement d'Édouard, des contestations s'élevèrent au sujet de l'hommage de Montluel, entre lui, Guigues VI, Dauphin, et Guichard, sire de Beaujeu. Ce dernier, qui était seigneur de Miribel, avait des terres enclavées dans la seigneurie de Montluel. Philippe d'Aurillac, légat du pape, et deux chevaliers, furent choisis pour arbitres de ces difficultés. Ils décidèrent que la seigneurie de Montluel appartiendrait en toute propriété au dauphin, comme héritier du dernier sire de cette principauté; que dans les endroits de cette seigneurie où le sire de Beaujeu n'aurait rien par indivis, le droit de maréchaussée appartiendrait au dauphin; que le seigneur de Miribel aurait ce droit dans les lieux où il serait seul seigneur, et qu'ils l'auraient en commun dans leurs possessions indivises; que le village de Rillieu, prétendu en toute justice par le dauphin, appartiendrait à l'abbé de l'Ile-Barbe; ils donnèrent au comte de Savoie le château de Joannage en Dauphiné, et au dauphin le port sur le Rhône, appelé Labatie de Montluel.

Édouard ayant ainsi traité avec le dauphin, s'occupa de sa vengeance contre Amé, comte de Genevois, et Hugues, seigneur du Faucigny, qui appartenait à Humbert, frère de Guigues, dauphin; mais l'usufruit en était réservé à Hugues son oncle. Ce dernier venait de faire élever le château de Montforcier, sur les frontières des états de Savoie. Édouard prétendit que le terrain sur lequel ce château était bâti lui appartenait, et il somma Hugues de le démolir dans le mois; Hugues n'eut point d'égard à cette sommation: le comte de Savoie assiégea la place, la prit et la fit raser. Hugues appela à son secours Hugues de Genève, seigneur d'Anthon et de Varey, et Amé, comte de Genevois. Ils mirent le siége devant le fort des Alinges; Hugues de Genève qui le dirigeait fut battu: Amé, comte de Genevois, eut le même sort au Mont-Mortier. Édouard s'empara de la seigneurie de Gex et de celle de Copet : encouragé par ces avantages, il rassembla toutes ses troupes à Bourg, et aidé de Robert, fils du duc de Bourgogne, de Jean de Châlons, comte d'Auxerre, et de Guichard, seigneur de Beaujeu, il entreprit le siége du château de Varey, qui appartenait à Hugues, seigneur d'Anthon. Hugues, dans cette extrémité, recourut au dauphin de Viennois, dont il était vassal pour cette place; Guigues était demeuré neutre tant qu'Édouard n'avait point attaqué les fiefs pour lesquels Hugues relevait du Dauphiné. Obligé selon les lois féodales, comme seigneur suzerain, il accourut avec une armée considérable pour secourir son vassal ; le comte de Genevois, les seigneurs d'Anthon et d'Arlai réunirent leurs troupes aux siennes. Édouard, à l'approche de son ennemi, rangea son armée en ordre de bataille dans la plaine de St.-Jean-le-Vieux, sous le château de Varey. Le dauphin attaqua Édouard et eut tout l'avantage de cette journée, qui fut fatale à la Savoie et à ses alliés. Le fils du duc de Bourgogne, le comte d'Auxerre et le sire de Beaujeu furent faits prisonniers. Édouard lui-même avait été pris ; mais il eut le bonheur d'être arraché des mains de ceux qui l'emmenaient, par Hugues de Boerzel et le seigneur d'Entremont, qui le conduisirent au Pont-d'Ain (1).

Par cette victoire le dauphin conserva la seigneurie de Varey au seigneur d'Anthon, son allié, et tira des rançons considérables de ses prisonniers. Robert, fils du duc de Bourgogne, lui paya 50,000 florins.

Guichard de Beaujeu, en perdant sa liberté à la ba-

---

(1) Durant encore la bataille, vint un homme d'armes du dauphin, que l'on appeloit Auberjon de Maleys, qui, entre les autres, choisit le comte Édouard de Savoie et le pressa si étroitement qu'il fut son prisonnier, et afin qu'il le pût plus sûrement garder, lui et le seigneur de Tournon le menèrent hors l'estour, passant pardevant le seigneur de Boerzel, qui était ancien chevalier, lequel cria à son fils, qui se combattait fortement : Ha ! Hugues, l'on emmène prisonnier le comte Édouard, ton seigneur et le mien ; tôst, tôst après lui, car je suis vieil, faible, et durement blessé. A la parole du prodome, messire Hugues de Boerzel se

taille de Varey, perdit en même temps le fruit de la politique de ses pères. Le dauphin exigea pour sa rançon Meximieux et St.-Christophe, l'hommage sur Villars, Loyes, Lapoype, Montciller, Corsieu, Montieu, Châtillon-la-Palu, Gordan et Miribel : Guichard les lui céda par un traité passé à St.-Vallier le 24 novembre 1327; plusieurs seigneurs se rendirent, suivant l'usage, garans de l'exécution de ce traité.

Le sire de Beaujeu demanda au comte de Savoie une indemnité des pertes qu'il avait éprouvées pour son service; et, par la médiation de l'archevêque de Lyon, il en obtint, le 29 janvier 1328, l'inféodation de Coligny-le-Neuf, Buene, Thoissey et Lent, et la promesse d'une somme de 40,000 livres viennoises.

Édouard, pour se venger de la bataille de Varey, envoya les débris de son armée attaquer le sire de Villars. Galois de la Beaume, qui commandait les troupes du comte de Savoie, prit le château de Balon, qui appartenait au sire de Villars. Le comte fut dans le même temps forcé de lever le siége d'une petite

---

partit de la mêlée et prestement s'en alla après ceux qui menoient le comte prisonnier, rencontrant le seigneur d'Entremon, lui dit, suivés-moi hâtivement, car l'on emmène pris notre seigneur. Lors s'en allèrent eux deux et trouvèrent le seigneur de Tournon et Auberjon des Maleys lez un buisson qui déjà vouloient ôter le bacinet au comte, si frappèrent de grand raudon sur eux, si qu'ils occirent Auberjon de Maleys et mirent le comte Édouard à cheval et li firent passer le Pont-d'Ain. G. p. 61.

place. Se sentant trop faible pour pouvoir réparer ses pertes, il alla à Paris solliciter le secours du duc de Bourgogne, son beau-père, et du duc de Bretagne, son gendre : la mort le surprit à Gentilli le 4 novembre 1329.

Jeanne de Savoie, sa fille, mariée au duc de Bretagne, prétendit succéder à son père, soit comme héritière légitime, soit parce que Amé V avait promis, en faveur du mariage d'Édouard avec Blanche de Bourgogne, de laisser son héritage aux enfans qui en naîtraient : mais les états de Savoie, en vertu de la loi salique, y appelèrent Aimon, frère d'Édouard.

On place sous Édouard la création de la plupart des justices de la Bresse et du Bugey : avant lui l'inféodation n'était que l'érection de quelques pièces de terre, maison forte ou autre propriété en fiefs hommagés. Ceux à qui le prince accordait cette faveur se disaient hommes liges de leur seigneur, lui juraient fidélité, et en étaient protégés. Édouard fut un des premiers qui attacha aux fiefs le droit de justice, de dîme, de blairie, etc.

Pour connaître l'étendue de ces droits, il faut remarquer que depuis les érections en fiefs que les sires de Baugé firent en faveur des nobles, ou ce qui est la même chose, des notables qui étaient *milites* ou *domicelli*, c'est-à-dire attachés au service militaire ou à la maison du sire, ces notables ne purent cultiver leurs fonds à cause de leurs emplois. Ceux qui étaient les plus éloignés du manoir ou châtel où ils résidaient, les donnèrent à cultiver moyennant une certaine quantité de grains ou une somme d'argent, et souvent l'un et l'autre ; à l'égard des fonds placés dans les environs du manoir, ils continuèrent à les faire cultiver par leurs hommes, mais comme il était souvent difficile de se faire rendre un compte exact du produit de la récolte, on exigea pareillement d'eux des redevances en grains et en argent. Ces hommes néanmoins continuèrent à leur servir de domestiques, et ils restèrent dans leur dépendance. Les conventions de la première espèce sont l'origine de l'emphitéose simple, et celles de la seconde, de la main-morte.

Ceux qui cultivaient les terres des seigneurs y commettaient quelquefois des dégâts. L'officier du prince ne daignait pas connaître de ces délits domestiques qui ne lésaient que l'intérêt particulier des nobles. Ceux-ci alors demandèrent au souverain le droit de punir les délits que leurs cultivateurs commettaient à leur préjudice : c'était une justice correctionnelle et elle fut appelée basse justice. Elle avait principalement rapport à l'économie rurale et s'étendait sur les fonds épars du seigneur qui avait le droit d'avoir des forestiers, des blayers, des gardes-fruits, pour veiller sur ses bois, ses blés et ses vignes. Sa juridiction s'étendait encore dans l'intérieur des maisons de ses *hommes*, pour y faire les inventaires, apposer les scellés, etc.

Le prince se réservait toujours la punition des crimes. Il fallut accorder aux nobles des officiers pour surveiller *ces domestiques* cultivateurs. Le principal domestique de leur maison ou châtel, dut être le premier de ces officiers; de là le nom de *Castellanus*, Châtelain, qui lui était donné. L'officier qui avait l'intendance sur la *cour* du château était, après le maître d'hôtel, le plus considérable; de là le *Curial*, scriba curiæ. La cour du seigneur était le lieu le plus commode pour rassembler un grand nombre de personnes; de là le *banc de cour* où les *hommes*, les cultivateurs du seigneur venaient rendre compte de leur conduite : telle était la nature des fiefs de ces temps-là. Ce ne fut que bien des années après que l'on en vit d'autres où le vassal était presque placé à côté du seigneur suzerain. Alors la justice devint un droit plus honorifique qu'utile, au lieu qu'auparavant elle était plus utile qu'honorifique.

AIMON.

Ce prince naquit à Bourg le 15 décembre 1291. Son père l'avait destiné à être ecclésiastique; il reconnut le peu de goût qu'il avait pour cet état, et il lui donna à titre d'apanage la seigneurie de Baugé, d'autres terres en Bresse et le château de St.-Germain-d'Ambérieux, pour en jouir en noblesse et baronnie.

Il était à Avignon auprès du pape Jean XXII, lorsqu'Édouard son frère mourut. Le seigneur de Montrevel le pressa de venir en Savoie s'opposer aux intrigues du dauphin qui soutenait les prétentions du duc de Bretagne. Aimon se rendit sans délai à Chambéry et y fut reconnu comte de Savoie, à l'exclusion de Jeanne sa nièce, duchesse de Bretagne.

Aimon trouva les états de Savoie dans le plus grand désordre. Il s'appliqua à réparer les suites des fautes d'Édouard. Quoique le dauphin, par la médiation du roi de France, eût juré une amitié inviolable à Édouard, il avait aidé le duc de Bretagne dans ses projets sur la Savoie, et il se préparait à la guerre contre Aimon, qui s'était offensé de ces tentatives pour lui enlever l'héritage de son frère.

Aimon avait réussi à faire entrer le comte de Genevois et le seigneur de Gex dans son parti.

Le roi de France interposa encore une fois sa médiation, et détermina les deux princes à nommer des arbitres pour examiner leurs prétentions respectives.

Le dauphin demandait au comte de Savoie la restitution d'un très-grand nombre de seigneuries et de places fortes; le comte de Savoie faisait de son côté des demandes de la même espèce; les conférences durèrent deux années; les prétentions et l'aigreur des parties augmentèrent : le roi de France fut obligé de renoncer au rôle de médiateur, et de laisser les deux ennemis vider leur différend les armes à la main.

Guigues, dauphin, attaqua le premier : il commença à ravager quelques terres du comte de Savoie, et mit le siége devant un château appelé Laperiere; il s'en approcha pour le reconnaître, et fut tué d'un trait lancé des murs de la place. Cette mort ôta aux Dauphinois les avantages qu'ils avaient eus : Aimon entra à son tour, chez eux, pour y porter la guerre. Humbert, frère et héritier de Guigues, s'avança contre lui à son retour d'Italie, où il avait appris la mort de son frère : Aimon recula à son tour; et, pour mettre ses terres à l'abri, il fit élever, au-dessous de Varey, un fort qu'il nomma la Bastie St.-Jean.

Le roi de France offrit de nouveau sa médiation, qui fut acceptée, et les commissaires des deux princes conclurent, le 7 mars 1334, un traité qui mit fin à ces hostilités. Dans ce traité, le comte de Savoie renonça, en faveur du dauphin, à tous ses droits sur les seigneuries de Montluel et de la Valbonne, à la réserve des fiefs de Châtillon-de-Choutagne, de Girieu, et de l'hommage dû par les seigneurs de la maison du Saix; il promit de faire démolir le fort de St.-Jean-le-Vieux, et de rendre au dauphin le château de Menthon, et toutes les terres qu'il avait prises à ses alliés. Le dauphin céda de son côté au comte de Savoie St.-Germain-d'Ambérieux, la seigneurie des Alimes, les fiefs de Balon, de Grand-Conford, et tout ce qu'il lui avait pris en Bugey. Le sire de Beaujeu avait réclamé la partie de la seigneurie de Villars, qu'on avait exigée de lui pour sa rançon après la bataille de Varey : la décision sur cette demande fut, dans ce traité, renvoyée au pape, alors en possession d'être l'arbitre des princes européens. Malgré la conclusion du traité, les Dauphinois firent quelques hostilités en Savoie; ils furent repoussés par les troupes du comte. Enfin ces deux souverains ratifièrent, le 7 septembre de la même année, le traité projeté le 7 mars par leurs médiateurs ; cette paix fut conclue à Sylve-Bénite, près de Moiran, en présence des premiers seigneurs des deux états, qui s'en rendirent garans selon la coutume de ces temps-là.

Le comte de Savoie s'était occupé, dès les premiers momens de son règne, à régler les prétentions de Blanche de Bourgogne, sa belle-sœur, au sujet de son douaire. Par un traité conclu le 8 février 1330, il lui donna, pour lui en tenir lieu, Bourg, Treffort, Coligny, Jasseron, St.-Étienne-du-Bois, St.-Trivier, Pont-de-Veyle, Pont-de-Vaux, et quelques terres situées hors de la Bresse.

Pendant la guerre qu'il soutenait contre les Dauphinois, Aimon termina par un traité conclu dans le mois de septembre 1332, quelques difficultés qui s'étaient élevées entre lui et Jean de Saligny, évêque de Mâcon, au sujet de plusieurs terres de l'évêque de Mâcon, enclavées dans la sirerie de Baugé. Dans ce traité le comte reconnut le droit de propriété de l'évêque sur Romenai. Il fut convenu de part et d'autre que le château de St.-Romain serait indivis entr'eux; qu'en cas de guerre, il serait successivement gardé par les soldats du prélat et ceux du comte; que l'évêque aurait la justice de *suite* sur ses hommes qui viendraient établir leur demeure à Sermoyé; que les seigneuries de Romenai, St.-Trivier et Pont-de-Vaux seraient limitées par les seigneuries de Virizet, de Feillens et de Varax. Le comte vendit à l'évêque les villages d'Avitte, de Reyssouse et de Feyoles, avec réserve du droit de réachat. Il fut convenu que ce traité ne serait exécuté qu'après l'approbation du roi de France, dont le comte avait demandé la médiation, et de Blanche de Bourgogne qui, à cause de son douaire, avait des droits sur les villages aliénés. Aimon promit par une clause particulière de continuer l'hommage f-ndé par les sires de Baugé, ses prédécesseurs, en faveur de l'église de St.-Vincent à Mâcon.

Nous avons vu que Guichard, sire de Beaujeu, s'était fait donner, par Édouard de Savoie, plusieurs terres en dédommagement des places qu'il avait été obligé de céder au dauphin Guigues, pour sa rançon. Aimon, à qui ce dédommagement parut trop considérable, négocia avec Édouard de Beaujeu, fils de Guichard, et par un traité du 5 juillet 1337, il lui céda ses droits sur le bourg de St.-Christophe, les fiefs de la seigneurie de Villars, et le château de Beauregard, sur-la-Saône, et il lui promit en outre 40,000 liv. viennoises; Édouard de Beaujeu, de son côté, constitua en fief noble et lige de la maison de Savoie, *Lent et Thoissey, terres que ses prédécesseurs avaient possédées de toute ancienneté allodialement et de franc aleu;* le comte de Savoie y réunit Buene et Coligny pour être tenus par les sires de Beaujeu en augmentation de fief.

Les traités précédens n'avaient pas déterminé avec précision les limites des états du dauphin et du comte de Savoie; cette indécision occasionna des négociations et un nouveau traité conclu en 1338, dans lequel le dauphin céda au comte le mandement de St.-

Germain, des Alimes, de Luisandre, d'Ordonnas, des Avenières, de l'île de Ciers, de Dolomieu, d'Arandas et tout ce qu'il avait à Ambronay, à St.-Rambert et Rossillon, depuis la rivière d'Albarine, au dessous de Tenon, jusqu'à St.-Sorlin de Cuchet. Le comte céda de son côté au dauphin le mandement de St.-Sorlin, Lagnieu, St.-Denis-le-Chosson, Chaset, Luyr, St.-André-de-Briord et la bastie de Lonnas. Ce traité était plutôt un échange qu'une fixation de limites.

Les seigneurs de Clermont en Dauphiné avaient, depuis Amé V, rendu de grands services aux comtes de Savoie; Aimon, pour s'en reconnaître et pour consolider une alliance utile en Dauphiné, céda la seigneurie de la Chanas en Bugey, et son mandement à Ainard, seigneur de Clermont, à titre de fief et hommage lige, et à condition que les sujets de Savoie allant et venant du Dauphiné, passeraient librement avec ou sans armes dans les terres, villes et châteaux de Clermont et autres qu'il tenait de l'église de Vienne. Cette inféodation, faite en 1338, paraît être la première qui ait eu pour objet une grande seigneurie.

Aimon, accompagné de ses principaux seigneurs et d'un corps d'armée, se rendit peu après en Flandres, au secours de Philippe de Valois, roi de France. Celui-ci donna à Louis de Savoie le gouvernement de Douay, et confia à Galois de la Beaume la défense de Cambray. Ces seigneurs servirent utilement et avec gloire le roi de France dans cette guerre.

Une bulle, du 6 avril 1339, constate qu'Aimon céda au pape Benoit XII toutes les terres qu'il possédait allodialement dans le Viennois, la Novalèse, la Bresse et le Bugey, pour les tenir de lui à titre de fief et à charge d'hommage. Pour s'acquitter des devoirs de vassal, il s'engagea de servir Sa Sainteté chaque année, pendant un mois, avec cent de ses gentilshommes; de ne point faire de traité avec les ennemis de l'église; de se trouver à la promotion des papes avec 40 chevaliers; de donner, à chaque exaltation, un cheval blanc couvert des armes de l'église à celui qui sera élevé sur la chaire de St.-Pierre. De son côté, le pape s'engagea de lui laisser l'honneur de servir ce jour-là le souverain pontife à table, et de tenir le frein de son cheval, à moins que l'empereur ou quelque roi ne se trouvât présent à l'exaltation: dans ce cas il se contenterait de tenir le frein gauche. S'il arrivait que le dauphin et le comte fussent en concurrence à cet égard, l'âge devait décider de la préférence. Le comte reçut ou dut recevoir cent cinquante mille florins d'or pour le prix de ce traité, qui paraît n'avoir pas été exécuté par ses successeurs.

Quelque temps après son retour de France, Aimon, attaqué d'une maladie dangereuse, se voua à Saint-Claude; sa guérison n'arrivant pas aussitôt qu'il le désirait, il fit en 1342 un second vœu à l'église de Notre-Dame de Bourg en Bresse: il y offrit deux cierges ardens et recouvra la santé. Cette guérison est l'origine de la messe solennelle que l'on célèbre dans l'église paroissiale de cette ville, le jour de l'assomption de la Ste.-Vierge, et des deux cierges qui brûlent perpétuellement devant son image. Néanmoins ce prince mourut l'année suivante au château de Montmélian, le 24 juin 1343. Il fut enterré dans l'abbaye d'Haute-Combe.

La prudence d'Aimon lui fit surmonter les difficultés dont il se trouva environné à son avénement à la couronne; il répara les pertes éprouvées par ses prédécesseurs, et ne leva, dit Guichenon, que six gros par feu. Dans ces temps-là, le prince, pour l'entretien de sa maison, avait les revenus de ses domaines, les profits de ses fiefs et de ses terres, donnés à cens emphytéotiques; on ne levait des subsides que momentanément, dans les besoins extraordinaires du gouvernement. Le château du Pont d'Ain doit à Aimon sa reconstruction.

Aimon eut quatre enfans d'Iolande de Montferrat, petite-fille d'Andronic Paléologne, empereur des Grecs. Cette alliance est l'origine des droits de la maison de Savoie sur le Montferrat, droits reconnus en 1713 par le traité d'Utrecht. Il désigna pour son héritier Amé VI, son fils ainé, et laissa des legs à six enfans naturels; il chargea son successeur de faire construire des chapelles dans tous les châteaux de ses états.

AMÉ VI, surnommé LE COMTE VERD.

Ce prince était né à Chambéry, le 4 janvier 1334. Son père lui avait nommé deux tuteurs et un conseil de tutelle, composé des principaux seigneurs de chaque province de ses états.

Nous avons vu, dans l'histoire de la sirerie de Villars, que tous les talens de Guillaume de la Beaume, envoyé à Paris auprès d'Humbert II, dernier dauphin de Viennois, ne purent empêcher celui-ci de céder ses états au roi de France. Il ne put l'emporter sur la haine héréditaire entre les dauphins de Viennois et les comtes de Savoie, sur le charme qu'a naturellement l'homme qui se dépouille, à faire passer sa succession à quelqu'un déjà puissant, et sur l'ambition de la noblesse du Dauphiné, qui désirait devenir française, à cause de la grandeur de la maison de France et des emplois que la Cour pouvait distribuer.

En 1346 il y eut un différent, on ne sait pourquoi, entre le comte de Savoie et les Lyonnais qui firent des courses jusqu'à St.-Symphorien-d'Oson où ils firent pendre un homme. Les Savoyards usèrent de représailles, et vinrent faire le dégât jusqu'aux portes de Lyon. La médiation du sire de Beaujeu termina cette petite guerre.

En 1349, *de cent ne demeuraient que neuf*, tant une maladie épidémique fit de ravages cette année; c'est ce qu'écrivait un auteur contemporain. Ce peu de mots dit énergiquement combien nos contrées souffrirent de la maladie qui dépeupla l'Europe à cette époque.

Louis de Savoie, un des deux tuteurs d'Amé V, mourut en 1350; le conseil de tutelle remplaça le comte de Genevois, qui était l'autre tuteur, par un conseil d'administration composé de trois seigneurs. Les anciennes inimitiés entre les maisons de Genève et de Savoie justifiaient ce changement.

Peu de temps avant sa majorité, le jeune comte de Savoie parcourut ses états, et reçut en Bresse les hommages de la noblesse, confirma aux habitans des villes leurs franchises et priviléges ; la ville de Bourg obtint des lettres patentes pour cet objet, le dernier jour de février 1352. La même année, le comte Verd accorda aux habitans de Pont-de-Veyle la permission de se clore de murs, et de lever un droit sur les vins qui se vendaient en détail, pour subvenir à cette clôture.

Le 13 août 1353, il retira des mains de l'évêque de Mâcon les villages d'Avitte, Reyssouse et Feyolles, dans le mandement de Pont-de-Vaux ; il donna en échange les droits qui lui restaient sur la terre de Romenay.

Guillaume de la Beaume, n'ayant pu déterminer Humbert II à céder le Dauphiné au comte de Savoie, continua ses négociations auprès du roi Jean et de Charles, son fils, nouveau dauphin, et il conclut avec eux un traité pour couper la racine des difficultés qui renaissaient toujours entre le dauphin et le comte de Savoie. Pendant ces négociations, ces deux princes prétendaient avoir droit de justice, à l'exclusion l'un de l'autre, sur l'abbaye d'Ambronay et sur le château de Varey. Les Dauphinois avaient pillé St.-Germain,

Douvres, Ambronay, Château-Gaillard, les Alimes et Montgriffon. Le comte assemblait des troupes à Belley pour user de représailles envers les Dauphinois; il les licencia d'après la promesse que le roi de France lui fit de réparer les ravages dont il se plaignait, et de terminer leurs différends par le traité auquel Galois de la Beaume avait travaillé. Cet important traité fut conclu à Paris le 5 janvier 1355. Il fut réglé que le Dauphiné comprendrait les châteaux de Toulnon, de Voiron, et tout ce qui était par delà la rivière de Guyer, depuis le Viennois et l'Isère jusqu'à l'endroit où le Guyer se jette dans le Rhône, avec le mandement d'Avenières et l'île de Cier; que tout ce que le comte possédait dans le Viennois et généralement tout ce qui lui appartenait entre le Rhône et l'Isère, serait réuni au Dauphiné.

En contre échange, le dauphin de France lui céda la suzeraineté sur les seigneuries de Faucigny et de Gex; tous ses droits et prétentions sur un grand nombre de seigneuries situées entre le Rhône et la Saône; les hommages que lui devaient le comte de Genevois et le seigneur d'Anthon : il céda en outre, à charge de l'hommage seulement, les mandemens de St.-Sorlin, de Cuchet, de St.-André-de-Briord, de Luyr et de Lagnieu.

Ces échanges ayant séparé d'une manière invariable les états du comte de Savoie d'avec le Dauphiné, les guerres malheureuses qui, depuis long-temps désolaient ces deux pays, cessèrent pour toujours.

Cette même année, Guillaume, fils de Galois de la Beaume, conclut à Paris le mariage du Comte Verd avec Bonne fille, de Pierre, duc de Bourbon. Après l'avoir épousé au nom du comte, en l'hôtel de St.-Pol, il l'accompagna jusqu'à Pont-de-Veyle, où le prince, son époux, vint la recevoir.

Les Genevois ayant voulu se soustraire à son obéissance, il remporta sur eux une victoire décisive au village des Abcès. Ses états étant pacifiés, il amena au secours du roi de France un corps de troupes qui s'avança jusqu'à St.-Omer; mais Édouard III étant retourné en Angleterre, le comte revint dans ses états : à son passage à Bourg, il fonda, avec Bonne de Bourbon, le couvent des Cordeliers, le 18 mai 1356.

Amé VI envoya la même année Guillaume de la Beaume demander à l'empereur Charles IV la confirmation des anciens priviléges accordés à la maison de Savoie, et le négociateur obtint, dans le mois d'août, que les comtes de Savoie auraient droit de connaître, en dernier ressort, des appellations des évêques et des prélats, et de les juger avec le même pouvoir qui était auparavant attribué à la Chambre impériale.

Peu après le comte de Savoie voulut empêcher Amé, comte de Genève, de battre monnaie; ce dernier prétendait en avoir le droit, étant souverain dans son petit état : Amé VI répondait que le comte de Genève étant son vassal, il ne pouvait exercer ce droit sans sa permission. Les deux princes s'en rapportèrent à la décision de trois arbitres qui prononcèrent, le 2 août 1358, que le comte de Genevois ferait hommage de ce droit au comte de Savoie.

En 1359 Guillaume de la Beaume racheta, pour le comte de Savoie, la baronnie de Vaud et des terres dans le Bugey et dans le Valromey, qui avaient été données en dot à Catherine de Savoie, comtesse de Namur. Cette acquisition, faite moyennant 60,000 florins, prévint des différends qui se seraient élevés après la mort de Catherine, si ces terres avaient passé dans la maison de Bourgogne.

Amé fit la guerre aux marquis de Saluces, de Montferrat, et aux Viscomti de Milan; il les força de lui demander la paix; il chassa les Anglais de Riverolle, de Pavon et de St.-Martin, dont ils s'étaient emparés sous la conduite de Robert Knolles, un de leurs meilleurs capitaines.

En 1362 il institua l'ordre du Collier, qu'il donna à quinze chevaliers.

En 1365 le seigneur de St.-Trivier étant en guerre avec le seigneur de Chaneins, le fils de ce dernier fut fait prisonnier. Le comte de Savoie employa sa médiation pour appaiser ce différend. Il s'en suivit entr'eux un traité dans lequel il fut convenu que toute hostilité cesserait, et que si, à l'avenir, il naissait d'autres sujets de guerre, elle ne pourrait avoir lieu qu'au préalable on n'eût pris conseil du comte de Savoie, sans quoi les agresseurs seraient regardés comme faux, mauvais et traîtres en toutes cours et places, sans autres preuves.

En 1366 il alla avec une armée nombreuse dans la Grèce et en Bulgarie, pour délivrer Jean Puléologne, son parent, qui était prisonnier du roi des Bulgares. Ce dernier, voyant la plupart de ses places prises par le comte de Savoie, et craignant le même sort pour Varna, sa capitale, entra en négociation, rendit la liberté à l'empereur, et Amé VI leva le siége de Varna, relâcha ses conquêtes, et fut reçu ensuite (octobre 1366) à Constantinople comme le libérateur du prince et de l'État.

En 1369 plusieurs seigneurs de la Dombe, qui avaient des fiefs relevant du comte de Savoie, lui prêtèrent hommage, en se réservant la fidélité qu'ils devaient au sire de Beaujeu et à d'autres seigneurs. Cet hommage, rendu à Châtillon-les-Dombes, fut par la suite un sujet de discorde entre ces deux princes.

On ne sait si c'est la guerre ou d'autres calamités qui causèrent la ruine de Ceyseriat, vers l'année 1350. En 1370 le Comte Verd permit aux habitans de Ceyseriat de faire rebâtir leur ville au Clos-l'Abbé, avec le consentement de l'abbé d'Ambronay, à qui ce territoire appartenait.

Édouard, sire de Beaujeu, prétendait posséder en toute souveraineté les villes de Lent et de Thoissey, et d'autres terres données en dédommagement à Guichard, son père. Le comte de Savoie lui en demanda l'hommage, et pour terminer ce différend, lui donna 1,300 fr. d'or, et en outre les villes et châteaux de Châlamont, Montmerle, Villeneuve, et Beauregard en Dombe. Ce traité, commencé d'abord en 1376 au château de Baugé, où s'était rendue la principale noblesse des deux princes, fut conclu à Paris, le 20 février 1377. Édouard prit du comte, au logis de l'Ours, rue St.-Antoine, l'investiture des villes et châteaux ci-dessus mentionnés, et de tout ce qu'il possédait en l'empire deçà la Saône.

Amé VI, toujours dévoué à la France, suivit Louis d'Anjou lorsqu'il alla conquérir le royaume de Naples. Il mourut de la peste au siége de la ville de Saint-Étienne, dans le mois de mars 1383.

Ce prince augmenta le domaine de la maison de Savoie par une administration sage, une conduite judicieuse, qui ne l'empêchèrent point de montrer les talens d'un grand capitaine.

La ville de Bourg lui doit les armes et la livrée qu'elle porte, et la chartreuse de Pierre-Châtel en Bugey, son établissement. Ce monastère était destiné aux assemblées de l'Ordre du Collier, appelé depuis l'Ordre de l'Annonciade, et à leur sépulture. Après l'échange de nos contrées contre le marquisat de Saluces, le duc Charles Emmanuel ordonna que les Chapitres de cet ordre se tiendraient dans l'église de St.-Dominique de Montmélian ; ensuite, en 1607, ils furent transférés dans l'hermitage des Camaldules, sur la montagne de Turin.

AMÉ VII, surnommé le COMTE-ROUGE.

Ce prince était fils de Bonne de Bourbon, seconde

femme du Comte-Verd. Il avait été apanagé des seigneuries de la Bresse et de la Valbonne, et prenait le titre de baron de Baugé. Il convoqua tous ses vassaux à Bourg pour se faire reconnaître en cette qualité ; le sire de Beaujeu, dont l'orgueil souffrait d'être le feudataire d'un prince apanagé, ne s'y trouva pas, et refusa l'hommage pour les villes de Lent, Thoissey, Chalamont, Montmerle, Villeneuve et Beauregard en Dombe, Coligny et Buene en Bresse. Le baron de Baugé assembla ses vassaux, prit le château de Beauregard d'assaut, la ville de Lent par composition ; il interrompit ses conquêtes à la prière des ducs de Bourgogne et de Bourbon, qui lui firent conclure une trêve d'un an pour examiner ses prétentions. Le temps de cette trêve étant expiré, et les médiateurs n'ayant rien conclu, le baron de Baugé recommença la guerre et s'empara de Thoissey, de Montmerle et de Chalamont.

La nouvelle de la mort de son père suspendit ses conquêtes, et il se rendit dans ses nouveaux états pour en prendre possession.

Pendant qu'il recevait à Chambéry les hommages de ses nouveaux sujets, les négociations recommencèrent pour terminer ses différends avec le sire de Beaujeu ; les médiateurs parvinrent à faire conclure, le 31 mai 1383, un traité par lequel le comte de Savoie, en considération du Roi de France, des ducs de Bourgogne, de Berry et de Bourbon, et du sire de Couci, relâcha au sire de Beaujeu toutes les places qu'il lui avait prises, à l'exception de Beauregard-sur-Saône, dont il se réserva la jouissance pendant sa vie. Le sire de Beaujeu se soumit à l'hommage qu'il contestait pour les autres places.

En 1385, un incendie consuma presque toute la ville de Belley, excepté l'église, le palais de l'évêque et quelques maisons de chanoines ; la mémoire de cet événement nous a été conservée par l'inscription suivante :

L'an M CCC LXXXV et le XXV du mey d'ou,
Tanto après la San Bartoloméou
Dorman pidia, veillan en équita,
De Belley fut arsa la cita.

Amé VII continua l'alliance que son père avait contractée avec la France ; il prit les armes en sa faveur, et se trouva avec sa principale noblesse à la bataille de Rosebecque et au siége d'Ypres. La grande autorité qu'il s'était acquise dans le Piémont, et la bonne opinion que ses voisins avaient de son gouvernement, déterminèrent les comtés de Nice et de Vintimille, le port de Villefranche, Barcelonnette et ses vallées, à se réunir à ses états.

En 1389 le seigneur de Grandson répandit des faux titres, dont l'un donnait au duc de Bourgogne un droit de protection sur ce seigneur, contre les comtes de Montbéliard et de Savoie ; suivant l'autre, le comte de Savoie aurait été feudataire des ducs de Bourgogne pour une partie de ses états de Bresse et de Savoie. Le comte de Savoie fit arrêter le faussaire qui avoua son crime, fut condamné à mort, et trouva le moyen d'éluder l'exécution de ce jugement. Amé mourut peu après, le 1.er novembre 1391, des suites d'une chute de cheval qu'il avait faite à la chasse, dans la forêt de l'Orme, sur Thonon. Son médecin, soupçonné d'avoir avancé sa mort, se réfugia sur les terres du seigneur de Grandson, ce qui fit regarder ce dernier comme son complice.

Amé VII avait épousé Bonne, fille du duc de Berry, qui lui apporta cent mille livres en dot. Amé en eut trois enfans. Il laissa en outre un fils naturel nommé Humbert, comte de Romont, qui rendit de grands services à la maison de Savoie.

Amé VIII ou Amédée, premier duc de Savoie.

Amé VIII, né à Chambéry le 4 septembre 1385, était dans sa huitième année lorsqu'il commença à régner. La médiation de Charles VI, roi de France, termina des discussions qui s'élevèrent au sujet de la régence des états de Savoie; elle fut confiée à Bonne de Bourbon, mère du jeune prince, mais il lui fut adjoint un conseil de régence, et on donna Odo de Villars pour gouverneur au jeune prince.

Son mariage fut conclu avec Marie de Bourgogne, et célébré dans la ville de Tournus. Amé s'y rendit sur l'assurance que les ducs de Berry et de Bourgogne donnèrent à Odo de Villars, qu'ils ne retiendraient pas le prince de Savoie, et qu'au contraire ils le renverraient dans ses états après son mariage.

Amé permit, en 1397, à la ville de Bourg, d'accenser ses tours aux bourgeois ; il lui confirma ses priviléges, et entr'autres le droit de lever deux deniers par livre sur toutes les ventes de meubles et immeubles, et d'affranchir les taillables qui séjourneraient plus d'un an et un jour dans la ville, et y continueraient leur demeure. Le prince reçut, pour ces accensement et confirmation de priviléges, 400 florins d'or de petit poids.

Le seigneur de Stavayer accusa le comte de Grandson de complicité avec le médecin d'Amé VII, qui avait été soupçonné d'avoir avancé la mort de ce prince. Le comte de Grandson fut obligé d'accepter le combat singulier qui lui fut offert par le seigneur de Stavayer. Amé VIII l'autorisa. Le texte de cette ordonnance a été conservé ; elle est ainsi conçue :

« Ordonnance du gage de bataille entre messire
» Girerd d'Estavayé et de messire ôte de Gransson
» chevaillers.

» Nous Amé comte de Savoie etc. séans au siége
» de justice et de raison ayant les Saintes-Écritures
» par devant nous, pour ce que notre jugement pro-
» céde dexturier, de la face de Dieu, et son st.-nom
» appelé, en faisant le signe de la vraie croix, di-
» sant : au nom du Père, du Fils et du St.-Esprit,
» amen; par notre sentence en cet écrit déclairons et
» prononçons par ces presentes, et Dieu par sa sainte
» grâce soit au droit, que gage de bataille soit et se
» fasse entre les dits appelant Girerd d'Estavayé, et

» défendant ôte de Gransson, par manière que chacun
» face son devoir, affin que des dits cas Dieu en veuille
» démontrer la pure vérité........ Et pour ce assignons
» aux dites parties, le 7.ᵉ jour du mois d'aoust, à soi
» comparoitre personnellement à heure deue, dedans
» notre ville de Bourg, par devant nous en notre
» court, en la place dedans les lices qui leur seront
» establies, à tous leurs chevaux, couvertes et armes
» plaines, telles et tels comme pourter les voudront,
» sans avoir en icelles armes plaines et couvertures,
» aucunes pointes offendables, et chescun des dits
» appelant et deffendant puisse avoir une lance d'une
» longueur, deux épées, et une dague, telles comme
» avoir les voudront, pour faire leur devoir comme
» gentils hommes doivent faire : et ce sur la peine de
» mille marcs d'or, et sur leurs biens meubles et im-
» meubles, et d'être atteint et convaincu, et être le
» fait pour confessé pour la partie que ne se compa-
» roistrait et satisferait à la dite journée par devant
» nous. Et l'ont promis sur les Saints-Évangiles et
» l'obligation de tous leurs biens.
» Donné à Bourg le 15 novembre 1397. »

Le jour de ce combat fut avancé, et il eut lieu le 15 janvier 1398, en présence des cautions fournies par ces deux seigneurs ; le comte de Savoie et sa cour assistèrent à ce spectacle, soit comme curieux, soit comme juges du combat. La victoire se décida pour Stavayer, et Grandson perdit la vie dans le combat à la lance.

En 1398 Amé reçut, à Bourg, les députés du duc de Bourgogne, qui venaient le prier de l'aider à payer la rançon du duc de Nevers, son fils, qui avait été fait prisonnier par les Turcs.

En 1399, Edouard, sire de Beaujeu, enleva la fille d'un bourgeois de Villefranche; ce dernier demanda justice au Roi de France, suzerain d'Edouard, qui refusa de venir se justifier. Charles VI le fit arrêter et conduire à Paris. Les seigneurs de la Dombe se crurent en droit de se choisir un nouveau maitre, et le comte de Savoie les détermina à lui faire hommage de leurs seigneuries; il n'en jouit pas long-temps : Edouard, quelque temps avant sa mort, donna la Dombe et le Beaujolais à Louis II, duc de Bourbon.

En 1401 les pennonceaux des châteaux de Chaneins et de Bereins ayant été enlevés de force par les officiers de Savoie, les Dombistes firent des courses en Bresse où ils enlevèrent beaucoup de personnes et de bestiaux.

On a vu, dans l'histoire de la sirerie de Villars, comment le comté de Genevois et une partie de la sirerie de Villars furent réunis, par Amé VIII, aux états du comte de Savoie.

Ce prince, par différens traités faits avec les petites principautés ecclésiastiques du Bugey, reprit sur elles la souveraineté presqu'absolue dont elles jouissaient depuis long-temps. L'évêque de Belley lui céda en 1401 quelques portions des revenus de son évêché, pour avoir sa protection. En 1415 le prieur de Nantua lui demanda la confirmation des priviléges qui avaient été reconnus appartenir à cette abbaye, par les sires de Villars.

Louis, duc de Bourbon, s'étant mis en possession de la partie de la Dombe, qui lui avait été cédée par le dernier sire de Beaujeu, refusa au comte de Savoie l'hommage que les sires de Beaujeu devaient pour Beauregard, Lent et autres villes; le comte porta, d'après ce refus, en 1408, la guerre en Dombe, y prit plusieurs villes, et même Anse et Villefranche, au-delà de la Saône. Les troupes du duc de Bourbon, à leur tour, repoussèrent Viri, général des troupes de Savoie, jusqu'à Ambronay. Louis de Bourbon mourut; Jean, son fils, demanda une conférence pour examiner les prétentions du comte de Savoie : elle eut lieu à Villars. Le duc de Bourbon reconnut le droit du comte de Savoie, et le comte de Clermont lui rendit hommage le 5 mai 1409, à Châtillon-les-Dombes, pour les cinq terres qu'il possédait en Dombe.

L'année suivante le comte rédigea, dans la même ville, les statuts de l'ordre du Collier. Quelques difficultés qui s'élevèrent en même temps entre les officiers du duc de Bourbon et ceux qui commandaient pour le comte dans la ville de Pontdeveyle, donnèrent lieu de fixer les limites de la Bresse et de la Dombe. Plusieurs seigneurs furent chargés de part et d'autre de cette opération. Ils l'exécutèrent le 1.er juin 1410, et séparèrent les deux provinces par le bief d'Avanon, et un large fossé qu'on creusa depuis la Saône jusqu'à l'endroit appelé la Grosse Planche.

Amé se rendit à Paris en 1410, et contribua, par sa médiation, à faire conclure, à Bicêtre, aux ducs d'Orléans et de Bourgogne, une paix qui suspendit pour un moment les divisions qui subsistaient entre ces deux maisons. L'empereur Sigismond se rendit, en 1416, en Italie, pour y raffermir l'autorité impériale; il passa à Seyssel, où il fut reçu par Amé VIII, qui l'accompagna jusqu'à Lyon. Amé négocia auprès de l'Empereur pour faire ériger la Savoie en duché. Sigismond voulait faire cette érection à Lyon, mais les gens du Roi s'y opposèrent et lui firent entendre que « tel acte d'érection était acte de souveraineté, » et que le Roi ne veut et ne doit reconnaître d'autre » supérieur que Dieu, quoi voyant l'empereur se » partit de Lyon grandement indigné, et passant en » la ville de Montluel, il y érigea le comté de Sa- » voie en duché, l'an 1416. »

L'année suivante Louis de Savoie, prince d'Achaie et de la Morée, étant mort sans postérité, Amé réunit la principauté de Piémont à son duché, par droit de succession.

Le 26 décembre 1427, Amé, par lettres patentes, datées de Pignerol, érigea la baronnie de Montrevel en comté avec les châteaux et mandemens de Marbos, Bonrepos, l'Abbergement, Montribloud, Saint-Etienne-du-Bois, Foissiat, Aisne, Asnières, et autres terres. Il y joignit le droit de connaître de toutes sortes de matières sans exception, de faire relever les appels de ses premiers juges à un juge d'appel de l'institution du comte; et ces jugemens ne pourraient être réformés que par le conseil du prince ou le Sénat de Savoie. Cet honneur fut accordé en faveur de Jean de la Beaume, maréchal de France et gouverneur de Paris, et en considération des grands services que ses ancêtres, et notamment Galois et Guillaume de la Beaume avaient rendus à la Savoie.

En 1429, Amé expulsa de Châtillon-les-Dombes les Juifs, que la politique de ses prédécesseurs y avait tolérés; il y fut, dit-on, forcé à cause des scandales occasionnés par leurs impiétés. Dans le même temps, Marie de Berry, princesse de Dombe, les chassa de Trévoux, où ils s'étaient réfugiés par la permission des sires de Villars.

Amé fit publier, le 17 juin 1430, un recueil de statuts, où la Bresse, le Bugey, le Valromey et le pays de Gex, ont, jusqu'à ces derniers temps, puisé les maximes de leur droit civil et les règles de leur procédure.

Ces statuts ont été imprimés; Collet les a commentés : nous n'en rappellerons que quelques articles qui peuvent donner une idée des mœurs de ces temps anciens.

Le 1.er livre des statuts contient un réglement de police sur la Religion; le 2.e renferme un réglement sur la Procédure; le 3.e traite des droits seigneuriaux et des différentes classes des sujets du prince; le 4.^{e}

contient un tarif des droits de sceau; le 5.ᵉ est un Code de lois somptuaires. On y règle la dépense de chaque ordre d'habitans, dans ses habits, dans sa table, dans les repas d'éclat, tels que ceux que l'on fait le jour d'une noce ou d'un enterrement. Ce réglement prouve l'ancienneté de l'usage qui se pratique encore dans nos campagnes, de célébrer également par des festins ces deux jours si différens l'un de l'autre. Par ces statuts les nobles et les grands seigneurs pouvaient, ces jours-là, donner des repas à quatre services ; ceux d'un rang inférieur, à deux. Le duc ne devait porter les ornemens ducaux qu'un jour dans l'année ; les duchesses ne devaient laisser flotter leurs robes que de la longueur de quatre doigts ; les barons et bannerets ne pouvaient porter aucune étoffe en or ou doublée d'hermine, aucun diamant sur leurs habits ; on ne leur permettait les perles et diamans qu'à leurs colliers et anneaux. Les chevaliers qui servaient à la guerre ne pouvaient porter les broderies en or que du poids de six marcs; les docteurs en droit ne devaient faire usage que du satin ou du camelot; les franges et les bordures étaient interdites aux marchands en gros et aux bourgeois, à moins qu'ils n'eussent la livrée de quelque grand seigneur; les marchands en détail, les notaires et les bourgeois ordinaires, ne pouvaient porter que des étoffes simples, sans or ni fourrures; les artisans s'habillaient d'étoffes en laine du prix de 20 gros l'aune; les femmes étaient tenues de s'habiller suivant le rang du mari ou père; la longueur des habits était proportionnée à la qualité de ceux qui les portaient; les habits de deuil étaient des manteaux et des capes ou capuces noires. Ces habits étaient plus ou moins longs, suivant la qualité de ceux qui les portaient; la capuce était la marque du grand deuil; le cercueil du mort était chargé de ses armes, suivant la qualité des morts.

Il y avait alors dans la Bresse beaucoup de Juifs; ils habitaient des rues particulières, et étaient obligés de porter des pièces d'étoffe rouge attachées à leurs habits; leurs femmes étaient aussi distinguées par une marque de la même couleur à leur coiffe. Ils payaient le double des taxes et étaient punis plus sévèrement que les autres sujets du prince. Les femmes de mauvaise vie étaient obligées d'habiter un quartier séparé qui leur était assigné par le châtelain; elles étaient obligées de porter une coiffure d'une forme particulière, et ne pouvaient sortir de leurs rues depuis le samedi de la semaine sainte jusqu'au jeudi après Pâques.

Marie de Berry, princesse de Dombe, faisait battre monnaie à Trévoux; Amédée, regardant cet acte de souveraineté comme une entreprise sur ses droits, envoya lui faire des représentations à ce sujet. Il y eut plusieurs conférences qui, n'ayant point eu de résultat, font présumer qu'Amédée reconnut que ses prétentions étaient mal fondées.

Le seigneur de Varax, prétendant avoir des sujets de plaintes contre le duc de Bourbon, prince de Dombe, alors prisonnier en Angleterre, assembla un corps d'armée composé de ses amis et de ses vassaux, se jeta sur les terres du duc, et s'empara de Trévoux. Jean de Bourbon apprit, dans sa prison, l'entreprise du seigneur de Varax; il fit parvenir ses plaintes à Amédée, qui fit commencer le procès du seigneur de Varax; mais il obtint facilement son pardon : on soupçonna qu'il avait fait cette incursion avec l'agrément de son souverain.

Amédée, ennuyé du trône, se retira à Ripailles, dans une agréable vallée du Chablais; il y fit bâtir une espèce de Prieuré, et y fonda l'ordre des chevaliers de Saint-Maurice : il s'établit leur doyen. C'est dans cette retraite qu'il se démit du gouvernement de ses états en faveur de Louis, son fils aîné.

Pendant qu'Amédée jouissait des douceurs de la vie privée, à Ripailles, les Pères du Concile de Bâle, qui venaient de déposer Eugène IV, l'élurent pour son successeur, par décret du 25 novembre 1439. Ce prince, après quelque refus, ne put tenir contre l'idée flatteuse d'être le chef de l'Église; il accepta et prit le nom de Félix V. Son élection n'appaisa pas les troubles qui affligeaient l'Église : le schisme, résultat de l'élection de plusieurs papes, continua. Pour ramener la paix, Félix V se démit de la tiare en faveur de Nicolas V, en 1449; il conserva le titre de cardinal; il eut fonctions de légat apostolique, et quelques prérogatives : il ne conserva pas long-temps toutes ces dignités; il mourut à Genève, en janvier

1451, âgé de 69 ans : on l'appelait le Salomon de son siècle. Il sut maintenir ses états en paix pendant que les états limitrophes des siens étaient désolés par la guerre ; il fut souvent l'arbitre des différends des princes voisins ; il eut peut-être tort de ne pas conserver le gouvernement de ses états jusqu'à sa mort, ses peuples auraient éprouvé moins de maux sous le règne suivant : il avait eu neuf enfans de Marie de Bourgogne.

Louis I.er

Ce prince était né à Genève le 24 février 1400 ; il eut le comté de Genève en apanage ; son père lui donna le gouvernement de ses états lorsqu'il se retira à Ripailles ; et, lorsqu'il fut élu pape, il lui abandonna, sans réserves, la souveraineté des états de Savoie, par une déclaration datée de Thonon, du mois de janvier 1440.

Pendant les divisions des maisons d'Orléans et de Bourgogne, un parti du Dauphin, commandé par d'Armagnac, prit Tournus en 1422, et commit toutes sortes d'hostilités dans le Mâconnais. Les habitans d'Huchisi, pour les éviter, traversèrent la Saône avec tout ce qu'ils purent emporter d'effets, et se construisirent des cabanes près d'une forêt dépendant du village d'Arbigny. Les troubles ayant cessé, ils s'en retournèrent, mais avec l'idée que ce séjour momentané leur donnait la propriété de la forêt : il y eut dès-lors des actes de violence de part et d'autres ; les pennonceaux furent respectivement arrachés. L'abbé de Tournus eut recours au roi Charles VII, qui lui accorda des lettres en faveur des habitans d'Huchisi ; mais, informé que le territoire était au-delà de la Saône, il les retira. En 1439, il fut constaté, par une enquête, que le lieu en contestation était du ressort, justice et souveraineté du duc de Savoie, et, en conséquence de cette enquête, le Conseil du duc de Savoie rendit, en 1440, un arrêté qui attribua toute justice au duc dans la Châtellenie de Pontdevaux, et spécialement sur Arbigny et Sermoyer.

Par un traité conclu à Villefranche le 25 juin 1441, et ratifié le 11 septembre même année, Louis termina des contestations qui s'élevaient avec le comte de Clermont, souverain de la Dombe. Ce dernier reconnut devoir au duc de Savoie l'hommage pour les villes de Lent, Chalamont, Thoissey, Villeneuve, Beauregard, Montmerle, Ambérieux en Dombe ; le duc de Savoie conserva la souveraineté et le domaine des châteaux de l'Abbergement, Buenc et Bohaz, et il renonça à ses prétentions sur la ville de Trévoux et sur les autres possessions du comte de Clermont, situées à l'orient de la Saône, ainsi qu'aux prérogatives que sa qualité de vicaire général de l'Empire pouvait lui donner sur ces possessions. Il fut convenu que le comte de Clermont pourrait faire battre monnaie dans toutes ses possessions, à condition que celle de Savoie y aurait cours. Ce traité, suivant l'usage, fut juré en présence des principaux seigneurs des deux princes.

Les habitans de St.-Rambert représentèrent au duc de Savoie, que, depuis que la résidence des juges du Bugey n'était plus dans leur ville, le nombre de ses habitans avait considérablement diminué. Le duc déclara, par lettres du 20 juin 1442, que, considérant l'affection des habitans de St.-Rambert, qui l'ont reçu honorablement pendant deux mois, dans le temps où il était atteint d'une grande maladie, il accorde à ses habitans les mêmes priviélges qu'Aimon, son aïeul, avait accordés aux habitans d'Ambérieux. Il réserva cependant qu'ils seraient tenus à la défense de l'État comme les bourgeois des autres villes, et qu'ils se conformeraient aux anciens usages pour la poursuite des affaires civiles et criminelles. Ils furent exemptés des droits de leyde et de péage dans tous les états du prince, en deçà des monts, et il rétablit momentanément la résidence des juges dans cette ville. Le duc reçut soixante florins, petit poids, pour la concession de ces priviléges.

Le dernier comte de Valentinois et de Diois étant mort sans enfans, laissa, par son testament, ses deux principautés à Charles, dauphin de France, à charge de délivrer à ses exécuteurs testamentaires cinquante mille écus d'or pour payer ses dettes et acquitter les legs qu'il avait faits dans son testament; il le chargea en outre de poursuivre le procès commencé contre le seigneur de St.-Vallier, son cousin : en cas d'inexécution d'une de ces deux clauses, le duc de Savoie était appelé à recueillir cette succession.

Le dauphin, réduit à la dernière détresse par Isabeau de Bavière, sa mère, ne put remplir les conditions imposées par ce testament; il traita même avec le seigneur de St.-Vallier, au lieu de le poursuivre Le duc de Savoie profita de la situation du dauphin; il acquitta les dettes du comte de Valentinois, et se mit en possession de ses états. Il n'en jouit pas long-temps: le dauphin, devenu Charles VII, roi de France, réclama cette succession auprès du duc de Savoie, et offrit le remboursement des cinquante mille écus d'or. Le duc y consentit; mais il se fit céder l'hommage et la directe que le dauphin avait sur le Faucigny: Louis, dauphin de France, ratifia ce traité dans le mois de mai 1446.

Dans le même temps, le duc, de l'avis du cardinal, son père, et d'autres cardinaux et grands dignitaires ecclésiastiques, rendit un édit par lequel il déclara le domaine de Savoie inaliénable comme celui de la couronne de France.

Plusieurs de ses officiers de justice et de finance furent accusés d'abus et de malversations dans l'exercice de leurs charges; le duc nomma François de la Palu, seigneur de Varambon, et deux autres, pour examiner ces plaintes. Ces commissaires accusèrent le sieur de Bolomier, premier ministre du duc, d'être l'auteur de toutes ces malversations; Bolomier accusa le seigneur de Varambon de trahison envers le duc de Savoie, le pape et d'autres princes. Le duc nomma trois seigneurs et un docteur ès-lois, pour juges de ces accusations réciproques : ils condamnèrent Bolomier à mort pour causes d'injustices commises dans l'exercice de sa charge et de calomnie contre le seigneur de la Palu. Bolomier appela de ce jugement au Conseil du prince, mais il fut confirmé; et ce malheureux courtisan fut précipité avec une pierre au col dans le lac de Genève. On a attribué sa punition à ce qu'il dissuadait Félix V d'abdiquer le pontificat : cette abdication était vivement désirée par Louis et par Charles VII, roi de France. Ce seigneur fut le fondateur de l'hôpital de la Magdeleine à Genève; il avait fait construire son mausolée dans l'église de Poncin, et il y était représenté en équipage de chevalier : le genre de sa mort prouva qu'on doit laisser ce soin à ses descendans.

Anne de Chypre, duchesse de Savoie, gouvernait entièrement son mari; elle était elle-même dominée par un courtisan de la maison de Compeys. Il profita de sa faveur pour écarter de la Cour ses rivaux et ses ennemis, et principalement les seigneurs de Barjat, de Varambon et de la Cueille. Ceux-ci se liguèrent avec les principaux de l'État pour se défendre contre Compeys, et pour empêcher leur ennemi de les desservir; ils présentèrent leur traité d'union au duc, en se soumettant de le rompre s'il le croyait contraire à ses intérêts. Le duc le reçut sans en témoigner ce qu'il en pensait. Compeys fut rencontré à la chasse par des gens au service des seigneurs auteurs de la ligue; ces hommes l'insultèrent et le frappèrent d'une manière outrageante. Louis, indigné du traitement commis sur la personne de son favori, céda facilement à ses instances pour obtenir vengeance de cette insulte : il ordonna de poursuivre extraordinairement ceux qui avaient signé le traité d'union. Ils prirent le parti, sans attendre leur condamnation, de se retirer sur les terres du dauphin.

Le cardinal Amédée, qui vivait encore, s'intéressa pour appaiser le courroux de son fils. Les seigneurs disgrâciés vinrent solliciter leur grâce et leur rappel, et avouer leur faute aux pieds du duc, qui, satisfait de leur soumission, leur pardonna en présence du cardinal. Les sollicitations d'Anne de Chypre et de Compeys renouvelèrent cette affaire après la mort du médiateur. Un héraut fut envoyé à Mâcon, où le seigneur de la Palu s'était retiré sous la protection du duc de Bourgogne, et il le somma de venir répondre aux accusations formées contre lui ; la Palu répondit qu'il appelait à l'Empereur, chef suzerain, de tout ce qui se ferait à son préjudice. Cela n'empêcha pas le Conseil de Savoie de rendre, en 1451, un jugement qui le privait de ses charges ainsi que ses adhérens ; les bannissait, confisquait leurs biens, et ordonnait la démolition du château de Varambon, ce qui fut exécuté.

Ces gentilshommes implorèrent successivement le secours du duc de Bourgogne, du roi d'Arragon et du Pape : la protection de ces médiateurs ne put faire changer les résolutions du duc. Ils recoururent enfin à Charles VII, *comme au roi très-chrétien, protecteur de l'Église, chef et colonne de toute noblesse, à qui toutes gens désolées contre raison treuvent et ont accoutumé de treuver souverain remède.* Le Roi, mécontent de ce que le duc de Savoie avait promis sa fille Charlotte au dauphin, sans son consentement, reçut les supplications de ces seigneurs; ses lettres et ses ambassadeurs n'ayant pu déterminer le duc à changer de résolution, le roi s'avança jusqu'à Feurs, avec une armée. Le duc vint alors s'aboucher avec le roi, dans le mois d'octobre 1452: il promit de rétablir ces seigneurs dans l'espace de trois mois; cette promesse n'étant pas exécutée, de nouvelles menaces le forcèrent à laisser Charles VII, maître *d'ordonner ce qu'il aviserait.* Le Roi ordonna donc, en présence des ambassadeurs de Louis, que la sentence rendue au Pont de Beauvoisin, serait cassée; que les gentilshommes expulsés seraient rappelés, rétablis dans leurs charges; que leurs biens leur seraient rendus; que le duc ferait rebâtir le château de Varambon, et donnerait douze mille écus au seigneur de la Palu, pour le dédommager de la démolition de son château.

Louis, non-seulement ratifia ce traité le 13 août 1454, mais il en conclut un autre, par lequel il s'obligea de fournir au Roi quatre cents lances, avec les hommes qui avaient coutume de les accompagner, et il s'engagea à le servir en personne envers et contre tous, à la réserve du Pape et de l'Empereur; il fit jurer ce traité par deux cents gentilshommes de ses

États. Ceux qu'il venait de rappeler ne participèrent point à cet honneur.

Louis, dauphin de France, feignant d'être irrité de ce que son père avait fait rappeler ces seigneurs exilés, déclara la guerre au duc de Savoie, et s'empara de Montluel, d'Ambronay, de St.-Denis, et de Lagnieu : ces hostilités furent suspendues par un traité.

Peu après, le duc de Savoie vendit la baronnie de Gex au comte de Dunois, sous la clause de réachat.

Le dauphin, s'étant révolté contre Charles VII, son père, demanda des troupes au duc de Savoie, son beau-père; Charles VII envoya le comte de Dommartin menacer le duc de la guerre, s'il accédait à cette demande. Le négociateur réussit si bien dans sa commission que le duc de Savoie lui donna le comté de Clermont en Genevois, en récompense de ses services.

La seigneurie de la Chambre fut érigée en comté, le 15 août 1456, en faveur d'Aimé de Seyssel, lieutenant-général de Savoie, fils de Jean de Seyssel, seigneur de Barjat et de la Rochette, maréchal de Savoie : cette distinction fut la récompense des services que cette famille avait rendus à la maison de Savoie.

En 1460 le duc de Savoie demanda à Jean, duc de Bourbon, l'hommage pour le château de Bezenens, que le duc de Savoie disait être un arrière-fief de la Bresse; Jean refusa l'hommage ; on nomma des arbitres pour examiner ces prétentions respectives. On ne connaît pas le résultat des conférences tenues à ce sujet; mais Bezenens a toujours, depuis, fait partie de la principauté de Dombe.

La même année, les seigneuries de Richemont, de la Poipe et de Varax furent inféodées à Gaspard de Varax.

La faiblesse du duc, la conduite impérieuse d'Anne de Chypre, le mécontentement des seigneurs, mirent beaucoup de désordre dans les états de Savoie. Dans cette circonstance, le roi de France adressa une lettre aux syndics et bourgeois de la ville de Bourg, et autres des bailliages de Bresse et de Bugey : dans cette lettre, le Roi leur faisait faire des réflexions sur le désordre qui régnait dans l'État par la confiance qu'on avait accordée aux étrangers (les Grecs et les Cypriots), et il les invitait à le seconder dans le dessein qu'il disait avoir formé pour rétablir l'ordre. Cette lettre, qui paraissait n'avoir été écrite que pour tenter la fidélité des sujets du duc, n'eut pas de suite.

Le duc de Savoie prétendait, à juste titre, avoir le droit de garde et de protection sur les biens des églises de Lyon, d'Ainai, de Mâcon, de l'île Barbe, de Tournus, et de Cluni, situés dans ses états. Charles VII soutenait qu'il était seul protecteur des biens des églises situées dans l'ancienne étendue des Gaules, ce qui attaquait la souveraineté du duc dans nos contrées. Louis envoya des députés à Paris, porteurs de ses titres, pour détromper le Roi, qui renvoya l'affaire à son Conseil. Louis se contenta de ne pas le reconnaître pour ses juges : il permit cependant l'examen de ses titres. Comme on ignore le résultat de cette affaire, on présume que les gens du Roi n'y donnèrent aucune suite.

Philippe, comte de Bresse, cinquième enfant de Louis, mécontent du Gouvernement, ennemi d'Amé, comte de Piémont, son aîné, troublait l'État; une partie de la noblesse l'appuyait. Le duc de Savoie fit le voyage de Paris avec Amé; il convint avec Louis XI, roi de France, d'attirer le comte de Bresse en France, et de s'assurer de sa personne : Philippe donna dans le piége, fut arrêté et conduit prisonnier à Loches, au mois d'avril 1464. L'année suivante, le duc mourut à Lyon, le 29 janvier 1465, peu regretté de ses sujets.

Voici ce qu'en disait Pie II « *Erat Ludovicus vir mansuetus et amans otii, et qui parere quam imperare aptior esset; uxorem duxerat ex Cypro Annam, audacem fœminam, quæ subesse nesciret, hæc viri abusa ingenio regimen ad se traxit, magistratus pro arbitrio instituit; adque destituit sacerdotia quibus voluit impetravit, Cyprienses in rerum culmine collocavit. Sub imperio fœmina cuncta per avaritiam administrata sunt, et Græculi pro sua libidine Sabaudiensibus insultavére.*

Louis eut seize enfans d'Anne de Chypre, sa femme. Louis, comte de Genevois, son second fils, épousa Charlotte de Chypre. Étant mort sans enfans, sa veuve fit cession de son royaume à Charles de Savoie, son neveu : de là l'origine des prétentions de la maison de Savoie sur le royaume de Chypre.

Amé IX.

Amé IX, fils aîné de Louis, avait, avant la mort de son père, le titre de prince de Piémont, et la seigneurie de Bresse en apanage : cette seigneurie comprenait alors les mandemens de Bourg, de Pontdevaux, de St.-Trivier, de Pontdeveyle, de Châtillon, de Miribel, de Montluel, de Perouges, de Pontd'Ain, de Montdidier, de Jasseron, de Treffort, de Corgenon et St.-Martin-le-Châtel ; le comté de Montrevel, et ses dépendances étaient enclavés dans ces possessions, sans en dépendre, attendu que cette seigneurie était de franc-alleu. L'apanage de Philippe de Savoie, frère d'Amé, qui portait aussi le nom de comte de Bresse, se réduisait à la seigneurie de Baugé, de la Valbonne, et d'une partie du Revermont.

Amé apprit la mort de son père à Bourg, où il faisait sa demeure ordinaire. Il y fut reconnu duc de Savoie par tous ses sujets en deçà des monts; il en partit le dernier jour de février 1461, pour aller à Chambéry recevoir les hommages de ses autres vassaux. Il confirma, le 2 mai 1465, tous les priviléges et franchises que les sires de Baugé et les princes de Savoie avaient accordés à la ville de Bourg.

Le règne de ce prince aurait été heureux, si une complexion extrêmement délicate lui eût permis de donner aux affaires le temps et l'application nécessaires : il supporta avec une patience inaltérable une maladie que les médecins ne purent guérir. Sa bienfaisance éclatait par des établissemens utiles à la Religion et à l'humanité. Philippe, comte de Bresse, avait été son ennemi, il sollicita et obtint son élargissement de Louis XI, qui le retenait encore prisonnier au château de Loches. Il montra la même générosité envers Galéas Sforce, fils du duc de Milan, qui, arrêté dans les états du duc, dut sa liberté à ses sollicitations.

Les infirmités du duc de Savoie augmentant, les grands de l'État, après avoir pris l'avis des peuples, des magistrats et des principaux seigneurs, déférèrent l'administration à Yolande de France, son épouse.

Philippe, comte de Bresse, les comtes de Genevois et de Bourgogne, et des cantons de Berne et de Romont, ses frères, se réunirent pour s'emparer de la régence; ils assemblèrent des troupes, et assiégèrent le château de Montmélian où étaient le duc et la duchesse. On négocia, et les Rebelles obtinrent, par un traité, la liberté de disposer de leurs apanages, et l'éloignement de quelques personnes qui faisaient ombrage aux princes mécontens. Malgré ce traité conclu par les soins du comte de Genevois, ses deux frères surprirent Montmélian, et s'emparèrent de la personne du duc, qu'ils conduisirent à Chambéry.

La duchesse, qui avait échappé aux desseins de ses beaux-frères, implora le secours du roi de France, son frère, des ducs de Milan et de Fribourg; elle forma une armée pour se venger de l'affront qu'elle avait reçu à Montmélian. Ses beaux-frères, craignant l'évènement de cette guerre, lui rendirent son mari, et il fut nommé un nouveau Conseil d'État : les princes s'y réservèrent le droit d'entrée; la duchesse conserva la lieutenance générale de l'État.

Amé ne survécut que peu de jours à cet accordement; il mourut à Verceil en 1472 : sa piété, sa patience et sa bienfaisance lui ont mérité, après sa mort, le titre de bienheureux; il avait coutume de dire que Dieu l'avait affligé pour qu'il pût se souvenir qu'il était homme, ainsi que le dernier de ses sujets; on sait la réponse qu'il fit à un ambassadeur qui lui demandait à voir sa meute; il le conduisit à une galerie d'où on découvrait un grand nombre de pauvres qui vivaient de ses libéralités : *Voilà*, dit-il, *la meute que j'entretiens*.

Ce prince eut huit enfans d'Iolande, fille de Charles VII, roi de France.

Philibert I.er

Ce prince n'avait que 6 ans à la mort de son père. D'après les dernières intentions d'Amé IX, Iolande, sa veuve, fut déclarée régente, et tutrice du jeune duc. Louis XI, le duc de Bourgogne, les comtes de Bresse et de Romont, et l'évêque de Genève, ces trois derniers, oncles du jeune prince, prétendirent à la régence. Iolande se retira au château de Montmélian, pour éviter de se voir enlever le duc par les comtes de Bresse et de Romont, qui avaient armé pour soutenir leurs prétentions. Ils assiégèrent Montmélian : la duchesse, épouvantée, consentit à laisser décider la question de la régence par les États-Généraux, et à laisser le commandement de la place au comte d'Entremont. Elle eut une seconde fois l'imprudence d'ouvrir les portes du château aux princes révoltés, qui, contre la foi du traité, enlevèrent le jeune duc et le conduisirent à Chambéry. La duchesse trouva le moyen de fuir en Dauphiné ; elle obtint des secours du roi de France et des autres princes, ses voisins. Les Rebelles, craignant l'issue d'une guerre civile, rendirent le jeune duc et la régence à Iolande ; elle s'engagea seulement à prendre les conseils de l'évêque de Genève, dans toutes les affaires importantes.

La régente avait pris part pour Charles le Téméraire lors de la guerre qu'il eut avec les Suisses ; cette guerre étant devenue malheureuse pour le duc de Bourgogne, Iolande chercha à se détacher de son parti. Le duc de Bourgogne, oubliant ce qu'elle avait fait pour lui, vint à Gex suivi du comte de Romont ; il la fit arrêter, près de Genève, avec ses trois fils, Philibert, Jacques et Charles. L'aîné s'échappa ; le plus jeune lui fut enlevé pendant la marche, et la régente fut conduite au château de Rouvre, près de Dijon.

Les États de Savoie eurent recours à Louis XI, et se mirent sous sa protection. Le Roi donna le gouvernement de la personne du jeune duc à Philibert de Groslée, seigneur de Luys, en Bugey ; l'administration des pays de deçà les monts, à l'évêque de Genève ;

et celle du Piémont, au comte de Bresse. Iolande était parvenue à faire connaître au Roi le lieu de sa détention ; il donna ordre à Chaumont d'Amboise, gouverneur de la Champagne, de s'y porter à l'improviste ; et il suffit à Chaumont de paraître pour délivrer la princesse. Quand elle vint remercier le Roi, celui-ci ne put s'abstenir de lui faire un léger reproche, en la saluant de ces paroles : « Soyez la bienvenue, madame la Bourguignone. — Non, sire, répondit-elle, je suis bonne française, et prête à obéir à Votre Majesté. » Louis XI s'engagea ensuite, par un traité du 2 novembre 1476, à la défendre contre le duc de Bourgogne. Iolande, de retour dans ses états, ne put souffrir que Philippe, comte de Bresse, eût le gouvernement du Piémont. Le duc de Milan, et les marquis de Mantoue et de Montferrat, lui donnèrent des troupes avec lesquelles elle porta la guerre dans le Piémont, et força son beau-frère de renoncer au gouvernement de cette province ; ce qui mit fin aux troubles.

Elle profita de ce moment de repos pour publier, le 6 février 1477, des réglemens sur la Procédure. Elle mourut le 27 août 1478, au château de Montcalprel, dans le Verceillois. Le duc Philibert n'avait pas encore atteint l'âge de sa majorité ; les États-Généraux de Savoie lui donnèrent pour gouverneur Philibert de Groslée, laissant au roi de France la confirmation de ce choix. Louis XI ne l'agréa pas, moins parce qu'il n'était pas de son goût, que parce qu'il voulait dominer sur la Savoie ; il traversa le seigneur de Groslée par le moyen du comte de la Chambre, qui s'empara de la régence avec l'agrément du Roi. La mauvaise administration de ce seigneur, et le mécontentement qu'il donna aux états, déterminèrent Louis XI à donner un ordre secret au comte de Bresse, de lui ôter son emploi ; il fit semblant d'être irrité contre lui, et envoya Philippe de Comines à Mâcon avec des troupes. Ce seigneur, suivant les ordres de son maître, donna ordre au comte de Bresse de quitter la Savoie, et de se retirer en Dauphiné. Il parut même vouloir entrer en Bresse, et y porter le ravage, si on ne lui remettait les villes de Bâgé, de Châtillon, Pontdeveyle, Pontdevaux, et vingt-cinq des principaux habitans de Bourg, jusqu'à ce que le comte de Bresse eût vidé la Savoie. Marguerite de Bourbon, son épouse, qui n'avait point connaissance du secret de cette affaire, envoya plusieurs personnes à Comines, pour avoir des conditions moins dures ; mais Comines, ne voulant se relâcher de rien, la Bresse se mit en devoir de se défendre. Sur ces entrefaites, le comte de Bresse quitta la Savoie, mais ce fut pour aller surprendre, à Turin, le comte de la Chambre, qu'il fit prisonnier du roi de France, le 19 janvier 1482. Dès ce moment, on ne fit plus mystère des ordres du Roi ; Comines se retira. Le gouvernement de Savoie fut confié à l'évêque de Genève, et celui de Piémont, au comte de Bresse, au profit de qui les biens du comte de la Chambre furent confisqués.

Le duc de Savoie, devenu majeur, prit le gouvernement de ses états : il confirma à la ville de Bourg les priviléges que le comte de Bresse, son oncle, lui avait accordés au sujet des droits de garde, fortifications, tailles et autres impositions.

La Savoie espérait recouvrer sa prospérité sous un prince qui donnait de grandes espérances. Mais il mourut à Lyon le 22 avril 1482, épuisé par la chasse et les courses de tournois, qu'il aimait avec trop de passion. Il n'eut point d'enfans de Blanche, son épouse, fille de Galéas-Marie Sforce, duc de Milan.

Charles I.er

Ce prince n'était âgé que de 14 ans lorsque Philibert, son frère, mourut. Louis XI se nomma son tuteur, et gouverna pendant quelque temps ses états avec autant d'autorité que les siens. François de Savoie, archevêque d'Auch, eut soin de l'éducation du jeune prince; il prit le titre de roi de Chypre, en vertu de la donation que lui fit la reine Charlotte, dont nous avons parlé plus haut. Cette princesse, ayant perdu tout espoir de recouvrer le trône de ses ancêtres, fit cette cession au duc de Savoie, son neveu, en présence du Pape et de plusieurs cardinaux. Le prince survécut peu à cette donation; il mourut à Pignerol, en 1429, à l'âge de 21 ans. Il y eut peu d'événemens sous son règne, excepté une guerre contre le marquis de Saluces, et quelques démêlés avec Philippe, comte de Bresse, son oncle. Charles laissa deux enfans de Blanche de Montferrat, son épouse.

Charles (Jean-Amé).

Blanche de Montferrat, sa mère, se déclara gouvernante de la personne et des états de ce prince, qui était encore au berceau, à la mort de son père. Blanche ne faisait, en cela, que suivre les dernières intentions de son époux. Le comte de la Chambre, et Philippe, comte de Bresse, se disputèrent la régence; Charles VIII soutenait le dernier. Une bataille, dont le sort ne fut pas favorable au comte de la Chambre, termina cette querelle. Cependant le comte de Bresse laissa la régence à la mère du jeune duc, qui mourut à Montcallier le 16 avril 1496, à l'âge de 8 ans. Philippe, comte de Bresse, son grand oncle, lui succéda.

Philippe II.

Philippe, cinquième fils de Louis I.er, duc de Savoie, et d'Anne de Chypre, naquit à Chambéry dans le mois de février 1438. Son caractère inquiet et ambitieux souffrit long-temps de se voir sans apanage, tandis que ses quatre frères aînés en avaient de considérables. Il n'avait d'autre nom que *Philippe Monsieur* ou *Philippon*. Il s'appelait lui-même, pour faire allusion à sa situation, Philippe sans terre.

Cependant, Louis I.er, son père, pour l'aider à soutenir son rang, érigea en sa faveur la Bresse en comté. Cette province se divisait alors en quatre contrées différentes : la seigneurie de Baugé, le Revermont, la Dombe et la Valbonne. Les principales villes de la première étaient Bâgé, Pontdevaux, St.-Trivier, Pontdeveyle et Bourg, qui était devenu le chef-lieu de la province. Coligny était la capitale de tous les coteaux qui forment le Revermont ; Châtillon était la capitale de la partie de la Dombe soumise aux ducs de Savoie, et Montluel était la capitale de la Valbonne. Philippe ne devait jouir de la seigneurie de Baugé que lorsque Amé IX, son frère aîné, qui l'avait en apanage, serait monté sur le trône.

Le duc attacha à cette inféodation les droits d'avoir des juges ordinaires et des juges d'appel. Il se réserva celui de faire battre monnaie, ainsi que l'hommage, les subsides et impôts ; le droit de lever des troupes, d'y envoyer des chevauchées, et de juger en dernier ressort les causes d'appel ; il interdit au comte de Bresse le droit de créer des arrière-fiefs sans son consentement ; enfin, il déclara expressément que le comté serait reversible seulement aux mâles, réserve contraire aux lois de la province. L'investiture de la Bresse fut donnée à Philippe par la tradition d'une épée nue, que le duc mit entre les mains du notaire qui accepta la concession pour le prince son fils, pour la tenir à titre de fief avec tous ses droits et prééminences, et pour en jouir comme les comtes de l'empire jouissaient de leurs comtés.

Cette inféodation fut faite à Quiers, le 6 février 1460. Deux ans après il accrut son apanage des seigneuries de Loyettes et de Chasey en Bugey. Philippe choisit la ville de Bourg pour y faire sa résidence ; il y établit un Conseil composé d'un président, de son lieutenant, de quelques conseillers, d'un procureur fiscal, d'un avocat fiscal, et d'un secrétaire : il nomma un gouverneur et un châtelain.

Nous avons vu que Louis I.er, prince faible, incapable de tenir les rênes de ses états, les abandonna à Anne de Chypre, son épouse. Cette princesse, et Charlotte de Chypre, qui avait épousé Louis, comte de Genevois, ne se conduisaient elles-mêmes que par les conseils de cette foule de Grecs et de Chypriots qui les avaient suivies dans leur nouvelle Cour. Ils y occupaient les premières places, et entretenaient la mésintelligence dans la famille du duc. Philippe, qui voyait avec peine que l'on préférât des étrangers aux princes de son sang, entreprit de les chasser. Les seigneurs mécontens du gouvernement se joignirent à lui, et avec les troupes qu'il leva dans les terres de son apanage, il chassa de la cour tous les courtisans qui lui déplaisaient. Il poussa son ressentiment contre eux à une telle extrémité, qu'il tua de sa main Jean de Varax, commandeur de Lamusse, et Jacques de Valpergue, seigneur de Mazin, qu'il fit précipiter dans le lac de Genève, après l'avoir fait condamner juridiquement.

Ces excès irritèrent Louis, mais il ne se donna aucun mouvement pour punir un fils rebelle. Les favoris, effrayés, s'étaient enfuis, emportant les trésors qu'ils avaient pillés. Philippe les surprit en chemin; et, pour justifier sa conduite, il se fit ouvrir les portes de Genève, où était son père, et il lui porta les trésors qu'il avait enlevés à ses favoris. Le duc tourna sa vengeance contre le syndic qui avait ouvert les portes à son fils, et il le fit pendre.

Louis I.er, dissimulant avec son fils, l'avait laissé retourner dans ses états ; il lui écrivit inutilement de le venir trouver à Lyon, pour l'accompagner à Paris. Jean de Compeys, que le duc envoya auprès de son fils, ne put vaincre sa défiance ; Philippe, qui s'était retiré à Poncin, alla, à Nantua, demander conseil à Jean-Louis de Savoie, son frère, évêque de Genève et prieur de Nantua. Celui-ci le détermina à se soumettre à son père. Philippe revint à Poncin, alla à Lyon rejoindre son père ; il ne l'y trouva pas, repassa par Nantua, se rendit à Gex, où le comte de Genève et plusieurs seigneurs français lui conseillèrent, de nouveau, d'accompagner son père en France ; l'abbé d'Ambronay le détermina en lui remettant un sauf-conduit de Louis XI, roi de France. Il se fit accompagner par cent quarante gentilshommes, dans le nombre desquels étaient deux frères de la maison de la Beaume. Louis XI le fit arrêter à Voiron en Berry, et renfermer au château de Loches. Ceux des seigneurs qui l'accompagnaient, qui ne purent s'échapper, furent renfermés dans des forteresses.

Les habitans et les seigneurs de la Bresse sollicitèrent inutilement la liberté des prisonniers. Ils ne furent relâchés qu'au mois de mars 1466, après avoir tous juré de ne point se venger de leur captivité.

Pendant la détention de Philippe, Amé IX, son frère, qui avait succédé à Louis, avait repris le gouvernement du comté de Bresse. Il craignit que son frère ne suscitât de nouveaux troubles; il lui rendit les terres de son apanage; il en reçut l'hommage au val d'Aost, au mois de juin 1466. Il le créa lieutenant-général des états de Savoie, et lui donna le commandement d'une armée qu'il envoyait contre le duc de Milan. Cette expédition procura la paix entre les deux princes, à l'avantage de la Savoie. Philippe revint ensuite à Genève, où se célébraient les noces de Janus de Savoie, comte de Genevois, avec Hélène de Luxembourg, fille du connétable de St.-Paul.

Philippe revint à Bourg, où il rétablit son Conseil et sa Chambre des comptes qu'Amé avait supprimés; il retourna ensuite en France avec le comte de Romont, son frère, témoigner au Roi qu'il avait oublié sa prison de Loches. Louis XI, pour les séparer des intérêts du duc de Bourgogne, son ennemi, leur fit le plus grand accueil, et donna à Philippe le gouvernement de la Guyenne. Le secret penchant qu'ils avaient pour le duc de Bourgogne, l'emporta sur ces bienfaits, et ils allèrent en Flandres visiter Charles, qui n'eut pas de peine à se les attacher. Dès que Philippe fut de retour en Bresse, Charles continua les négociations qu'ils avaient commencées; il conclut avec lui un traité, à Pontdevaux, le 2 janvier 1468; il lui donna l'ordre de la Toison d'Or, et le gouvernement des deux Bourgognes. L'évêque de Genève et le duc de Romont, ses frères, furent compris dans le traité.

La guerre éclata enfin entre le roi de France et le duc de Bourgogne. Philippe laissa le gouvernement de la Bresse au comte de Montrevel, celui de Bourg au seigneur de la Ceuille; il se réunit à ses frères, et ils conduisirent en Picardie un corps de troupes levées dans leurs apanages. Ils arrivèrent à Péronne au moment où Louis venait de se mettre imprudemment à la discrétion de son ennemi. Le Roi vit, des fenêtres de son appartement, Philippe, qu'il avait si long-temps retenu prisonnier contre la foi donnée. Il ne put dissimuler sa frayeur: à peine fut-il échappé du danger auquel il s'était exposé, qu'il s'occupa de sa vengeance; il donna ordre au comte de Comminge, gouverneur du Dauphiné, de ravager la Bresse.

Ce général n'exécuta que trop à la lettre les ordres de son maître : il entra dans nos contrées, du côté du Lyonnais; prit les châteaux de Satonay, Mantenay et Perouges; s'empara ensuite de Pontdeveyle et de Châtillon; puis livra Loyes et le bourg St.-Christophe au pillage. La ville de Montluel, pleine de confiance dans les talens militaires des deux frères Dubourg qui y commandaient, voulut opposer quelque résistance; elle fut obligée de se rendre faute de secours. Il ne restait, après cette invasion des Dauphinois, que très-peu de places à Philippe, lorsque Janus de Savoie, comte de Genève, touché des ravages que les Français faisaient dans le patrimoine de son frère, qui était à la suite du duc de Bourgogne, chercha à fléchir le roi de France en se liguant avec lui.

Louis XI fit la paix avec le duc de Bourgogne, et donna ordre à Comminge de retirer ses troupes de la Bresse. Cette province avait essuyé toutes les horreurs de la guerre: on avait livré au pillage des villages et des places qui n'avaient fait aucune résistance. Philippe demanda des dédommagemens pour ces ravages; on nomma de part et d'autre des commissaires pour estimer les pertes qu'il avait essuyées. On ne termina rien sur cet article; lui-même finit, en 1471, par s'allier à la France, en épousant Marguerite de Bourbon.

Philippe, de retour dans ses états, rendit, le 2 mai 1471, une ordonnance sur les impositions : elle fait connaître la nature des impôts dans ces temps-là, et la manière de les lever. Tous ceux qui avaient leur domicile dans les limites des franchises de la ville de Bourg, furent assujétis aux impositions relatives aux réparations, fortifications, décorations, et à la garde de la ville. Il n'en excepta aucun ordre de citoyens; les ecclésiastiques mêmes y furent assujétis pour les biens qu'ils possédaient dans l'étendue des franchises. Le président et le lieutenant-général du bailliage furent seuls exempts. A l'égard des tailles, impositions, fouages et levées négotiales, qui n'avaient lieu que dans des besoins extraordinaires, il n'en excepta que le président de son Conseil, son lieutenant, l'avocat fiscal, le châtelain de Bourg, les nobles qui étaient au service de ses armées, et les officiers de la Chambre des monnaies. Le châtelain faisait les recettes des subsides, et les envoyait au trésorier du prince.

L'ambition de Philippe le détermina à accepter, de Louis XI, le titre de lieutenant-général de ses armées. Le Roi l'envoya commander l'armée qui assiégeait Perpignan. Il prit cette place, et acheva de chasser les Arragonois du comté de Roussillon. Le Roi lui donna une compagnie de cinquante hommes d'armes, et le collier de l'ordre de St.-Michel; Philippe, sincérement attaché au Roi, fit échouer les intrigues du duc de Bourgogne pour s'emparer de la Provence; ce prince faisait passer à Réné, roi de Sicile, 20,000 écus pour fournir aux frais de cette entreprise; le comte de Bresse, à la tête de quelques troupes, arrêta en Piémont le seigneur de Châteauguyon, qui était porteur de cette somme, ce qui fit manquer l'entreprise.

En 1415, Philippe accorda, aux officiers de justice et aux nobles, l'exemption du droit de garde dans la ville de Bourg, et des impositions; il rendit le 9 mai de la même année, d'après les sollicitations des habitans de Bourg, un édit qui défendit de vendre, débiter ou acheter, dans la ville et son mandement, d'autres vins que ceux du cru du Revermont, à peine d'une amende et de la confiscation du vin et des tonneaux; les syndics de Bourg, eurent la faculté de lever cette défense dans les temps de cherté du vin. Cette prohibition était relative aux vins du Mâconnais et du Beaujolais, dont la qualité supérieure empêchait la vente de ceux du Revermont.

Jean de Montchenu, commandeur de St.-Antoine,

était accusé d'avoir voulu empoisonner Louis XI, et d'avoir exercé des vexations sur la ville de Nantua et sur les sujets de Jean-Louis de Savoie. Philippo partit de Bourg le 4 janvier 1476, surprit Montchenu la nuit, à Genève, dans l'hôtel de l'évêque, et l'amena à Bourg où il resta long-temps prisonnier : on ignore la suite de cette affaire.

Après la mort d'Amé IX, dit le bienheureux, Philippe aspira à la régence de l'État; Louis XI fit échouer son dessein, et le comte de Bresse fut obligé de ramener les troupes qu'il avait levées pour cet objet. Il revint au château du Pontd'Ain, où il accorda le 28 juillet 1477, à ses sujets de Bresse, une déclaration portant qu'ils ne pourraient être contraints à porter les armes hors des limites de la Bresse.

Philippe envoya, en 1578, le seigneur de Chandée et trois autres en députation vers Louis XI. Il paraît que leur mission était de calmer l'ombrage que ce roi avait pu prendre contre leur maître, relativement à ses prétentions à la régence de Savoie : ils réussirent, et Louis XI accorda à leur maître des appointemens proportionnés aux services qu'il en avait reçus et qu'il en espérait.

Vers le même temps, Philippe permit aux syndics et aux conseillers de la ville de Bourg, de faire eux-mêmes la répartition des impôts que les habitans devaient supporter, et d'en choisir le receveur; il leur accorda en outre le droit d'élire un capitaine pour veiller à la garde et fortification de la ville : ces deux emplois appartenaient auparavant au châtelain.

A la naissance du fils de Marguerite de Bourbon, épouse du comte de Bresse, on alluma de grands feux de joie dans la ville de Bourg, et devant le palais du prince. La dépense du baptême fut de 50 florins, et la ville fit présent à la comtesse, *pour ses épingles*, de 48 florins et 12 gros, monnaie de Savoie.

Philippe, étant à la chasse entre Chasey et Loyettes, eut un bras rompu et le corps froissé par suite d'une chute de cheval. On le transporta à Loyettes, et de là à Bourg. Cette chute fut suivie d'une maladie dangereuse : Marguerite de Bourbon, pour obtenir le rétablissement de sa santé, fit vœu de bâtir une église à Brou, en l'honneur de la sainte Vierge. Elle mourut en 1483, et ne put accomplir un vœu dont elle recommanda l'exécution à ses héritiers.

Philibert I.er, duc de Savoie, venait de mourir; Charles, son frère, âgé de 14 ans, lui succéda. Philippe voulut disputer de nouveau la régence à Blanche de Montferrat, tutrice du jeune prince; elle entreprit de le faire arrêter. Il se réfugia en Suisse, de là en Allemagne, chez le prince Palatin, son cousin. La régente fit sommer Philippe, au nom du duc Charles, de venir lui rendre l'hommage qu'il lui devait pour le comté de Bresse. Philippe donna pouvoir à Guigues de Château-Vieux, son chancelier, d'aller en Savoie rendre *ce devoir* en son nom : le chancelier ne put obtenir audience. Après la mort de Louis XI, Philippe se rendit en France pour s'assurer de la protection de Charles VIII : il réussit à gagner ses bonnes grâces. Alors le duc de Savoie, son neveu, consentit à recevoir son hommage par procureur, et Philippe envoya, d'Amboise où était la cour, une déclaration, datée du 24 janvier 1484, dans laquelle il promettait fidélité au duc, son neveu. Celui-ci lui écrivit, le mois de mai suivant, pour l'assurer de la protection qu'il lui devait comme seigneur suzerain.

Philippe obtint, de Charles VIII, le gouvernement du Dauphiné ; après avoir pris possession de son gouvernement, il retourna à Bourg pour y recevoir Claudine de Bretagne, qu'il venait d'épouser en secondes noces, en 1486. La ville fit présent à la comtesse de six tasses d'argent.

La cure de Bourg dépendait alors du prieuré de Brou : le prieur représenta au prince que ces deux églises étaient dans un état peu décent pour y célébrer le service divin; il demanda qu'il lui fût permis d'imposer, pendant un certain temps, un cens ou taille négotiale sur tous les fonds, tant ceux qui appartenaient aux nobles qu'aux autres : sa demande lui fut accordée, par le prince, le 4 janvier 1487.

Le comte de Bresse se plaignit au duc, son neveu, que la pension de 6,000 florins, qu'on lui avait promise, n'était pas exactement payée; que le duc lui avait promis d'augmenter son apanage, et que les officiers de la Chambre des comptes de Savoie avaient déchargé ses sujets des subsides et fouages auxquels il les avait imposés. Le duc, craignant le caractère inquiet de son oncle, souscrivit à ses demandes, et,

par une déclaration datée de Savillan, le 14 mai 1488, il promit de lui payer exactement sa pension, de lui laisser imposer ses sujets comme il lui conviendrait, et en outre que, « si, par son moyen, il ve-
» nait à accroître et augmenter de terres et seigneu-
» ries, il se reconnaîtrait envers lui de quelques
» bonnes pièces de terre pour sa récompense. »

La Bresse, sous le règne de ce prince, fut surchargée d'impôts; mais il cherchait à en dédommager, en quelque sorte, par des priviléges : il accorda, en 1489, à la ville de Bourg, d'après la demande de ses habitans, quatre foires franches.

Charles I.er, duc de Savoie, étant mort, Philippe prétendit une troisième fois à la régence; il fut obligé de la laisser à Blanche de Montferrat. Philippe suivit Charles VIII dans sa conquête du royaume de Naples; au retour de ce voyage, le Roi le chargea d'une entreprise sur la ville de Gênes : elle ne réussit pas; cependant le roi de France, content de ses services, lui donna la jouissance des revenus des seigneuries de Cuisery, Sagy et autres; la principauté d'Alifio, au royaume de Naples; le comté de Villelongue, en Languedoc; et celui d'Ast, en Piémont, qu'il retira dans la suite et qu'il remplaça par ceux de Valentinois et de Diois.

Le jeune duc de Savoie étant mort, Philippe fut reconnu duc de Savoie, à l'âge de 58 ans. La mort ne lui laissa pas le temps de développer les qualités qu'il avait reçues pour gouverner; il régna cependant assez pour faire connaître qu'il avait l'âme grande : maître du sort de ses ennemis, il leur pardonna. Il mourut à Chambéry, en 1497, âgé de 59 ans et onze mois. Ce prince avait choisi la ville de Bourg pour sa résidence; il était, de cette ville, plus à portée de voir ce qui se passait hors de ses états. Ce choix donna à cette ville, auparavant peu considérable, une prééminence qu'elle a conservée.

Le comte de bresse était un prince brave, généreux, simple dans ses manières, mais d'un caractère violent et impétueux. Il eut deux enfans de Marguerite de Bourbon, sa première femme : Philibert II, qui lui succéda, et Louise, qui fut mère de François Ier, roi de France. Il eut quatre enfans de Claudine de Brosse, sa seconde femme; il eut encore quatre enfans naturels, dont trois se sont mariés.

Philibert II.

Ce prince, surnommé Philibert le Beau, naquit au château du Pont d'Ain, dans le mois d'avril 1492. Il fut élevé, à la Cour de Charles VIII, sous la surveillance du comte de Loriol, son gouverneur : on l'appelait Monsieur de Bresse le Jeune. Il suivit Charles VIII dans son voyage d'Italie; son père le fit revenir à cause des maladies qui régnaient en Italie, et il épousa, en mai 1496, Iolande-Louise de Savoie, sa cousine : il la perdit, l'année suivante, presqu'en même temps que son père.

Lorsqu'il fut devenu duc de Savoie, les États négocièrent son mariage avec Marguerite d'Autriche; le contrat fut signé à Bruxelles le 26 septembre 1501. Louis de Gorrevod, évêque de Maurienne, leur donna la bénédiction nuptiale à Roman-Moutier, au pays de Vaud.

Les deux époux ne tardèrent pas à se rendre à Bourg; les magistrats leur présentèrent une médaille d'argent doré, sur laquelle on voyait d'un côté l'effigie du prince et de la princesse, avec ces mots : *Philibertus, dux Sabaudiæ VIII, marga. maxi. cœl. aug. fi. d. sa.*; et au revers était l'écu mi-parti de Savoie et d'Autriche; et dans l'exergue, on lisait ces mots : *Gloria in excelsis Deo et in terrâ pax Hominibus. Burgus.*

L'empereur Maximilien, son beau-père, lui remit, le 1.er avril 1503, par lettres-patentes datées d'Anvers, le droit impérial qu'il prétendait, à l'orient de la Saône, sur les terres et fiefs ecclésiastiques. On voit par cette concession, qui n'est qu'une confirmation de celle faite au comte Verd par l'empereur Charles IV, que ces princes se regardaient encore, quoique sans fondement, comme souverains de l'ancien royaume d'Arles.

En 1504, Philibert régla, avec l'évêque de Mâcon, les limites qui séparent la Bresse d'avec la seigneurie de Romenay. Quelque temps après, à l'occasion des noces de Laurent de Gorrevod, son grand écuyer, qui avait épousé une fille de la maison de Varax, il donna un magnifique tournois à Carignan.

Le 10 septembre de cette année, ce prince revenant de la chasse à St.-Vulbas, où on lui avait préparé à dîner près d'une fontaine, dans un endroit extrêmement frais, fut saisi par le froid, et mourut au Pontd'Ain, après une courte maladie, dans la même chambre où il était né. Les chaleurs étaient excessives cette année; elles occasionnèrent des maladies et une grande mortalité; on faisait continuellement des processions pour la détourner, ce qui fit nommer l'année 1504 l'année des processions.

Marguerite d'Autriche, veuve de Philibert, se retira dans le duché de Bourgogne, et de là en Allemagne. Maximilien, son père, appuya ses demandes au Conseil de Savoie pour son douaire. Les conférences pour les régler se tinrent à Strasbourg, dans la maison des chevaliers de Saint-Jean-de-Jérusalem. Charles, frère et successeur de Philibert, y envoya des commissaires. Le douaire de Marguerite d'Autriche avait été fixé à un revenu de douze mille écus d'or; par le traité conclu le 5 mai 1505, entre les commissaires, le duc de Savoie céda à Marguerite les revenus des seigneuries de Bresse, de Vaud, de Faucigny, du comté de Villars et de la seigneurie de Gordans, avec les droits de justice haute, moyenne et basse, premier et second degré de juridiction; l'hommage des nobles; outre cela, une Chambre des comptes, avec pouvoir d'instituer des officiers et de racheter les biens engagés du domaine de Bresse, pour aider à la fondation du monastère de Brou. Le prince se réserva la souveraineté, les biens des criminels de lèse-majesté, la fabrication de la monnaie, les concessions des juridictions, la levée des impôts, les lettres de grâce et d'abolition, et les biens des usuriers. La princesse se départit de quelques terres en Piémont, dont elle jouissait par la libéralité de son mari. Le duc de Savoie signa ce traité le 15 août 1505, et Marguerite le ratifia au château de Pont-d'Ain le 18 septembre de la même année.

Marguerite d'Autriche établit sa résidence à Bourg, dans le palais des anciens comtes de Savoie, et elle s'occupa de l'exécution du vœu qui lui avait été recommandé par le duc Philibert, pour la construction d'un monastère à Brou. Elle obtint, en 1506, de la Cour de Rome, une bulle pour transporter le prieuré et la paroisse de Brou à l'église de Notre-Dame de Bourg, et pour placer, dans le monastère qu'elle projetait, des Augustins-Lombards. Elle posa la première pierre de cette église le 2 janvier 1507, et la couverture en fut placée dans le mois d'avril 1521 (1). Elle coûta plus de 220 mille écus d'or, qui vaudraient plus de 22 millions de notre monnaie. Elle fut consacrée, le 22 mars 1532, par Louis de Gorrevod, évêque de Maurienne, premier évêque de Bourg.

---

(1) J'ai dû supprimer tous les détails relatifs à la construction et à la description de ce vaste édifice ; je n'aurais pu que copier l'*Histoire et la Description de l'Eglise de Brou*, par le P. Rousselet, imprimée à Bourg, chez Bottier.

Le prieuré de Bourg avait été érigé en évêché, à la sollicitation de Marguerite, et malgré l'opposition du roi de France, du duc de Bourbon, seigneur de Dombes, et de l'archevêque de Lyon, dont on diminuait le ressort. La bulle d'érection du mois de juin 1515 fut révoquée en octobre 1516; une autre bulle, sollicitée par l'empereur Charles-Quint et par le duc de Savoie, rétablit ce siége le 13 novembre 1531. Cet évêché fut supprimé le 4 janvier 1534; cependant, le Chapitre de Bourg fut conservé.

Marguerite d'Autriche fut nommée gouvernante des Pays-Bas par l'empereur Charles-Quint, son neveu, et elle partit de Bourg le 17 avril 1517. Elle se préparait à revenir à Bourg après quelques années d'absence, lorsque la mort la surprit le 30 novembre 1530. On dit qu'ayant été blessée au pied par un éclat de verre, la blessure ayant été négligée, la gangrène s'y mit; les médecins décidèrent qu'on ne pouvait la guérir qu'en lui coupant le pied; ils voulurent lui épargner la douleur par une prise d'opium, l'effet en fut si violent, qu'elle s'endormit pour toujours. Ce récit a été contesté.

Par son testament elle légua à cent jeunes filles, que l'on choisit dans la Bresse et dans le comté de Bourgogne, 50 livres à chacune pour les marier; elle fit d'autres legs pieux. Elle fut enterrée, le 13 juin 1532, au milieu du chœur de l'église de Brou, à côté du duc Philibert, son époux. Les tapisseries et les livres qu'elle avait destinés pour le monastère de Brou, furent vendus par ordre de Charles-Quint, pour achever l'église.

Charles III.

Ce prince était né au château de Chasey en Bugey, le 10 octobre 1486. Il avait atteint sa dix-huitième année lorsqu'il monta sur le trône de Savoie. Son premier soin fut d'envoyer à l'empereur Amé de Viry, pour prendre, à l'exemple de ses prédécesseurs, l'investiture de ses états; elle ne devait concerner que la Savoie et une partie du Bugey; mais attendu qu'elle n'était regardée que comme une marque de respect pour la dignité impériale, les ducs de Savoie, en prenant, à cette occasion, le titre de vicaires de l'Empire, ne croyaient pas déroger à leur souveraineté en prenant cette investiture pour tous leurs états.

Ceux de Charles III étaient, à son avènement, beaucoup diminués par le douaire de Claudine de Bretagne, veuve de Philippe : elle avait le Bugey ; Blanche de Montferrat occupait le Piémont au même titre; le Chablais était engagé à Janus, comte de Genevois; Charles III fut obligé de céder, comme nous l'avons vu, à Marguerite d'Autriche, la Bresse et d'autres principautés pour son douaire.

En 1512, on acheva le desséchement du lac des Échecs, par un large fossé qui s'étendit jusqu'à la Saône, près de Roche-Taillée. Le terrain fut converti en une grande prairie, où le duc de Savoie fit construire un château et y établit une seigneurie. Cet ouvrage avait été entrepris en 1481, par le duc Philippe; mais les chanoines de Lyon s'y étant opposés, on ne put le finir de suite.

Le duc de Savoie assista le roi de France, François I.er, dans sa première expédition en Italie; il négocia avec les Suisses un traité qui détacha quelques cantons du parti de l'empereur Charles-Quint. Peu après, il ménagea à Léon X un accommodement plus heureux qu'il n'aurait osé l'espérer du vainqueur de Marignan. Enfin, après une neutralité apparente, le duc de Savoie, quoique oncle maternel du Roi, se livra entièrement à Charles V, et, à l'instigation du connétable, il remit entre les mains de l'empereur tout ce qu'il avait d'argent. Béatrix de Portugal, son épouse, y ajouta ses pierreries, et lui laissa la liberté de les vendre ou de les engager. Ce fut avec cet argent que fut levée l'armée de lansquenets qui fit François I.er prisonnier à Pavie.

François I.er avait des répétitions à former contre le duc de Savoie; il avait éprouvé l'infidélité de ce prince; il savait que le duc songeait à changer, avec l'empereur, la Savoie et le Piémont contre le Milanais et le Montferrat. Le roi de France, voulant porter la guerre en Italie, avait besoin d'une alliance sûre avec le duc de Savoie, ou devait commencer par faire la conquête de ses états : il prit ce dernier parti.

Nous avons vu que, depuis près d'un siècle, la bonne intelligence avait régné entre la maison de Savoie et la couronne de France; les ducs, la plupart élevés dans cette dernière Cour, aidaient les monarques de leurs conseils et bien souvent de leur épée; leur déférence était telle qu'ils ne manquaient jamais de les consulter lors de l'établissement de leurs enfans. Les discussions qui s'élevaient entr'eux étaient ordinairement terminées par des alliances ou par des transactions. Les rois de France, voisins redoutables, mais protecteurs généreux, se portaient pour médiateurs des différends des ducs de Savoie avec leurs voisins; ils dirigeaient l'administration pendant les minorités, fixaient les partages, les douaires et autres objets importans, sans trop se prévaloir ni du malheur de leurs alliés ni de leur grand pouvoir. Est-ce par imprudence, ou par un calcul trop raffiné, que Charles III troubla cette harmonie, en se rangeant du parti de l'heureux Charles-Quint? L'événement ne répondit pas à son attente.

François I.er envoya le chancelier Poyet demander au duc de Savoie la restitution des terres qu'il disait lui appartenir du chef de Louise de Savoie, sa mère, fille de Philippe, comte de Bresse. Une clause du contrat de mariage de ce dernier avec Marguerite de Bourbon portait que les enfans qui naîtraient de ce mariage, succèderaient à leur père; disposition approuvée par tous les seigneurs de Savoie. Philippe avait laissé deux enfans de ce mariage: Philibert, qui lui avait succédé, et qui était mort sans postérité, et Louise, mère de François I.er. Le monarque demanda donc à Charles: 1.º l'effet de la clause par laquelle Louise devait avoir l'héritage de Philibert-le-Beau, son frère. Il dit que, quand il y aurait quelques difficultés pour les terres féodales de Savoie, il ne devrait point y en avoir pour celles de franc-alleu, telles que la Bresse, le Bugey, le pays de Gex et le Valromey; que les filles avaient de tout temps hérité de ces terres; 2.° le comté de Nice et la principauté de Piémont, qui avaient fait anciennement partie du comté de Provence, offrant de rembourser le prix de l'engagement; 3.° l'hommage du Faucigny, ancien fief du Dauphiné; 4.° plusieurs places du marquisat de Saluces, successivement usurpées sur les petits souverains de ces états, qui étaient vassaux de la couronne.

Il se plaignit, en outre, que le duc, au mépris de ses engagemens, avait prêté de l'argent au connétable de Bourbon depuis sa révolte; qu'en 1532 il avait refusé sa ville de Nice à l'entrevue qu'il s'était proposée avec Henri VIII, roi d'Angleterre; qu'il laissait assez apercevoir son inclination pour les intérêts de son ennemi, avec lequel il entretenait des intelligences par le moyen de Louis, prince de Piémont, qu'il avait envoyé en Espagne; qu'enfin il avait fait prendre à ce prince l'investiture du comté d'Ast, fief mouvant de la maison d'Orléans; don insidieux, disait-il, de la politique de l'empereur, et qu'il aurait dû rejeter s'il eût mieux connu ses intérêts. Après avoir exposé ces motifs de plainte, le président Poyet insista de nouveau sur les droits de Louise, et finit par demander le passage des troupes françaises sur les terres du duc de Savoie.

Charles répondit, quant à l'objet principal, que la Bresse, les comtés de Nice, d'Ast, Verceil, le Faucigny, et les autres terres que le Roi réclamait, étaient des fiefs inaliénables de la couronne de Savoie; que Philippe de Bresse, père de Louise, n'en avait joui à titre d'apanage, qu'à charge de retour; et que la clause du contrat de mariage de Philippe avec Marguerite de Bourbon, ne pouvait détruire la loi de l'État; que de pareilles prétentions avaient déjà été élevées plusieurs fois, et qu'elles avaient toujours été jugées par la disposition de la loi salique, en faveur de Pierre, de Philippe I.er, d'Aimon et Philippe de Savoie, comte de Bresse, qui furent appelés à la succession, à l'exclusion des filles qui la leur disputaient par le droit du sang; que le Roi lui-même avait reconnu l'illégitimité de ses prétentions, puisqu'il y avait renoncé par une déclaration faite, à Lyon, le 10 septembre 1523. Quant au passage de ses troupes, le duc consentit de l'accorder dans toute l'étendue de ses états, en payant toutefois les vivres dont elles auraient besoin; et il ajouta que si on formait quelques doutes sur la validité de ses droits, il les prouverait par des titres qu'il conservait précieusement dans ses archives, ne demandant pour tout délai que le temps de les mettre en ordre et de les présenter. Le chancelier Poyet, qui avait ordre d'éviter toute lenteur, après lui avoir déclaré qu'il fallait donner satisfaction sur-le-champ, ou se préparer à la guerre, partit sans autre explication.

Le duc de Savoie envoya des ambassadeurs à la suite de Poyet, pour offrir au Roi : 1.º la liberté de traverser ses états comme auparavant, s'il avait dessein de porter la guerre dans le duché de Milan ; 2.º la restitution du comté d'Ast, qu'il n'avait reçu des mains de Charles-Quint que pour avoir le mérite de le rendre au Roi ; 3.º un congrès dans telle ville qu'il plairait au Roi, où des jurisconsultes examineraient les prétentions respectives du Roi et du duc, et prononceraient définitivement à qui appartiendraient les provinces en litige. Quant aux prétentions formées plus de 20 ans auparavant, par la duchesse d'Angoulême, sur la succession mobilière du duc Philibert, renouvelées après un aussi long silence, il pria le Roi de considérer que, fussent-elles aussi fondées qu'elles étaient douteuses, elles se réduisaient à si peu de chose, qu'elles ne méritaient pas de troubler l'union qui subsistait, de temps immémorial, entre leurs maisons. Le Roi répondit qu'il ne reconnaissait, ni pour son ami, ni pour son oncle, un prince qui ne lui rappelait ces liens sacrés que pour le trahir, et lui retenir son héritage, et il tourna le dos aux ambassadeurs.

Dès-lors les troupes, déjà réparties dans la Bourgogne et le Dauphiné, et dont l'amiral de Brion avait le commandement, eurent ordre de pénétrer dans la Bresse. Cette province n'avait alors aucune ville en état de soutenir un siége. Charles n'avait fait aucune disposition pour se préparer à la guerre. Le général français fut maître en moins de trois semaines de la Bresse, du Bugey et du Valromey; il s'en empara au mois de mars 1555. Il passa ensuite dans le Piémont. Le comte de Montrevel et un conseiller au Parlement de Bourgogne reçurent le serment de fidélité des nouveaux sujets du Roi; et ils dressèrent un procès-verbal des lois, usages et coutumes du pays. Le Roi, par un édit du 8 avril, adressé à ces commissaires, confirma une partie de ces lois, ordonna que les appels des juges du pays auraient lieu au Parlement de Dijon, donna un nouveau sceel, à ses armes, pour l'expédition des actes de justice. Par un édit du mois d'août 1539, il ordonna que ces actes, et ceux des notaires, seraient écrits en français. Les droits domaniaux du prince furent fixés, lors du procès-verbal, à 13,503 florins.

Dans ce temps-là, le Bugey était presqu'entièrement gouverné par les moines, qui en possédaient les deux tiers. Ils réclamèrent leurs droits auprès des commissaires du Roi; ceux-ci éludèrent la question, en assurant que le Roi n'entendait point toucher à leurs priviléges; on les renvoya au Roi pour être fait droit sur leurs dires, et leurs hommes jurèrent le serment de fidélité.

L'abbé d'Ambronay disait que toute *la terre du pays* d'Ambronay était en franc-alleu; que jamais ses prédécesseurs n'avaient rendu d'hommage, et que le prince lui-même lui faisait hommage des terres qu'il possédait à Ambronay. Le prieur de Nantua, dont l'indépendance dérivait de la concession des rois de France de la première race, représentait que, de toute ancienneté, il était *en pays d'obéissance du Roi*, mais qu'il n'était pas tenu de faire serment au Roi, comme duc de Savoie, ou comme seigneur du Bugey et du Valromey. Ce prieur avait un juge dont les appels ressortissaient à Cluny, et de là au Parlement de Paris. L'évêque de Belley, prince temporel et spirituel de la ville de ce nom, ajoutait à ces raisons, que la marque certaine de sa souveraineté résultait de l'exercice où étaient ses prédécesseurs, du droit de faire battre monnaie; qu'il nommait les notaires et s'emparait des protocoles à la mort des pourvus. Les abbés de St.-Sulpice et de St.-Rambert, ainsi que les précédens, nommaient les juges ordinaires dans leurs terres. Les commissaires du Roi répliquèrent à toutes ces raisons, qu'ils avaient de tout temps reconnu les princes de la maison de Savoie pour leurs légitimes souverains, puisque les appellations de leurs juges étaient portées à Chambéry, et de là à Turin, *à la justice souveraine du prince,* et qu'ils *étaient informés que quand on prenait grâce au Bugey, ils s'étaient retirés devant le prince,* comme souverain.

L'amiral de Brion, après avoir soumis la Bresse et le Bugey, s'empara de la Savoie avec la même facilité; la forteresse de Montmélian tint seulement quelques jours. Les troupes françaises s'avancèrent dans le Piémont; le pas de Suze aurait pu les arrêter, mais Charles III n'y envoya des troupes que lorsque les Français eurent établi leur camp à la tête du défilé. Le duc ne se trouvant plus en sûreté dans ses états, embarqua promptement ses effets les plus précieux sur le Pô, et se retira à Verceil, la dernière place de ses états du côté du Milanais. Turin et les autres villes abandonnées ouvrirent leurs portes au vainqueur, et lui prêtèrent serment de fidélité. Le général français se préparait à faire le siége de Verceil, lorsqu'une négociation, proposée par Charles V, suspendit les opérations de la guerre.

Pendant qu'une partie des états du duc de Savoie passait sous la domination française, la ville de Genève, aidée par les cantons suisses, secoua le peu de dépendance qui la liait à la Savoie, et changea de religion. Les Bernois s'emparèrent du pays de Vaud; le canton de Fribourg se mit en possession du comté de Romont, tandis que les Valaisans s'emparaient du Chablais. Il ne resta à Charles III que Verceil, Ast et Nice; les deux premières places étant au pouvoir de l'empereur, son allié, il se retira à Nice.

Il eut quelque espérance de rentrer dans ses états: un article du traité de Crepy, conclu le 18 septembre 1544, entre l'empereur et François Ier, portait que le Roi rendrait au duc de Savoie toutes ses terres, mais qu'il en retiendrait les places tant que l'empereur garderait Milan et Crémone : ces deux places n'ayant point été rendues, François Ier garda ses conquêtes sur le duc de Savoie.

François I.er vint en Bresse, parcourut cette province, s'arrêta à Bourg ; il en fit réparer la forteresse, ensuite il revint dans ses états, où il mourut le 31 mars 1547. Henri II, son successeur, confirma les priviléges de la ville de Bourg ; il s'y rendit en 1548 : après avoir visité Pontdevaux, il traversa le Bugey, se rendit en Piémont, revint à Bourg, et de là à Lyon, où les habitans lui firent, ainsi qu'à la Reine, qui s'y était rendue, une entrée magnifique, dont les Mémoires du temps ont laissé une description détaillée. Avant de rentrer en France, Henri II avait reçu le serment de fidélité des habitans du marquisat de Saluces, qu'il venait de réunir à la couronne comme fief dépendant du Dauphiné, échu par la mort de Gabriel, son dernier souverain.

Henri II donna aux taillables de Bresse, Bugey et Gex, qui dépendaint de ses domaines, la faculté de se racheter moyennant une certaine finance.

Charles III mourut, le 15 septembre 1553, à Verceil, à l'âge de 66 ans ; il était réduit, pour ainsi dire, à la condition d'un simple particulier. De tous les enfans qu'il eut de Béatrix de Portugal, il ne laissa qu'Emmanuel-Philibert, qui lui succéda.

Emmanuel Philibert.

Ce prince manifesta, dès le bas âge, un grand désir de rentrer en possession des états de son père. Il avait pris, de son vivant, pour devise, un bras nu, armé d'une épée, avec ces mots : *Les armes restent encore à ceux qu'on a dépouillés.* Il se dévoua aux intérêts de l'empereur d'Allemagne, et se mit à son service. Il commença ses exploits au combat de Nordlingen en Allemagne ; il eut le commandement de la cavalerie à la journée de Mulberg, dans le duché de Wurtemberg, où Frédéric, électeur de Saxe, fut battu et fait prisonnier. Lorsque la guerre se renouvela en Italie, il prit pour l'empereur les places de Bra, de Saluces et de Domero ; il commanda la cavalerie allemande au siége de Metz. Charles-Quint l'ayant nommé son lieutenant-général en Flandres, il assiégea et prit Hesdin, et rendit son nom illustre par la victoire qu'il remporta sur les Français à St.-Quentin.

Henri II rendit, le 23 avril 1554, une déclaration en faveur des pays de Bresse, Bugey et Valromey, par suite de laquelle les protocoles des notaires, qui auparavant appartenaient au prince, après leur décès, furent laissés à leurs héritiers, et ceux-ci tenus de dresser un inventaire de tous les actes dont ils devenaient dépositaires, et d'en remettre un extrait au greffe du lieu. François I.er avait établi des bureaux de traite foraine, Henri II les supprima ; il supprima encore le droit de rêve, espèce d'imposition foraine qu'on exigeait à l'entrée du pont de Mâcon, et le droit de 10 deniers sur chaque quart de sel qu'on amenait par la Saône en Bresse ; il exempta ses sujets de Bresse et du Bugey du droit de fouage, qu'ils payaient tous les trois ans sous les derniers ducs ; il leur fit remise de tous les arrérages de servis qu'ils devaient à son domaine ; enfin il déclara que l'édit qu'il avait donné pour le paiement de l'emprunt *par les aisés de son royaume*, ne regardait pas les provinces nouvellement conquises.

Tous ces bienfaits ne purent lui attacher les anciens sujets de la maison de Savoie. Emmanuel-Philibert, dont la réputation venait de s'agrandir par la victoire de St.-Quentin, répandait secrètement des manifestes parmi les habitans de la Bresse et du Bugey ; il les excitait à secouer le joug de la France, en leur promettant de les aider de tout son pouvoir, et il avait mandé à ceux qu'il avait gagnés, de se déclarer lorsque le baron de Polviller, seigneur alsacien, paraîtrait dans la province.

Ce général avait ordre de soutenir l'entreprise concertée entre l'empereur et le prince de Savoie, de surprendre la ville de Lyon. Il devait, avant l'exécution de ce projet, exciter un soulèvement dans la Bresse, ou la réduire par la force des armes. Le duc Philibert l'assurait que, pour peu qu'il s'y montrât, il serait bientôt secondé par les partisans qu'il s'y était formés.

Polviller arriva en effet avec douze cents chevaux et dix mille hommes de pied, au commencement de l'hiver, en 1557, pour former le siége de Bourg. Cette place avait été mise, par François I.er, en état de défense. Le général campa le premier jour à Challes, et il fit reconnaître les fortifications de la ville. Elle n'était défendue que par très-peu de troupes, dont la principale force était le régiment de Champagne. Digoine commandait en l'absence du comte de la Guiche, commandant en chef. Heureusement la garnison fut renforcée par quelques débris de l'armée que le duc de Guise avait conduite à Naples, à la tête desquels était le vidame de Chartres. Avec ce secours, Digoine se mit en devoir de se défendre ; il fit tirer le canon de la place ; son feu incommoda si fort les assiégeans, qu'ils furent obligés de changer de poste. Ils passèrent la Reyssouze, près de Rosières, et allèrent se poster au-dessus de la chapelle de Saint-Jean, sur le vieux chemin de Bourg à Mâcon. Comme ils étaient hors de la portée de l'artillerie, on les chassa de ce nouveau poste par de fréquentes sorties. Sur ces entrefaites, arriva la nouvelle que les mesures prises avec quelques bourgeois de Lyon, avaient été découvertes, et que l'entreprise sur cette ville était manquée. Polviller désespérant de soumettre une place où il trouvait plus de résistance qu'il ne s'y était attendu, craignant d'ailleurs d'être enveloppé par l'armée qui arrivait d'Italie, sous la conduite de Tavannes, pour le combattre, et ayant appris que les troupes du Roi, sous les ordres du duc d'Aumale et du comte de la Guiche, s'étaient déjà avancées jusqu'à Montrevel, leva le siége avec beaucoup de précipitation ; ses troupes, qui n'avaient reçu aucune paye, se dissipèrent si complétement, qu'on ne sut ce qu'elles étaient devenues.

Henri II, instruit des intelligences que le duc de Savoie avait pratiquées dans la ville de Bourg, ne put pardonner aux habitans d'avoir ainsi adhéré à ses sollicitations, tandis qu'ils avaient été prévenus d'y résister : il résolut de raser entièrement la ville ; le duc d'Aumale avait été chargé de cette commission. Ce seigneur fut prié de vouloir bien accorder aux habitans le temps de faire parvenir leurs prières au souverain, et de surseoir à l'exécution de sa commission, jusqu'au retour des députés qu'ils allaient envoyer au Roi. Le duc y consentit ; la Ville et toute la Noblesse, en alarmes, s'assemblèrent et chargèrent M. de Feillens de cette importante députation. Il eut le bonheur d'obtenir la conservation de sa patrie. Henri II révoqua les ordres qu'il avait donnés, et accorda, le 31 mars 1558, des lettres de pardon général pour tout ce qui s'était passé à cette occasion.

Par une des conventions du traité de paix de Cateau-Cambrésis, conclu le 3 avril 1559, Henri II promit en mariage, au duc de Savoie, Madame Marguerite de France, sa sœur unique ; son douaire, fixé à 30 mille livres, fut assigné sur la Bresse, le Bugey et le Valromey ; et la maison de Bourg en Bresse ou le château du Pont d'Ain, à son choix, lui fut donné pour résidence : le duc de Savoie recouvra tout ce que François I.er avait enlevé à son père, à la réserve de Turin et de quelques autres places, en Piémont, que le roi de France devait garder jusqu'à ce que les droits de Louise de Savoie fussent liquidés.

En exécution de ce traité, Emmanuel-Philibert, qui était à Paris, députa le comte de Chalant en Savoie pour se mettre en possession de ses états; mais comme Henri II trouva la mort au milieu des fêtes du mariage de sa sœur avec le duc de Savoie; François II, son successeur, donna de nouvelles lettres pour la restitution des états du duc. Philibert de la Beaume fut chargé de prendre possession de la Bresse et du Bugey, et, le 4 août, François Dupuget, juge des appellations de Bresse, lui fit remise, au nom du Roi, des deux provinces. Le duc de Savoie vint recevoir les hommages de ses nouveaux sujets; il fit son entrée à Bourg, dans le mois d'octobre, et il permit à la ville d'ajouter à ses armes la croix tréflée de St.-Maurice. Ainsi, la Bresse, le Bugey et le Valromey rentrèrent sous la domination des ducs de Savoie, après en avoir été détachés pendant 24 ans.

Trois ans après, Charles IX et le duc de Savoie nommèrent des commissaires pour examiner leurs prétentions sur les droits de Louise de Savoie. Après de longues négociations, le roi de France céda au duc de Savoie les places qui faisaient l'objet de la négociation, à la réserve de Pignerol, Savillan, Genosse et la Pérouse.

Cette concession, faite le 8 août 1562, fut regardée comme préjudiciable à la couronne, et Bourdillon de la Platière, lieutenant du Roi, en Piémont, s'opposa, mais inutilement, à l'exécution du traité; le duc de Savoie l'avait facilité en offrant un prêt de

100 mille écus, de faire les avances de la solde des garnisons des places restituées, et de pourvoir aux frais de transport des munitions et de l'artillerie. Enfin, en 1574, les places réservées furent rendues sans beaucoup de difficulté. Le duc de Nevers fit les mêmes protestations que Bourdillon, et avec aussi peu de succès.

En rentrant sous la domination des ducs de Savoie, nos contrées eurent le bonheur d'échapper aux guerres civiles, qui désolèrent la France sous les règnes des enfans d'Henri II, et sous les premières années de celui d'Henri IV.

En 1567, le duc d'Albe et son armée traversèrent la Savoie, le Bugey, la Bresse, la Franche-Comté et la Lorraine, pour se rendre dans les Pays-Bas. Le duc de Savoie ne prit que très-peu de part à la guerre civile qui ravageait la France; il fit cependant, en apparence, pour soutenir la Ligue, une invasion en Provence; le succès en fut tout entier pour lui. Le duc de Nemours, de la maison de Savoie, un des chefs des ligueurs, fit une levée de soldats dans la province, les uns s'enrôlèrent volontairement, les autres étaient tenus de servir comme vassaux du prince.

Emmanuel-Philibert donna, le 27 avril 1560, un édit sur les formes des procédures; il ordonna qu'à l'avenir elles s'écriraient en langue vulgaire. Il donna un tarif pour le prix de l'affranchissement des taillables de ses domaines. Il fut fixé, pour les taillables de *biens et de corps, à miséricorde*, à raison de 20 pour 100 de ce qu'ils auraient vaillant, pour l'affranchissement de leurs personnes, et autant pour l'affranchissement de leurs biens ; s'ils avaient un ou plusieurs enfans mâles, ils ne devaient payer que 15 pour 100 pour leurs personnes et autant pour leurs biens.

Si les taillables étaient de condition telle que l'échute de leurs biens n'eût lieu qu'à défaut d'enfans pour leur succéder, le taux de leur affranchissement fut réduit à 15 pour 100 s'ils n'avaient point d'enfans, et à 10 pour 100 s'ils en avaient. Les hommes liges faisant échute de leurs meubles, durent payer 10 pour 100 dans le premier cas, et 5 pour 100 dans le second ; les hommes libres, qui possédaient des biens taillables, durent payer, dans le premier cas, 20 pour 100 de ces biens, et dans le second, 10 pour 100.

Pour engager les sujets à profiter de cette faveur, et « *parce que plusieurs se pourraient trouver de si*
» *bas cœur, nais et nourris à l'ordure de cette servi-*
» *tude.... étant raison qu'iceux comme intérieurement*
» *aussi par dehors soyent reconnus en leurs libertés*
» *d'avec les libres et francs, voulons et nous plaît*
» *que..... personnes, francs et libres, soyent préfé-*
» *rés auxdits taillables et liges de personne, soit à*
» *être élus et appelés èz-offices, dignités et autres*
» *charges et administration de bien public et commu-*
» *nauté, soit en tous actes de procédure tant publics*
» *que particuliers, à peine de 20 livres d'amende ;* dé-

» *fendons auxdits taillables et liges de personne, à*
» *leurs femmes et enfans ou filles, en quelque temps*
» *que ce soit, de n'être si osés ni hardis désormais*
» *porter en robes, chausses, chapeaux, bonnets, ban-*
» *dages, autres que de simple bureau, et drap de pays*
» *sans teinture, à peine de prompte confiscation des-*
» *dits accoutremens, et de 20 livres d'amende pour*
» *chaque fois.* »

Le prince ajouta à la fin de son édit « Que les gentilshommes, vassaux et autres lais, *ayant pouvoir et tenant hommes de telle condition, pourront user, si bon leur semble, et employer le bénéfice de cet édit envers leursdits hommes.* »

Par un édit du 12 février 1562, le prince fixa l'affranchissement des hommes censifs sur le même pied que celui des taillables, et il révoqua les affranchissemens faits par les rois de France; il régla en outre que le prix qui proviendrait des affranchissemens faits par ses vassaux, se partagerait par moitié entre lui et le seigneur.

Les Suisses, quoique condamnés par la Chambre Impériale de Spire, à rendre au duc de Savoie le pays de Gex, celui de Vaud, et une partie du Châblais, différaient cette restitution. Cependant, après des conférences, ils consentirent à remettre le pays de Gex et les bailliages de Gex, de Terni et de Gaillard; et il fut convenu qu'ils conserveraient la jouissance du pays de Vaud, jusqu'à ce que le différend eût été plus amplement instruit. Ce traité ne fut exécuté qu'en 1567, après le passage de l'armée du duc d'Albe.

Les troupes françaises s'étaient, dans les deux dernières expéditions, emparées de la Bresse sans aucun obstacle : c'est ce qui détermina le duc à élever, à Bourg, une forteresse pour garantir cette province ; il en jeta les fondemens le 8 août 1569, et il la rendit une des places les plus fortes qu'il y eut alors en Europe.

Les dépenses de la construction de cette citadelle, de celle de Turin, et des réparations des autres forteresses, obligèrent le duc de Savoie à mettre sur nos provinces le premier impôt fixe et perpétuel qu'elles aient supporté : c'était une imposition sur le sel.

Cependant, Emmanuel-Philibert prévoyait, d'après les événemens antérieurs, qu'il lui serait difficile de conserver la Bresse et le Bugey, dont la France ne tarderait pas à s'emparer. Cette considération et les besoins de l'Etat l'engagèrent à inféoder la plus grande partie de ces provinces, en faveur des principaux seigneurs de ses états : telle est l'origine des comtés de Coligny, de Pontdeveyle, de St.-Trivier et de Croslée ; des marquisats de Bâgé, de Varambon, de St.-Rambert, des baronnies de la Batie-sur-Cerdon et de Montréal. Par un édit du 31 octobre 1576, il déclara que nul ne serait élevé à la dignité de marquis s'il ne possédait en biens 5,000 écus de rente ; ou de comte, qu'il n'eût 3,000 écus de revenu, et il annula les concessions des titres de marquis ou de comte, qui avaient été faites en faveur de nobles dont le revenu était au-dessous de cette fixation.

Le maréchal de Bellegarde, homme vendu au duc de Savoie, et qui avait conseillé à Henri III de lui restituer Pignerol, Savillan et la Pérouse, venait de s'emparer à main armée du marquisat de Saluces. La protection qu'il trouva dans les états de Savoie après son expédition, donna lieu, à la cour de France, de soupçonner le duc d'avoir eu quelque part à cet envahissement. Catherine de Médicis, mère du Roi, en conféra avec le duc, en 1579, au retour d'un voyage qu'elle avait fait en Provence et en Dauphiné; elle se rendit à Monthuel, où le duc se trouva aussi; ce prince désapprouva la conduite de Bellegarde; cependant, à cause de la faiblesse du Gouvernement, la Reine mère fut forcée de lui confirmer le gouvernement du marquisat de Saluces.

Dès le 15 novembre 1575, la marquise d'Urfé, prenant la qualité de comtesse de Tendes et de dame souveraine de Maro et Préla, avait cédé, au duc de Savoie, tous ses droits sur les biens de la maison de Tendes en Italie; le duc lui donna en échange la ville de Rivoles, le château, la juridiction et ses appartenances, à titre de comté; le comté de Bâgé avec ses dépendances, à titre de marquisat.

Le 21 octobre 1579, la duchesse de Mayenne, fondée de la procuration d'Honorat de Savoie, marquis de Villars, son père, céda au duc de Savoie ses droits sur les comtés de Tendes, terres et seigneuries de

Maro et Préla, et sur les comtés de Vintimille et Oneille. Le duc lui donna en échange les terres de Miribel, Loyettes, Satonnay et les Échecs, qu'il promit de retirer des mains de ceux à qui elles avaient été aliénées avec la faculté perpétuelle de réachat. Il lui remit en outre le droit de retour qui lui appartenait sur les comtés de Villars, Sommerive et Apremont. Depuis long-temps le duc de Savoie négociait ces deux échanges, qui, en lui donnant le comté de Tendes, situé à l'entrée du Piémont, du côté des Alpes maritimes, lui donnait des facilités pour avoir le sel nécessaire à ses états. Cette même année, Emmanuel fit quelques mouvemens contre la ville de Genève; mais les Suisses et la France intervinrent comme médiateurs, et il en résulta un traité que Sanci, ministre du roi de France, fit conclure à Soleure en 1579.

Emmanuel-Philibert mourut le 31 août 1580.

Charles-Emmanuel.

Charles-Emmanuel, fils unique d'Emmanuel-Philibert, avait 18 ans lorsqu'il lui succéda : les commencemens de son règne furent signalés par de nouveaux impôts et de nouvelles aliénations de son domaine. Par un édit donné à Turin le 20 mars 1582, il demanda le paiement des lods qui lui étaient dus d'après les anciens usages, et il ordonna, à tous les taillables affranchis par les seigneurs depuis 1504, de représenter leur acte d'affranchissement à la Chambre des Comptes, pour y payer la part que son prédécesseur s'était réservée, en 1562, dans le prix de ces affranchissemens. Par un autre édit, du 1.ᵉʳ octobre 1584, il ordonna que les Etrangers, qui possèderaient des biens ruraux dans les pays soumis à sa domination, payeraient les mêmes impôts ordinaires et extraordinaires que ses sujets, à raison de la valeur de ces biens.

Charles Emmanuel, qui affectionnait Rivoles, lieu de sa naissance, proposa à la marquise d'Urfé de lui en faire la rétrocession : elle y consentit, et reçut en échange les terres de Châteauneuf et de Viricu-le-Grand, dans le Valromey; il les érigea en comté, sous le titre de Châteauneuf. Vers le même temps, Jean de Seyturier obtint l'inféodation de sa terre de Cormos en baronnie; en 1584, la terre de St.-Martin-le-Châtel fut érigée en marquisat. En 1587, le duc de Savoie rendit un édit important, par lequel il ordonna que les servis et autres arrérages de droits seigneuriaux, dont on pouvait exiger vingt-neuf années non-payées, ne seraient plus exigibles que pour cinq ans.

Les guerres civiles avaient mis le royaume de France bien près de sa ruine : nos contrées s'en ressentirent peu, quoique des villes voisines eussent éprouvé tous les malheurs de la guerre. Cuiseri, Romenay, Louhans, Ste.-Croix-sur-la-Seille, le château de St.-Julien-sur-Reyssouze furent pris et saccagés, soit par les Huguenots, soit par les ligueurs. Le duc de Savoie crut que le moment du démembrement de la France était venu, il affecta de craindre que Lesdiguières, chef des Calvinistes, dans le Dauphiné, ne s'emparât du marquisat de Saluces, et il le prit pour lui, ainsi que la ville de Carmagnole, en 1588 : telle fut la cause de la guerre qui s'éleva entre ce prince et Henri IV, et qui fit passer, en 1601, la Bresse, le Bugey, le Valromey et le pays de Gex sous la domination française. Cette surprise du marquisat de Saluces flatta si fort le duc, qu'il fit frapper une médaille pour conserver la mémoire de cet événement : elle représentait un centaure foulant aux pieds une couronne, avec ce mot : *Opportune.*

Le duc de Savoie croyait borner son ambition en n'aspirant qu'à la conquête de la Provence et du Dauphiné, qu'il espérait pouvoir effectuer à la faveur des troubles qui suivirent la mort d'Henri III. Après avoir essayé de gagner le Parlement de Grenoble, qui l'avait renvoyé au États-Généraux, il leva des troupes dans la Bresse et dans le Bugey, sous le commandement de Joachim de Rye, gouverneur de ces deux provinces; il voulait les réunir aux troupes que le duc de Nemours, son parent, avait levées près de Montluel pour s'emparer de Lyon (1590), mais les Suisses, qui lui prirent, cette année, une partie du Faucigny et le pays de Gex, l'obligèrent d'employer ses troupes à sa propre défense : une entreprise qu'il fit sur Genève ne lui réussit pas, et ce ne fut qu'en 1591 qu'il put porter ses armes en Provence, où il n'eut que de faibles succès.

Le duc de Nemours avait pris quelques places aux

environs de Lyon ; mais Montmorency, avec 1,000 maîtres et 4,000 fantassins, l'obligea de se retirer; il le resserra si étroitement dans Vienne, que ses troupes, composées de Suisses et de Bressans, ennuyées de demeurer dans l'inaction, le quittèrent pour aller joindre en Bresse le marquis de Treffort, général du duc de Savoie. Montmorency le poursuivit jusqu'à Montluel, dont il se rendit maître en 1594 après quelques canonnades; ce qui ôtait au duc de Nemours une retraite d'où il pouvait inquiéter Lyon. Montluel fut la première ville de Bresse qui fut soumise à la France. Peu après, le maréchal de Biron s'empara sans résistance de Bâgé, Pontdevaux et Pontdeveyle; Villars voulut résister, cette ville fut réduite après quelques coups de canon, et mise au pillage. Lesdiguières s'empara de quelques places dans la Savoie et dans le Bugey; Albigny, commandant du duc de Savoie dans ces contrées, le repoussa : le duc de Savoie chercha à se venger de ces incursions par une expédition en Provence, qui lui fut peu utile.

L'abjuration d'Henri IV, qui venait d'abattre le parti des ligueurs, et la promptitude avec laquelle ce monarque rétablit le calme dans la France, déconcertèrent le duc de Savoie, qui reconnut la faute qu'il avait faite de s'emparer en pleine paix du marquisat de Saluces. Trop faible pour lutter seul contre la France, car l'Espagne, son alliée, commençait à l'abandonner, il se détermina à négocier avec Henri IV.

Emmanuel fit partir Zamet, banquier, originaire

de Lucques, pour faire des propositions au Roi, qui, croyant à leur sincérité, ordonna à Sillery, son ambassadeur en Suisse, de s'aboucher avec le baron d'Armans, envoyé du duc de Savoie. Leurs conférences eurent lieu à Bourgoin, dans le mois d'octobre 1595, et, de l'avis du connétable de Montmorency, qui était à Lyon, ils arrêtèrent que « le mar-
» quisat de Saluces demeurerait au duc en toute sou-
» veraineté, à charge que son Altesse relâcherait au
» Roi le vicariat de Barcelonnette, deux villes de
» Bresse sur la frontière de France, Bourg excepté;
» qu'elle payerait au Roi 100 mille écus; que les au-
» tres villes prises de part et d'autre seraient resti-
» tuées; et enfin que le duc de Savoie demeurerait
» neutre dans les guerres qu'avait alors la France. »
Le président de la Rochette fut chargé, de la part du duc, de présenter le traité au Roi, qui lui déclara que le traité aurait son exécution, lorsque le duc souscrirait aux offres verbales de ses ambassadeurs, par lesquelles il reconnaîtrait tenir le marquisat de Saluces de la couronne de France. La Rochette dit au Roi que ses pouvoirs ne s'étendaient pas jusques là. Sillery soutint que cette condition, quoique non-écrite, avait été expressément réservée : la conférence fut rompue.

Elle se renouvela au Pont de Beauvoisin, où se trouvait, de la part du duc, le comte de Martinengue. Sillery y déclara, au nom du Roi, qu'il se contentait, au sujet du marquisat, de la reconnaissance la plus simple, pourvu qu'elle ne fût pas faite généralement. Le duc ne voulut entendre à aucune reconnaissance, et dit à Sillery, qui alla le trouver à Suse, que si le Roi voulait s'en rapporter à des arbitres sur l'impartialité desquels on pût compter, les difficultés seraient plus tôt applanies. Le Roi, par une lettre du 4 juin 1597, laissa au duc de Savoie la liberté de choisir l'arbitre commun; le duc de Savoie proposa l'arbitrage du pape; mais comme, en même temps, il ne voulait pas lui laisser la décision entière de l'affaire sur tous les points, la guerre recommença mais avec peu d'activité de la part de la France.

Par le 24.ᵉ article du traité de Vervins, conclu le 2 mai 1598, entre la France et l'Espagne, il fut dit que « le duc serait compris en la paix, sans préjudice
» des droits du Roi et de son Altesse, sur le marqui-
» sat de Saluces, qui seraient jugés par le pape dans
» l'espace d'un an; que si le pape mourait avant ce
» temps, il y aurait après sa mort trois mois de trève,
» durant laquelle les deux princes conviendraient
» d'autres arbitres. »

Depuis long-temps il n'y avait eu à Rome d'affaire de cette nature. Sillery, envoyé du Roi, produisit en son nom sept titres qui, depuis 1210 jusqu'en 1390, prouvaient que les possesseurs du marquisat de Saluces en avaient fait hommage aux dauphins de Viennois, et ensuite aux dauphins de France, leurs successeurs. Il ajouta que, dans le traité de Cambrai, Henri II avait réservé ses prétentions sur plusieurs terres restées entre les mains du duc, tandis que celui-ci n'avait fait aucune réserve sur le marquisat de Saluces, dont le Roi était demeuré possesseur; que, par plusieurs traités, tels que celui du Valentin, en 1560; de Fossan, en 1562; de Turin, en 1574, le marquisat de Saluces avait été reconnu dépendre de la Couronne de France; qu'enfin, le duc lui-même, après l'usurpation qu'il en avait faite en 1588, avait écrit de sa propre main, au feu roi et à la reine-mère, que son dessein, en s'en emparant, n'était autre *que de le conserver à leurs majestés, pour empêcher les Huguenots du Dauphiné de s'en rendre maîtres.*

Le comte d'Arconas, envoyé du duc de Savoie, produisit dix reconnaissances de foi et hommage des marquis de Saluces, en faveur des comtes et ducs de Savoie, depuis 1169 jusqu'en 1473.

Sillery répliqua que les marquis de Saluces, ayant prêté, suivant la nécessité des circonstances, foi et hommage aux dauphins, aux ducs de Savoie, même aux empereurs et aux ducs de Milan, cette espèce de titres, contradictoires entr'eux, ne pouvait être admise pour décider la question, qu'on devait ajouter plus de foi aux traités, aux reconnaissances des ducs eux-mêmes, et qu'enfin le roi de France prouvait une possession plus que centenaire jusqu'en 1588.

Le temps de l'arbitrage s'écoulait dans ces négociations. Le pape proposa, comme moyen préliminaire d'arrangement, que le marquisat fût sequestré entre ses mains, jusqu'à ce qu'une sentence définitive le rendît à son légitime possesseur : le Roi accepta la proposition, le duc la refusa, et l'arbitrage fut rompu.

Charles-Emmanuel, comptant, pour la réussite de cette affaire, sur les intrigues qu'il entretenait à la cour de France, fit demander et obtint du Roi son agrément pour venir terminer leurs différends à Paris; plusieurs membres du Conseil du duc le dissuadèrent de ce voyage, mais il répondit que sa résolution était prise pour des raisons, disait-il, qu'il lui importait de se réserver.

Il partit de Chambéry le 1.er décembre 1599, accompagné de son Conseil et d'une escorte de douze cents chevaux : son train était magnifique; il portait avec lui une quantité prodigieuse de bijoux et des sommes considérables. Il se rendit à Lyon, où il renvoya une partie de sa suite. Le gouverneur de Lyon, d'après les ordres qu'il avait reçus, l'attendait à son entrée avec la Noblesse de la ville; il fut complimenté par le prévôt des marchands, conduit en grand cortége à l'Archevêché, où il fut défrayé avec sa suite, tout le temps qu'il y resta. A son arrivée à Orléans, il y trouva le duc de Nemours de la part du Roi; il arriva le 13 décembre à Fontainebleau, ayant laissé sa suite derrière lui, et eut sa première entrevue avec le Roi, au moment où il sortait de la messe : son entrée à Paris fut signalée par des fêtes; les deux princes se firent des présens magnifiques. L'esprit adroit et délié du duc, ses manières affables, une conversation séduisante, des présens distribués avec discernement et magnificence, lui firent beaucoup de partisans à la cour de Henri IV. Il se tint plusieurs conseils au sujet du marquisat de Saluces; aucune des deux parties ne voulait consentir à le céder. Le Roi se restreignait à dire : *Je ne demande que mon bien; quel que soit l'arrangement, je veux mon marquisat.* Le duc de Savoie essaya de tenter Henri IV, par la promesse d'une alliance qui lui donnerait la clef des Alpes, et de troupes pour l'aider à conquérir le Milanais : le Roi répondit que son âge et l'état de ses affaires ne lui permettaient pas de tenter une entreprise aussi incertaine; enfin le Conseil du Roi proposa un échange qui, après des irrésolutions, fut la base d'un traité en dix-huit articles, qui fut signé par le Roi et le duc, le 27 février 1600. Ce traité portait en substance que le duc de Savoie restituerait le marquisat de Saluces, et que les autres places et villes prises de part et d'autre seraient restituées, à moins que le duc de Savoie ne préférât donner, en échange du marquisat de Saluces, tout le pays qu'il possédait entre la Saône et la rivière d'Ain, et en outre Barcelonnette et son vicariat, jusqu'à l'Argentière, le Val de Sture, celui de la Pérouse, la ville et le château de Pignerol, avec son territoire. Le duc de Savoie eut, par l'article 14 du traité, la faculté de ne declarer que le premier juin suivant l'option qu'il ferait entre la restitution du marquisat ou son échange. Les deux souverains, par le dernier article, prièrent le Pape d'interposer son autorité auprès de tous les deux, pour que ce traité reçût son entière exécution.

Charles-Emmanuel hâta son départ après la conclusion du traité; il craignait que la conspiration du maréchal de Byron, qu'il avait fomentée et qui était le principal but de son voyage, ne fût découverte avant son retour dans ses états. Lorsqu'il fut arrivé en Bresse, les habitans, quoique déjà en partie sous la domination française, accouraient sur son passage en criant : *Vive Savoie!* Le duc de Savoie les excusa auprès du baron de Luz, que le Roi lui avait donné pour l'accompagner, en disant que ce n'était de leur part qu'un simple témoignage d'affection pour leurs anciens maîtres. Le baron, en le quittant au pont de St.-Julien, l'engagea à persévérer dans l'alliance avec la France, et à se défier de ceux qui l'engagaient, pour des vues personnelles, à éluder l'exécution de ses promesses. Le duc de Savoie se rendit à Bourg, d'où il dépêcha un courrier au Roi, pour le remercier des bons traitemens qu'il en avait reçus; il écrivit en même temps au gouverneur de Lyon, pour lui marquer son contentement sur le traité de Paris. Charles-Emmanuel, avant de quitter Bourg, en visita la citadelle, et on prétend qu'il en descendit les larmes aux yeux, par le regret qu'il avait d'abandonner une place estimée alors une des meilleures de l'Europe : effectivement, il ne tarda pas à manifester son repentir d'avoir signé ce traité d'échange. Le temps de son exécution approchait ; le duc, sommé par Henri IV de se décider, envoya à Paris demander un délai. Le Roi accorda jusqu'à la fin de juillet, mais en même temps il se rendit à Lyon, d'où il était plus à portée de presser le duc de Savoie de tenir sa promesse. Le duc de Savoie, qui négociait avec l'Espagne, pour en obtenir une armée, proposa des modifications au traité, envoya des ambassadeurs qui, lorsqu'il fallut signer ce qu'on leur avait accordé, demandèrent de nouveaux délais pour en informer leur maître. Le Roi, averti des mauvaises dispositions de Charles Emmanuel, vit qu'il était joué, et finit par leur déclarer que, si le 16 août les places n'étaient pas rendues et le traité exécuté, il commettrait à Dieu et à la force de ses armes le redressement des torts dont il avait à se plaindre.

Dès-lors, Henri IV envoya le duc de Guise en Provence et le maréchal de Biron en Bourgogne, pour faire avancer les troupes qu'il avait dans ces deux provinces ; le duc de Sully tint l'artillerie prête. Le Roi fit précéder les hostilités d'une déclaration portant qu'il n'avait, dans cette prise d'armes, d'autre but que de recouvrer son marquisat de Saluces. Dès qu'il fut instruit du refus que le duc faisait de signer ses dernières propositions, il se rendit à Grenoble, d'où il donna ordre à Lesdiguières d'attaquer la Savoie, à Crillon de se porter sur Chambéry, et à Nérestan de tenter une entreprise sur Pierre-Châtel. En même temps, le maréchal de Biron (dont les intrigues n'avaient pas encore éclaté) entrait dans la Bresse; il avait à ses ordres les régimens de Champagne et de Navarre, avec les troupes qu'il avait fait venir de son gouvernement de Bourgogne : déjà les villes de Bâgé, Pontdeveyle, Pontdevaux, Montluel, et Villars, avaient reçu garnison française depuis 1595. Il paraît que le maréchal de Biron exerça de grands ravages dans la province : il est constant qu'il ruina la ville de Ceyzeriat, et fit démolir les châteaux de St.-Rambert et de St.-Julien-sur-Reyssouze. Il ne restait que la ville de Bourg à soumettre, et sa possession assurait celle du reste de la province : cette ville n'était fortifiée que par des fossés, assez larges dans quelques endroits, par des bastions dans d'autres; ses portes s'ouvraient et se fermaient avec un pont-levis; mais elle avait en revanche une citadelle très-forte, qui, placée à l'occident de la ville, la dominait.

Le comte de Montmayeur, gouverneur de la ville, fut averti que le général français était en marche pour l'assiéger, et qu'il avait amené de Lyon des petards pour faire sauter les portes. Le comte de St.-Trivier, s'étant mêlé avec les troupes du maréchal, lui donna avis que l'ennemi n'était qu'à une lieue de la ville; néanmoins la garde était si mal faite, que la sentinelle ayant crié, au bruit de l'armée française : *Qui va là?* on répondit, c'est le petard. En effet, il fut de suite attaché à la porte de Bourgmayer, qui fut abattue; l'armée entra, le 12 du mois d'août, dans la ville, sans avoir presque tiré l'épée ; il y eut du désordre dans le premier moment : quatre bourgeois furent tués : le procureur Gonnet, Louis Pifadi, Cristin le Vitrier, et Henri Collod. L'historien Guichenon prétend que la ville fut mise au pillage pendant trois jours; d'autres historiens rapportent, avec plus de vraisemblance, que les troupes du Roi se tinrent sur la place des Cordeliers jusqu'à dix heures, temps auquel elles se portèrent devant la citadelle ; que le commandant ayant été sommé de capituler, et l'ayant refusé, elles eurent ordre de se retirer dans leurs postes sans commettre aucun désordre.

Cette relation de la prise de la ville de Bourg, a été copiée dans Guichenon ; nous avons cru devoir y joindre la suivante, que nous avons extraite des *Mémoires du duc de Sully*, qui dirigeait toutes les opérations militaires de cette campagne. Henri IV fit reconnaître Bourg par Vienne et Castenet; on prétend que le maréchal de Biron fit avertir Bouvens, qui était gouverneur de la citadelle de Bourg, de se tenir sur ses gardes, et lui marqua la nuit et l'heure où l'on comptait le surprendre.

Bouvens communiqua à la garnison et aux habitans de Bourg, l'avis qu'il venait de recevoir, les exhorta à se bien défendre, alluma de grands feux, doubla, tripla même les corps-de-garde ; enfin, prit, pour la nuit de l'attaque, toutes les précautions possibles, jusqu'à faire lui-même sentinelle. Tout le monde attendait avec une véritable impatience l'heure de minuit, qui était marquée dans le billet, et qui devait être celle de l'attaque. Cependant, le maréchal de Biron prit un détour si long, que ce ne fut qu'au point du jour qu'il parut devant Bourg ; il voulut alors persuader aux officiers qu'ils devaient remettre l'affaire à une autre fois, l'heure étant indue pour ces sortes de coups ; mais cet avis fut si bien combattu par plusieurs officiers, par Boësse (Pierre Escodeca), à qui le Roi avait promis le gouvernement de Bourg, et surtout par Castenet, qui s'était fait fort d'y attacher le petard en plein jour, que Biron y consentit dans la crainte de passer pour timide.

Il en arriva tout autrement : la garnison et les bourgeois ayant veillé jusqu'à deux, trois, et enfin quatre heures, crurent, ou que l'entreprise avait échoué, ou qu'elle n'avait été qu'imaginaire ; ils allèrent déjeûner et se coucher, lorsqu'ils virent le jour prêt à paraître, et laissèrent le soin de garder les murailles à quelques sentinelles qui, étant accablées de sommeil, s'en acquittèrent fort mal. Castenet, avec trois hommes de confiance, s'étant avancé jusques sur la contrescarpe, ayant chacun un petard à la main, et suivis de douze hommes seulement, bien armés et d'une bravoure éprouvée, la sentinelle cria : *Qui va là ?* Castenet, d'après les instructions qu'il avait reçues du duc de Sully, répondit que c'était des amis de la ville, qui venaient avertir le gouverneur que des gens de guerre avaient paru à deux mille pas, et s'en étaient retournés ; il ajouta qu'il avait plusieurs choses à dire à M. de Bouvens de la part du duc de Savoie, et dit à ce soldat qu'il allât l'avertir de lui faire ouvrir la porte. La sentinelle quitta son poste pour s'en aller chez le gouverneur ; Castenet s'avança jusqu'à la porte, posa son petard, qui emporta le pont-levis, et fit une brèche par laquelle les douze hommes entrèrent promptement à la faveur de courtes échelles, les fossés n'étant pas fort profonds, et après eux toute l'armée. Tout ceci fut si rapide que la ville se trouva pleine en un moment, et que Bouvens n'eut que le temps de se retirer précipitamment avec sa garnison dans la citadelle.

Le duc de Sully, par les ordres du Roi, vint la reconnaître ; le maréchal de Biron voulait le dissuader de faire cette reconnaissance, qu'il exécuta cependant, non sans quelque péril. En retournant à Lyon par Villars, le duc de Sully pensa être surpris par un parti de deux cents hommes appartenant au duc de Savoie.

La négligence du comte de Montmayeur fit croire qu'il avait été gagné par les Français. Le maréchal de Biron laissa le gouvernement de la ville de Bourg au baron de Luz, avec quelques troupes pour bloquer la citadelle, et il alla réduire le reste de la province ; il n'eut qu'à se présenter pour se faire ouvrir les portes de toutes les places ; Il n'eut pas plus de peine à se rendre maître du Bugey. Poncin, St.-Denis-le-Chausson, St.-Rambert, Belley, Pierre-Châtel, Seyssel et le fort de l'Écluse, reçurent garnison française, pendant que le baron de Luz recevait le serment des bourgeois de Bourg, et que Lesdiguières soumettait la Savoie.

Le duc de Savoie, ne recevant point de secours de l'Espagne, voyait ses états devenir la proie du vainqueur, et ne pouvait les défendre. Dans cette extrémité, il recourut au patriarche de Constantinople, homme d'une capacité et d'une éloquence peu communes; il le conjura d'aller trouver le Roi, et de lui offrir en son nom la restitution du marquisat qui avait été la source de leurs divisions : le prélat se rendit à Grenoble, où le Roi s'était arrêté; il lui représenta que le pape voyait avec un extrême regret la continuation de la guerre entre deux princes chrétiens, et il essaya, par toutes sortes de raisons, de l'engager à se contenter de l'offre du duc de Savoie.

« Je sais, répondit le Roi, le plus grand gré à Sa
» Sainteté de l'intérêt qu'elle prend à ma cause,
» d'autant que c'est la personne au monde que j'ho-
» nore le plus, lui étant redevable à beaucoup d'é-
» gards. Je sais que j'aurais à me reprocher des ac-
» tions qui, par ma faute, tourneraient au détriment
» du public, mais que M. de Savoie se mette la main
» sur la conscience, et juge si ce n'est pas son obsti-
» nation toute seule qui est cause de l'oppresion que
» souffrent maintenant ses sujets; il a trop présumé de
» ses forces, de ses alliances, ou de ma bonté. Qui
» refuse au plus fort ce qui lui est dû, est censé
» abandonner son propre bien pour servir de répa-
» ration. M. le Patriache, je vous tiens pour très-

« homme de bien, très-vertueux prélat, très-sage
« négociateur ; si je vous faisais voir des lettres qui
« prouvent que malgré les paroles qui vous sont don-
« nées, ainsi qu'au sieur de Jacob et au président de
« la Rochette, de traiter avec moi, ni vous, ni ses
« ambassadeurs, ne savez les véritables intentions
« du duc, que penseriez-vous de sa sincérité ? (Le Roi
« tenait cette circonstance d'un émissaire secret que
« le duc de Nemours avait dépêché à Turin). Ainsi,
« vous voyez si je dois compter sur l'exécution de
« ses promesses. Il lui serait nécessaire d'employer
« d'autres moyens, ou de s'adresser à tout autre qui
« le connût moins que moi. Considérez, d'ailleurs,
« sa conduite à l'égard de la France : il a usurpé sur
« le feu roi, son bienfaiteur, le marquisat de Sa-
« luces ; il l'a usurpé en pleine paix, alléguant alors
« que son dessein était de le conserver à la France,
« contre les entreprises des Huguenots ; dessein qu'il
« dissimule actuellement, quoique consigné dans ses
« propres lettres : il a fait, pendant les malheurs de
« la nation, une incursion dans le Dauphiné et la
« Provence, où il a causé des dégâts infinis, sans
« autre raison que de vouloir agrandir ses états pour
« l'intérêt de sa famille. Au surplus, la guerre que je
« fais ne troublera pas le repos de la *Chrétienté;*
« mon intention est d'observer le traité de Vervins ;
« je suis prêt à mettre bas les armes, dès qu'il aura
« fait droit à des prétentions que je ne puis sacrifier
« sans préjudicier aux droits de ma couronne. » Le

patriarche, ne pouvant rien objecter à ces raisons, proposa une cessation d'armes, qui fut refusée.

Le Roi se rendit en Savoie, quoique la saison fût déjà avancée : en passant à Chambéry, il laissa Labuisse pour y commander; de là il se présenta devant Conflans et Charbonnières, qui se rendirent par composition : ces deux places, dont l'une commande l'entrée de la Tarentaise, et l'autre, celle de la Maurienne, étaient importantes. L'armée s'établit bientôt à Moustier, capitale du pays, et se rendit maîtresse de toute la province jusqu'à Lanslebourg. La citadelle de Montmélian tenait encore; cette forteresse était regardée comme imprenable, néanmoins la présence de Henri, et l'activité de Sully, grand maître de l'artillerie, forcèrent en peu de temps le gouverneur de cette citadelle à capituler : le fort de Ste.-Catherine fut la dernière conquête de cette campagne..

Cependant, le duc de Savoie arrivait pour secourir ses états; son armée, composée de dix mille hommes de pied, quatre mille arquebusiers à cheval, et huit cents maîtres, s'établit à Ema, au pied du mont St.-Bernard, c'était le 12 novembre, temps auquel les opérations de la guerre n'étaient plus praticables dans ces contrées: aussi il n'y eut que quelques escarmouches peu considérables entre les deux partis. Le Roi, après avoir fait reconnaître les différens passages, et observé lui-même celui du Cornet, où il dîna sur le revers d'un rocher escarpé, retourna à Grenoble.

Après la réduction de Montmélian, il ne restait plus

au duc de Savoie, au-delà des monts, que la citadelle de Bourg; elle avait pour gouverneur le chevalier de Bouvens, homme intrépide et bon capitaine, qui, par son activité et sa vigilance, continuait à la défendre vaillamment. Les assiégeans ne pouvant la réduire, convertirent le siége en blocus; ils surprirent un convoi qui était destiné pour la citadelle. Le baron de Luz apporta de Grenoble une lettre du Roi, adressée au chevalier de Bouvens : le Roi lui mandait que le duc de Savoie était dans l'impossibilité de le secourir; que la place qu'il occupait faisait déjà partie de la province que le duc de Savoie offrait en échange du marquisat de Saluces; que les négociations entamées pour cet objet ne seraient pas terminées sitôt, et qu'il serait obligé de se rendre par famine, et s'exposait à être traité avec la sévérité que les lois de la guerre autorisent à exercer contre ceux qui font une résistance trop opiniâtre; il l'engageait à accepter de suite une capitulation honorable.

Le maréchal de Biron envoya cette lettre au chevalier de Bouvens, et lui écrivit dans le même sens. Le chevalier répondit au Roi et au maréchal que son dessein était de se défendre jusqu'à la dernière extrémité, préférant, à tout autre avantage, l'honneur de se rendre digne de la confiance de son maître.

Henri IV, qui savait estimer la valeur, même dans ses ennemis, permit, en faveur du chevalier de Bouvens, que les femmes et les malades sortissent de la citadelle; il donna même, au baron de Luz, ordre de lui fournir des vivres et des rafraîchissemens.

Pendant le cours de ces hostilités, le cardinal Aldobrandin avait été envoyé par sa Sainteté pour concilier les deux souverains. Après avoir eu une conférence avec le duc de Savoie, pour connaître ses véritables intentions, il se rendit à Chambéry, où il fut reçu par le Roi avec l'accueil le plus distingué, et il déclara au cardinal qu'il ne se refuserait point à un accord, si on pouvait régler équitablement les droits et les prétentions réciproques.

Dès-lors, Herminio, secrétaire du légat, partit pour aller trouver le duc, et l'assurer que le cardinal, son maître, avait disposé le Roi à la paix. Le duc envoya le comte de Touzaine et le seigneur des Alimes pour cette négociation, et leur enjoignit de se conformer en tout à ce que le cardinal leur ordonnerait pour l'accomplissement de la paix. Le légat les présenta au Roi ; ils n'avaient ni lettres ni offres précises qui pussent servir de base au traité ; le Roi dit au seigneur des Alimes : *Quand vous vîntes à Paris, je vous dis que vous étiez les bienvenus, je vous le dis encore, mais, puisque votre maître n'a que des paroles sans exécution, je n'entends traiter qu'avec ce saint personnage*, en montrant le légat. Celui-ci demanda aux ambassadeurs s'ils n'avaient pas quelque convention préliminaire à proposer, et des instructions secrètes pour la conclusion du traité ; ils lui répondirent que le duc ayant une confiance entière en sa prudence, ils n'avaient pas d'autre pouvoir que de se conformer à tout ce qu'il jugerait convenable.

La première proposition faite au Roi par le légat,

fut la restitution pleine et entière du marquisat de Saluces, d'une part; et de l'autre, celle des places qui avaient été prises pendant la guerre; mais le Roi, qui avait supporté les frais d'une guerre dispendieuse, à laquelle l'obstination du duc l'avait forcé, ne voulut pas s'en contenter; il demanda, outre la restitution du marquisat, les fruits perçus depuis que le duc s'en était emparé, les frais de la guerre, qu'il évaluait 800 mille écus, et qu'on lui fit raison des prétentions qu'il avait contre la maison de Savoie. Le légat jugea, par ces demandes, que la paix était encore éloignée, et que plus les armes du Roi auraient de succès, plus les conditions de la paix deviendraient dures; il proposa une trêve, que le Roi refusa.

Sur ces entrefaites, le Roi se rendit à Lyon pour y recevoir Marie de Médicis, sa nouvelle épouse, qui arrivait de Florence; le légat l'y accompagna, et les conférences recommencèrent. Le légat, dépositaire des desseins du Pape, qui voulait, ainsi que le Roi d'Espagne, éloigner les Français de l'Italie, proposa de remettre au Roi la Bresse, Bourg et sa citadelle, en échange du marquisat de Saluces; de lui remettre le Bugey et le Valromey pour l'indemnité des frais de la guerre; et, comme les seigneuries de Cental, d'Émont et de Roquepervière dépendaient du comté de Provence, quoique enclavées dans le marquisat, on fut obligé de lui offrir le bailliage de Gex en échange de ces trois terres. Le Roi accepta ces offres, qui servirent de base au traité de Lyon, du 17 février 1601.

Le pays de Gex n'était pas encore entre les mains du duc; les Suisses, qui s'en étaient emparés en 1598, consentirent, pour le bien de la paix, à remettre ce territoire au Roi, à condition qu'il s'engagerait de nouveau à protéger la ville et république de Genève.

Les ambassadeurs des deux princes ayant signé le traité, le présentèrent au duc de Savoie pour le ratifier: le duc se répandit en plaintes amères contre les ambassadeurs et contre l'Espagne; cependant, le légat et un message du gouverneur de la citadelle de Bourg, qui lui mandait qu'il ne pouvait plus tenir, le déterminèrent à signer. Bouvens, ayant reçu du duc l'ordre de capituler, remit la citadelle de Bourg le 9 mars, après l'avoir défendue pendant huit mois.

Henri IV maintint nos contrées dans leurs lois, usages et coutumes.

Ce traité fut avantageux au duc de Savoie et au roi de France. Le duc fermait la porte de ses états à son plus dangereux voisin. Le Roi fermait les siens par le grand Crédo et le Rhône; il s'approchait encore de Genève et de la Suisse, et acquérait une grande étendue de pays. Le maréchal de Lesdiguières dit, en parlant de l'échange de 1601, que Charles-Emmanuel avait traité en prince, et Henri en marchand.

Ce traité fut publié à Bourg le 14 mars. Des vingt-six articles qu'il contient, nous n'en transcrivons que les quatre premiers, par suite desquels la plus grande partie des contrées qui forment aujourd'hui le département de l'Ain, fut réunie à la couronne de France.

« Art. 1.ᵉʳ Le sieur Duc cède, transporte et délaisse audit sieur Roi et à ses successeurs rois de France, tous les pays de Bresse, Bugey et Valromey, et généralement tout ce qui peut lui appartenir jusqu'à la rivière du Rhône, icelle comprise; de sorte que toute la rivière du Rhône, dès la sortie de Genève, sera du royaume de France, et appartiendra audit sieur Roi et à ses successeurs; et sont, lesdits pays, cédés ainsi que dessus, avec toutes les appartenances et dépendances, tant en souveraineté, justice, seigneuries, vassaux, sujets et leurs droits, noms, raisons et actions quelconques, qui pourraient appartenir audit sieur Duc ez dits pays, ou à cause d'iceux, sans y rien réserver, sinon que pour la commodité du passage, demeurera audit sieur Duc le pont de Cressin, sur ladite rivière du Rhône, entre l'Ecluse et le pont d'Arles, qui, par le présent traité, appartiendront audit sieur Roi; et par deçà le Rhône il demeurera encore audit sieur Duc, les paroisses de Lez, Laveran et Chezay, avec tous les hameaux et territoire qui en dépendent, entre la rivière de Vacerone et le long de la Montaigne appelée le Grand Crédo, jusqu'au lieu appelé la Rivière; et passée ladite rivière de Vacerone, demeure encore, audit sieur Duc, le lieu de Maingre et Combes, jusqu'à l'entrée plus proche pour aller et passer au comté de Bourgogne, à condition tou-

» tefois que ledit sieur Duc ne pourra mettre ni le-
» ver aucune imposition sur les denrées et marchan-
» dises, ni aucun péage sur la rivière, pour le pas-
» sage du pont de Cressin et autres lieux ci-dessus
» désignés; et en tout ce qui est réservé pour ledit
» passage, et tout le long de la rivière du Rhône, le-
» dit sieur Duc ne pourra tenir ou bâtir aucun fort,
» et demeurera le passage libre par ledit pont de
» Cressin, et en tout ce qui est réservé, tant pour les
» sujets dudit sieur Roi que pour tous autres qui vou-
» dront aller et venir en France, sans qu'il leur soit
» donné destourbier, moleste, ni empêchemens.
» Passant néanmoins gens de guerre pour le service
» dudit sieur Duc ou autres princes, ne pourront en-
» trer ez pays et terres dudit sieur Roi sans sa per-
» mission où de ses gouverneurs et lieutenans-géné-
» raux, et ne donneront aucune incommodité aux
» sujets de Sa Majesté.

» Article 2. En pour effectuer entièrement ce que
» dessus, ledit sieur Duc remettra en la jouissance
» du sieur Roy, ou de celui qui sera commis par Sa
» Majesté, la citadelle de Bourg, en l'état qu'elle
» est, sans y rien démolir, affaiblir, ni endommager,
» avec toute l'artillerie, poudres et munitions, qui
» seront dans ladite place lorsqu'elle sera remise.

» Article 3. En outre a été accordé que ledit sieur
» Duc cède aussi, transporte et délaisse audit sieur
» Roi, de delà la rivière du Rhône, les lieux, terres
» et villages d'Ayre, Chaussy, Pont d'Arles, Seyssel,

» Chava et Pierre-Châtel, avec la souveraineté,
» justice, seigneurie, et tous droits qu'il peut avoir
» ez dits lieux cédés, et sur les habitans d'iceux,
» sans y comprendre le surplus des mandemens des-
» dits lieux et de leur territoire.

» Article 4. Ledit sieur Duc cède aussi, transporte
» et délaisse audit sieur Roi, la baronnie ou bail-
» liage de Gex, avec toutes ses appartenances et dé-
» pendances, ainsi que ledit sieur Duc, et ses pré-
» décesseurs en ont ci-devant joui, et sans y rien
» réserver ni retenir, sinon ce qui est de Chaussy,
» Ancelly, spécifié ci-dessus; le tout à condition
» que lesdites choses cédées seront et demeureront
» unies et incorporées à la couronne de France, et
» seront réputées domaine et patrimoine de la Cou-
» ronne, et n'en pourront être séparées pour occasion
» que ce soit. Ainsi tiendront lieu, et pareille nature
» que les choses échangées qui seront déclarées ci-
» après. »

Henri IV, après le traité, traversa la Bresse; il visita Bourg, passa par Bâgé, et coucha deux nuits à Pontdevaux, d'où il se rendit à Paris.

Les communes de Lez, Laveran, Chezay et autres endroits réservés au duc de Savoie par l'art. 1.er de ce traité, ont été depuis réunis à la France.

Livre IV.

LA BRESSE, BUGEY, VALROMEY ET PAYS DE GEX, SOUS LA DOMINATION FRANÇAISE.

Henri IV.

La Bresse et les autres pays cédés à la France par le traité du 17 janvier 1601, conservés dans la jouissance de leurs lois, priviléges et coutumes, obtinrent un degré de force politique qui les a depuis préservés des changemens inséparables des petits états. Depuis la paix de Lyon, nos contrées ont cessé d'être le théâtre de la guerre ; de nouveaux débouchés, ouverts du côté de la France, ont offert de grands avantages au Commerce et à l'Agriculture (1). Henri IV créa, au mois de juillet, un présidial à Bourg, auquel il attribua la connaissance des cas royaux et de toutes matières dont connaissaient les autres présidiaux du royaume : il le composa d'un président, d'un lieutenant-général civil et criminel, de huit conseillers, l'un clerc et les autres laïcs ; il érigea aussi un bailliage à Gex et un autre à Belley, sous le ressort du présidial de Bourg, pour les matières pré-

---

(1) Depuis cette époque jusqu'aux derniers temps, la Bresse et les pays adjacens n'ont été le théâtre d'aucun événement de quelque importance ; je dois me borner à rapporter les changemens qu'a éprouvés leur administration, sous le règne des Bourbons : ce serait tromper le lecteur, que de lui donner un abrégé de l'Histoire de France sous ces mêmes règnes.

sidiales : tous ces tribunaux ressortirent au parlement de Dijon.

Il établit deux tribunaux d'Élection; l'un à Bourg, pour la Bresse; l'autre à Belley, pour le Bugey et le pays de Gex; ces tribunaux connaissaient de toutes les contestations qui pouvaient naître des impositions royales; ils finirent par ressortir à la recette générale d'Autun; et les appellations, à la Cour des aides de Dijon, unie au Parlement.

Les trois ordres de la province présentèrent leurs cahiers au Roi pour se faire maintenir dans leurs priviléges respectifs; le Roi, par divers édits rendus dans le mois de novembre de la même année, les leur confirma, et régla leurs droits. Les syndics de la ville de Bourg firent aussi des représentations particulières, pour obtenir principalement l'allégement de divers impôts; le Conseil du Roi répondit à chacun des articles de leur requête, fit droit à quelques-uns, répondit d'une manière vague à d'autres, et refusa ceux qui contenaient des demandes contraires à l'uniformité d'administration du royaume.

Les sujets du duc de Savoie possédaient des biens dans la Bresse, le Bugey et les pays adjacens. Ces étrangers donnaient, à leur mort, lieu au droit d'aubaine, et le Roi pouvait, suivant la loi du royaume, s'emparer de leurs biens au préjudice de leurs parens successibles. Les lois de la Savoie, au contraire, conservaient les biens des Étrangers qui y décédaient, à leurs parens, suivant l'ordre des successions. Si le roi de France avait usé du droit d'aubaine envers les sujets du duc de Savoie, celui-ci, pour user de représailles, aurait exercé le même droit sur les Français qui possédaient des biens dans le marquisat de Saluces. Pour éviter cet inconvénient, le Roi, par lettres patentes, du 13 février 1606, déclara qu'il renonçait au droit d'aubaine sur les sujets du duc de Savoie, pour *tous les biens qu'ils ont de présent, et qui pourraient ci-après appartenir ez pays échangés.* Depuis, les rois de France se sont relâchés de ce droit en faveur de tous les sujets du duc de Savoie, et ensuite en faveur de plusieurs nations étrangères.

Henri IV n'avait encore subjugué qu'une partie de nos contrées, lorsqu'en 1595, les bourgeois de Lyon obtinrent de lui des lettres patentes qui les déchargeaient de toutes contributions imposées sur les biens qu'ils avaient en Bresse. Dès que, par le traité de Lyon, cette province fut irrévocablement unie à la France, les Lyonnais demandèrent à être maintenus dans leurs priviléges. Les représentans du pays de Bresse ne parvinrent pas à faire supprimer ce privilége, qui leur était onéreux, ils obtinrent seulement, ensuite d'un dénombrement commencé en 1605, qu'il serait limité aux seuls fonds que les Lyonnais possédaient alors en Bresse; mais ces fonds ayant été remplacés par des acquisitions nouvelles, plus considérab'es, qui jouirent de cette exemption, cette surcharge, pour la province, fut l'objet de ses réclamations, qui furent terminées par un édit de juillet 1766, qui supprima les priviléges des villes franches.

Les nouvelles erreurs qui avaient réduit la France à l'extrémité, ne s'étaient encore que très-peu répandues dans la Bresse ; elles s'y étendirent à la faveur des dernières guerres. Le maréchal de Lesdiguières, qui les professait, avant qu'il ne fût connétable, y attira plusieurs sectaires, principalement à Châtillon-les-Dombes et à Pontdeveyle, qu'il acheta en 1613. Les prédicans ne manquèrent pas de faire des prosélytes parmi les amateurs de nouveautés. Cet exemple se communiqua à Bâgé et Pontdevaux. Reyssouze, village de la dépendance de cette dernière ville, eut un temple qui fut regardé comme la métropole de ceux de la province ; il subsista, ainsi que celui de Pontdeveyle, jusqu'à la révocation de l'édit de Nantes, par Louis XIV.

Le calvinisme fit plus de progrès dans le pays de Gex. Les Bernois, qui s'en étaient emparés pendant les troubles de la Savoie, chassèrent tous les ecclésiastiques de la communion romaine, s'emparèrent des églises, convertirent les unes en prêches, vendirent les autres à leur profit, ainsi que les monastères, les maisons curiales, et les biens qui en dépendaient; les dîmes furent vendues aux Genevois. Les Bernois prévoyaient sans doute qu'ils ne conserveraient pas long-temps cette conquête. Après l'échange de 1601, qui réunit le pays de Gex à la couronne de France, St.-François-de-Sales obtint, en 1603, des lettres patentes, en vertu desquelles les biens aliénés furent remboursés, des arrêts du Parlement de Dijon en firent restituer d'autres, ce qui facilita le rétablissement des fondations et des cures. Les Genevois, qui avaient acheté les dîmes, s'étant conformés aux lois du royaume pour le payement des portions congrues, les dîmes furent regardées comme inféodées entre leurs mains, et ils les conservèrent en grande partie.

St.-François-de-Sales obtint encore que les nominations aux bénéfices vacans dans le pays de Gex, le seraient dans la forme voulue par le Concile de Trente. Le reste de la province suivit la jurisprudence française, qui conservait au collateur le droit de présentation.

Louis XIII.

En 1611, le baron de Pardaillon, gouverneur de la citadelle de Bourg, ayant eu quelques contestations avec le duc de Bellegarde, gouverneur de la province, cette citadelle fut démolie par l'effet d'une intrigue colorée du bien public.

Des contestations s'élevèrent en Bresse entre le Bailliage de Bourg et les seigneurs, au sujet du droit de double juridiction et d'autres droits, que ces derniers prétendaient conserver. Un arrêt du Conseil d'Etat, du 24 juillet 1615, régla imparfaitement leurs droits respectifs. Le Bailliage et les députés des seigneurs firent, le 12 mars 1617, un accord dans lequel les derniers renoncèrent au double degré de juridiction; par ses autres articles, on statua sur les difficultés qui étaient survenues à l'occasion de plusieurs espèces de causes : les unes furent conservées aux juges des seigneurs, les autres au Bailliage. Cet accord ne fut définitivement exécuté qu'en vertu d'une ordonnance royale de 1629.

Par un édit du mois de décembre 1619, le Roi aliéna les domaines de Bourg, Montluel, Seyssel et Versoix, à charge, « qu'en cette vente ne seraient » compris les bois de haute-futaie, les hommages » et droits de patronage, et que les acquéreurs se- » raient tenus aux fiefs, aumônes, gages d'offices et » de justices. » Ces aliénations ou engagemens ont été depuis révoqués.

En 1626, le Clergé de France, assemblé à Bordeaux, fit entendre au Roi que les bénéficiers de la Bresse pouvaient être imposés aux décimes, comme les autres ecclésiastiques du royaume. Un commissaire fut nommé pour s'informer de la valeur des bénéfices de la Bresse, du Bugey, Valromey, et pays de Gex ; les syndics du Clergé de ces provinces firent opposition à cette Commission : un arrêt du Conseil du 17 mai 1626 termina la contestation. Les bénéfices de la province furent confirmés dans leurs priviléges, à charge de payer annuellement trois mille francs au Roi, qui attribua en même temps, au présidial de Bourg, la connaissance de tous les différends qui pourraient s'élever au sujet des décimes. Ce Tribunal était le seul du royaume qui jugeât en dernier ressort cette espèce de contestation.

En 1637, le marquis de Thianges, maréchal-des-camps et armées du Roi, lieutenant-général pour S. M., en Bresse et Bugey, défit les Francs-Comtois, commandés par le baron de Vatteville, qui avait assiégé Cormoz; il en fit lever le siège.

En 1638, le baron de Clinchamp, commandant pour les Espagnols, ravagea le Revermont: il se retira peu après.

Le 22 mars 1642, sur la demande des syndics généraux de Bresse et du Bugey, le Roi rendit un arrêt qui permit de stipuler l'intérêt au taux de l'ordonnance, sans aliéner le principal. Cet usage avait lieu sous le gouvernement de Savoie, où les constitutions de rentes étaient inconnues; raison dont les syndics se servirent pour motiver leur requête. Ils représentèrent au Roi que la facilité des emprunts était, plus qu'ailleurs, nécessaire dans cette province où le commerce était languissant, et où le payement des tailles et autres contributions ne se ferait que difficilement, si les obligations pures et personnelles, telles qu'on les faisait ci-devant pour un temps fixé, cessaient d'y avoir lieu.

Louis XIV.

Sous ce règne, divers arrêts du parlement de Dijon donnèrent plus d'authenticité et de stabilité aux usages de Bresse et à ses priviléges, qu'ils confirmèrent en quelque sorte, en les expliquant. Par un arrêt du 18 janvier 1648, ce Parlement déclara que l'usage de Bresse, au sujet des subhastations, devait être suivi par le créancier étranger à la Bresse, sur les biens que son débiteur avait dans cette province. Deux arrêts, de 1672 et 1676, déclarèrent les cens emphytéotiques, prescriptibles par le laps de cent ans, lorsque le fief duquel ils dépendaient n'avait point de Justice; ils déclarèrent en outre que les servis ne seraient exigibles que de cinq ans, et les lods de trente ans, s'il n'y avait eu une demande en forme.

En 1685, et dans les années suivantes, l'Élection de Bresse obtint plusieurs réglemens, qui fixèrent les fonctions des officiers de ce tribunal, et donnèrent des règles pour ces procédures. Nous avons vu que Henri IV avait créé deux Élections, l'une en Bresse et l'autre en Bugey, pour le recouvrement de ses finances; les châtelains étaient chargés de cet emploi, lorsque nous étions sous la dénomination de la Savoie. Le tribunal de l'Élection, d'abord composé de deux Élus, deux receveurs, un procureur du Roi, trois sergens, fut augmenté, en 1607, de quelques contrôleurs. Pour bien comprendre les fonctions qui leur étaient attribuées, il faut se rappeler que, sous le régime féodal, les habitans, outre le cens en espèce ou en argent, ce qui était alors proprement la taille, devaient encore leur travail et le service de leur personne, lorsque la nécessité des circonstances l'exigeait. Le changement dans la suzeraineté ou supériorité, en occasionna dans la dépendance. Les lettres d'affranchissement et de bourgeoisie, accordées aux habitans des principaux lieux, comme Bourg, Bâgé, et en augmentant leur liberté par la suppression de certaines servitudes, ne les exemptèrent pas de toute imposition. Il était naturel de concourir aux ouvrages d'utilité publique, à la défense commune, de récompenser, dans le Souverain, la protection et la justice qu'il rendait à ses sujets : telle est l'origine du Tiers-Etat, qui, dans la Bresse ainsi qu'en France, prit naissance dans l'établissement des communes. Le cens resta au seigneur, et la taille fut due aux Souverains. Les premières impositions furent mises sur le sel; Philibert-Emmanuel les supprima et les remplaça par une imposition pécuniaire, sous le nom de Commutation de la Gabelle, ce qui subsista jusqu'à l'échange.

Les ordonnances de Henri IV et de ses successeurs, établirent deux espèces de tailles, l'une ordinaire et l'autre extraordinaire; on divisait la somme que le Roi demandait, en cinq parties dont trois étaient à la charge de l'Élection de Bresse; les deux autres à la charge de l'Élection du Bugey et du pays de Gex qui supportait un dixième de la somme totale.

Le rôle général était arrêté par l'intendant, et le mépart ou département s'en faisait par deux trésoriers de France et les Élus. Il se répartissait par mandemens et ensuite par paroisses. Les Élus envoyaient les commissions aux syndics de chaque lieu, qui les remettaient aux pérécateurs, dans les villes où les syndics ne remplissaient pas eux-mêmes cette charge. Les collecteurs étaient nommés au mois d'octobre de chaque année, par leur communauté; ils étaient au nombre de deux ou de quatre, et devaient faire écrire le rôle qui les concernait par le scribe nommé par le Roi pour cet objet. Ils ne devaient diminuer aucune cote, étaient obligés solidairement au payement envers le receveur, et devaient observer, dans la confection du rôle, une juste proportion en raison des biens, commerce et facultés des contribuables. Les tailles de la province n'étaient point dites réelles et personnelles, mais mixtes et domiciliaires, c'est-à-dire, proportionnées aux biens et aux moyens qu'on avait de s'en procurer.

D'après deux arrêts de 1618 et 1625, celui qui croyait être surchargé devait se pourvoir pardevant les Élus, qui, après avoir pris trois des principaux habitans de la paroisse, pour faire l'estimation des biens de celui qui se plaignait, prononçaient et faisaient droit, si le cas y échéait. La taille des biens ruraux, qui avait commencé par être payée dans la paroisse de la résidence du propriétaire, finit par être due dans la paroisse de la situation des biens. Si l'acquéreur d'un bien sujet à la taille, en était exempt, il s'adressait aux Élus pour la faire supprimer et rejeter sur la généralité de la province (arrêt du 22 avril 1654).

Par des édits de 1668, 1669, 1673, 1685, la contrainte pour défaut de payement de la taille, ne pouvait s'exercer que sur les fruits, revenus et meubles du *cotisable*.

Le payement des tailles se faisait par quartiers, les

15 des mois de mars, de mai, d'août et d'octobre. Lorsque les rôles particuliers avaient été vérifiés par les Élus, les syndics ou pérécateurs faisaient leur collecte, et en portaient ensuite le produit au receveur de l'Élection, qui l'envoyait aux trésoriers généraux à Paris, après en avoir déduit les sommes qu'il était autorisé à payer dans la province. D'après un arrêt du 12 mai 1657, si le payement était retardé par la faute des habitans, les principaux pouvaient être contraints pour la taille de toute la paroisse. Si ce retard était l'effet d'une grêle, inondation, ou autre malheur public, les Élus, après en avoir pris connaissance, diminuaient en proportion la cote de ceux qui avaient souffert. Les cotisés d'office (espèce de privilége attribué à certaines charges, et qui était en quelque sorte une demi-exemption), ne pouvaient être contraints; le receveur de l'Élection était chargé du recouvrement de leurs tailles.

Louis XV.

Dans le commencement de ce règne, notre province ne fut pas à l'abri des effets du système de Law. On y vit, comme dans le reste du royaume, le bouleversement de beaucoup de familles : les unes furent ruinées complètement, d'autres s'élevèrent à leur place; les débiteurs achetaient les billets de banque à vil prix, payaient leurs créanciers avec ce papier, et les ruinaient : le duc de Savoie refusa d'introduire ce système dans ses états, en disant qu'il n'était pas assez puissant pour se ruiner.

L'entretien et la confection des chemins avaient été toujours négligés dans la province : c'était probablement par suite de son morcellement entre diverses souverainetés. La capitale elle-même était inabordable une partie de l'année. La difficulté des transports portait un très-grand préjudice à la vente des produits de l'Agriculture, seule ressource de nos contrées. Ces considérations, présentées au Conseil du Roi, par les syndics de la province, donnèrent lieu à un arrêt du Conseil de 1733, qui ordonna l'établissement des grandes routes dont nous jouissons à présent.

Leur établissement n'aurait pas eu un succès complet, si on n'avait songé à faire participer les villages les plus éloignés à leurs avantages. Les chemins de communication de village à village étaient resserrés et impraticables une partie de l'année ; il fut ordonné, par un arrêt du Conseil, rendu en 1760, sur la requête des trois ordres de la province, que « les prin-
» cipaux chemins de communication de Bresse, Bugey
» et Gex, seraient établis sur vingt pieds de largeur
» dans toute leur étendue ; et les autres, sur seize
» pieds seulement, non-compris les fossés de cha-
» que côté, qui seront de cinq pieds de largeur sur
» trois de profondeur ; et que, « sans avoir égard aux
» articles 93 et 94 du statut de Savoie, en 1430, aux-
» quels Sa Majesté déroge en tant que besoin, l'en-
» tretien desdits chemins serait à la charge des Com-
» munautés, chacune dans son territoire. »

Une entreprise non moins importante avait été

commencée dès l'année 1735 : la Saône était le principal débouché de la province, pour la plupart de ses productions, mais cette ressource lui était enlevée dans le temps des inondations fréquentes de cette rivière; les denrées ne pouvaient arriver au bourg de St.-Laurent, lieu où se fait presque tout le commerce du pays : on construisit en cet endroit, et aux frais de la province, une chaussée d'une grande étendue, élevée solidement au-dessus des hautes eaux, sans en intercepter le cours; elle donne, dans tous les temps, un passage libre et sûr à toutes sortes de transports, tant pour le bourg de St.-Laurent que pour la ville de Mâcon, à laquelle elle aboutit : elle a coûté près de 400 mille livres, et a été achevée en dix années.

En janvier 1750, un édit du Roi termina irrévocablement les contestations tant de fois élevées entre le Siége de Bourg et les Justices seigneuriales : toutes les Justices d'appel furent supprimées; le droit d'appel immédiat du parlement de Dijon fut réservé à celles qui avaient le titre de *Mages*, telles que Bâgé, Pontdevaux, St.-Trivier, Montrevel et Langes, encore devaient-elles perdre ce privilége, si les terres dont elles faisaient partie étaient vendues par leurs propriétaires.

Un arrêt du 27 mars 1768, renouvela les dispositions des lois antérieures, relatives à la tenue des grands jours ou assises, dans les pays de Bresse, Bugey, Valromey et Gex. Cet arrêt ordonna aux juges et autres officiers des seigneurs, de tenir ces assises chaque année, dans toutes les paroisses; les habitans et autres domiciliés du lieu étaient obligés de s'y rendre, sous peine d'amende; on leur lisait les règlemens concernant l'ordre, la tranquillité publique, la police des héritages et des chemins; on y rendait les comptes des fabriques; on y nommait les syndics, gardes messiers et autres; le juge écoutait les plaintes des habitans, et prononçait définitivement sur les causes sommaires.

On raconte que, dans le courant de septembre 1755, le fameux Mandrin, suivi de deux cents contrebandiers, s'empara de la ville de Bourg. Après avoir eu la précaution de placer des védettes dans toutes les rues, il fit défense aux habitans de sortir de leurs maisons. Son premier soin fut de se porter chez le receveur des gabelles, qui n'eut que le temps de se sauver, sans pouvoir emporter sa caisse; l'argent qu'elle contenait, et qui se montait à la somme de quinze mille livres, fut enlevé. La femme du receveur, ignorant ce qui se passait, est surprise dans son cabinet de toilette. Sans lui permettre de finir de s'habiller, Mandrin l'arrête, la traîne à sa suite, et lui fait parcourir, à pied, différens quartiers de la ville.

Un officier en congé de semestre, qui se trouve sur le passage de Mandrin, dans la rue de l'Étoile, révolté des procédés infâmes de ce brigand envers une personne d'un sexe que sa faiblesse si rend intéressant, manifeste, par de violentes expressions, l'indignation qu'il éprouve, et lui reproche vivement son inhumanité.

As-tu envie de prendre sa place, lui dit Mandrin? Eh bien! j'y consens! dit le généreux officier; et la dame fut à l'instant mise en liberté.

A l'exception de cet acte de dureté, par lequel Mandrin signala son impolitesse envers les Femmes, pendant son séjour dans la ville de Bourg, on peut dire qu'il ne fit éprouver de mal à personne. Les habitans restèrent tranquilles spectateurs de tout ce qui se passa. La bande de contrebandiers partit la nuit, mais dans un tel état d'ivresse, que les gens qui la composaient, eurent peine à monter à cheval; de telle sorte que, sans la terreur qu'ils avaient inspirée à tout le monde, vingt hommes auraient suffi pour les arrêter, et même pour les exterminer.

Livre V.

Chapitre 1.er

LES ANCIENNES RÉVOLUTIONS DE LA DOMBE.

La Dombe, ainsi que la Bresse, faisaient autrefois partie du pays des Sébusiens. On ignore la véritable étymologie du nom de Dombe, donné à cette contrée. Dans l'ancienne légende de St.-Trivier, que l'on croit écrite dans le 6.e siècle, l'endroit où il mourut portait déjà le nom de *Pagus dumbensis juxta fluvium Araris*. On voit, dans un traité fait en 1319, entre l'archevêque de Lyon et le sire de Beaujeu, que le pays qui en était l'objet était appelé *de Dumbis*.

Il passa, avec les contrées voisines, sous la domination romaine, et fit partie de la province appelée Première Lyonnaise.

On convient communément que la bataille qui décida, en l'an 197, du sort de l'empire romain entre Septime-Sévère et Albinus, se donna dans la plaine à l'orient de Trévoux, et que le centre de la mêlée fut sur une hauteur qui en prit le nom de *Mons terribilis*, aujourd'hui Montribloud. Dion rapporte que le sang de ceux qui y furent tués, ruissela dans deux rivières, ce qui ne peut s'appliquer qu'à deux petits ruisseaux qui prennent leur source dans cet endroit. Albinus se tua à Lyon, où il s'était réfugié. Septime-Sévère voulut voir le corps de son ennemi; le fit fouler aux pieds des chevaux, déchirer par des chiens, et jeter ce qui en restait dans le Rhône.

Lors de la décadence de l'empire romain, la Dombe fut conquise par les Bourguignons en 408, et elle fit partie du royaume de Bourgogne; en 532, elle passa sous la domination française, lorsque les enfans de Clovis s'emparèrent des restes du royaume de Bourgogne.

Par le traité de Thionville, fait en 843, entre Charles-le-Chauve, Louis-le-Germanique et Lothaire, ce dernier eut, dans son partage, toutes les contrées à l'orient de la Saône; la Dombe y fut comprise, et fut ainsi séparée de la France. L'empereur Lothaire, à la prière de Girard, illustre comte et marquis, confirma à l'église de Lyon les paroisses de St.-Gervais, St.-Didier et Lent : ces paroisses, dont l'église de

Lyon possédait le patronage et les dîmes, étaient dans la Dombe. Cette charte, antérieure à l'an 854, renferme en outre la cession de quelques autres chapelles situées dans le comté de Lyon.

Charles-le-Chauve, en reprenant sur Louis, son neveu, le royaume de Provence et tous les pays à l'orient du Rhône et de la Saône, réunit de nouveau la Dombe à la France.

En 879, ce pays fit partie du royaume que Bozon forma aux dépens des états de Louis et Carloman, petit-fils de Charles-le-Chauve.

En 888, la Dombe fit partie du royaume dit de Bourgogne Transjurane, fondé par Rodolphe, fils de Conrad, sous le règne de son fils et de son petit-fils, Rodolphe III.

Quelques écrivains ont prétendu que Charles-le-Chauve avait toujours conservé le Lyonnais, la Bresse et le Bugey, et que Lothaire ne s'en était dessaisi qu'en les donnant en dot à Mathilde, sa sœur, lors de son mariage avec Conrad, père de Rodolphe III.

En 912 ou 917, Ingelberge, femme de Guillaume, comte d'Aquitaine, fondateur de l'Abbaye de Cluny, donna à cette Abbaye ce qu'elle possédait dans les villages de Romans, Condessiat, St.-André-d'Uria et plusieurs autres paroisses, avec les dépendances, vignes, champs, prés, eaux, moulins, pâturages, entrées et sorties, ce que l'on a possédé et non-possédé, et qu'il faut rechercher, ainsi que les esclaves en dépendant, en quelques lieux qu'ils habitent;

treize seigneurs parurent comme témoins de cet acte, et le signèrent.

Depuis Conrad, dit le Salique, jusqu'à Frédéric, empereur en 1197, la Dombe dut faire partie du royaume de Bourgogne, qui était réuni alors à l'empire d'Allemagne. Il est probable que ce fut dans ce temps, et postérieurement à l'an 1039, que la Dombe fut divisée entre les sires de Baugé et de Villars, et quelques seigneurs moins considérables. Nous avons vu, dans les premiers livres de cette Histoire, le peu que l'on sait sur l'Histoire de la Dombe, sous les sires de Baugé et de Villars.

Chapitre 2.

LE GOUVERNEMENT DES SIRES DE BEAUJEU.

La maison de Beaujeu était une des plus anciennes du royaume, et une des plus illustres, tant par ses alliances que par les grands hommes qu'elle a produits. Beraud, le plus ancien des sires de cette famille, dont le nom se soit conservé, vivait en l'an 930.

Guichard III, son cinquième successeur, est le premier des princes de cette maison qui ait eu une possession sur la rive orientale de la Saône. Arthaud-le-Blanc, vicomte de Mâcon, lui donna, en 1050, la moitié du château et de la châtellenie de Riottier, à condition que celui des deux qui aliénerait sa part, serait tenu d'en donner avis à l'autre, pour l'acheter ou pour la prendre à titre d'engagement.

Guichard IV, son petit-fils, augmenta considérablement le domaine de la maison de Beaujeu.

Les comtes de Forêt donnèrent à Guichard IV la terre de St.-Trivier en Dombe, le château de Perreux et la châtellenie du Chamelet; une de ces concessions est de l'an 1118. Le sire de Beaujeu fit hommage de ces concessions.

Une noble famille, appelée des Enchaînés, possédait plusieurs fiefs considérables en Dombe, en Bresse et dans le Mâconnais. Robert l'Enchaîné, chevalier, se proposant de faire le voyage d'outre-mer avec sa femme, donna à Guichard le château de Montmerle et autres lieux, en reconnaissance des services qu'il en avait reçus. Guichard le remit, suivant l'usage de ces temps-là, aux enfans de Robert, à charge de l'hommage. Cet acte fut passé à Châtillon-les-Dombes en 1120. Achard l'Enchaîné, seigneur de Montmerle, donna des preuves d'un grand courage contre les Mahométans, et mourut à côté de Raymond Pollet et de Guillaume de Sabran, chefs des troupes chrétiennes. Après l'extinction de cette famille, le château de Montmerle appartint, par droit de fief, aux sires de Beaujeu, qui le firent rebâtir. Dans une charte de 1130, la chartreuse des Portes reconnut Guichard IV au nombre de ses bienfaiteurs.

Pierre-le-Vénérable, abbé de Cluny, a écrit qu'il avait été un des hommes les plus vaillans et les plus magnanimes de son siècle; qu'il avait surpassé ses prédécesseurs en puissance et en réputation. Guichard IV mourut en 1137, à l'abbaye de Cluny, où il s'était fait religieux.

Guichard avait augmenté ses domaines de plusieurs terres que différens seigneurs lui remettaient, et qu'ils recevaient ensuite de lui à titre de fief dépendant de sa suzeraineté. Quelques-uns le faisaient pour de l'argent; d'autres pour avoir, dans le besoin, un protecteur puissant et capable de les défendre. Les signatures de ce temps sont toutes accompagnées de surnoms; les seigneurs y prennent le nom de leur terre; d'autres des noms particuliers qu'ils se donnaient ou qui leur étaient donnés : on y voit des Guillaume de Cheveux Rompus, des Durand de Chair Salée, des Robert-le-Chauve, l'Enchaîné, le Déchaussé, etc. Les seigneurs, dans les titres et histoires de ces temps anciens, sont en général désignés par leurs noms de baptême, suivis du nom de leur principale possession, qui leur tenait lieu de nom de famille.

Vers le même temps, en 1106, Etienne de Chalamont, chanoine de St.-Vincent de Mâcon, donna à cette église, Berard étant évêque de Mâcon, un mas situé dans la paroisse de la Chapelle.

Il est dit, dans cette charte, que Guichard, rustique fort prudent, demeurait dans ce mas, et qu'il devait pour servis un agneau à Pâques, six écus au temps que l'on fauchait les foins; un dîner à Etienne de Chalamont et à ses amis au temps de la moisson; douze deniers pour les vendanges; douze deniers, trois pains et un demi-septier de vin aux fêtes de Noël, un chapon au carnaval, et quelques écus au milieu du carême.

En 1116, Achard de Montmerle, avant son départ pour la Palestine, engagea à l'abbé de Cluny plusieurs possessions à Lurcy en Dombe et autres lieux, moyennant deux mille sols, monnaie de Lyon, et deux mules; il fut convenu que, s'il venait à mourir sans enfans ou dans la Terre-Sainte, ces biens appartiendraient à l'Abbaye.

Humbert III, fils aîné de Guichard IV, contribua à la fondation de la Chartreuse d'Arvières en Bugey. Nous avons vu que ce prince, ligué avec le comte de Mâcon, avait fait prisonnier Ulrich, fils aîné du sire de Baugé. Dans cette guerre, Humbert prit les villes de Lent et Thoissey, qui passaient dans ce temps-là pour fortes : on ne sait s'il les rendit au sire de Baugé.

Alix de Savoie, femme d'Humbert III, lui apporta en dot, Château-Neuf, Virieu-le-Grand et Cordon.

Humbert IV, son fils, lui succéda très-long-temps avant sa mort, qui n'arriva qu'en 1193; il eut d'Agnès de Tiern, comtesse de Montpensier, Guichard V, qui lui succéda.

En 1212, Alard de Chalamont vendit à Guichard V le château de Chalamont, pour mille sols forts, et sous autres conditions portées dans l'acte.

Celui-ci eut de Sibille de Hainaut, belle-sœur de Philippe-Auguste, Humbert V, qui lui succéda en 1216.

Humbert V épousa, en 1218, Marguerite de Baugé,

qui lui apporta en dot la seigneurie de Miribel et ses dépendances.

Guy, père de Marguerite de Baugé, promit en outre à Humbert mille livres fortes, à condition qu'il pourrait garder la jouissance de cette ville, en donnant au sire de Beaujeu cent livres fortes chaque année; Guy partit peu après pour la Palestine, où il mourut.

En 1222, Humbert V termina les difficultés qui s'étaient élevées entre lui et l'abbé de l'Ile-Barbe, qui était seigneur supérieur de Miribel; le sire de Beaujeu prétendait qu'en cette qualité, l'abbé était obligé, en cas de guerre, de fournir le château de Miribel, de toutes sortes de munitions de guerre et de bouche; il prétendait en outre des cens et servis sur une possession que l'abbaye avait sur la côte de Miribel. Différens nobles chevaliers et autres personnes de la châtellenie furent entendus sur ces deux demandes, et le sire de Beaujeu s'en désista; on lui affirma que Guy de Baugé avait donné ces servis à l'abbaye : quant à la première, il paraît que le fief de Miribel, appartenant à cette abbaye, n'était qu'un fief de dévotion, et n'entraînait aucun devoir féodal de part et d'autre. Le sire de Beaujeu prétendait en outre que le prévôt de Miribel avait le droit d'aller à l'île la veille de St.-Martin, pour y faire la garde pendant la nuit; l'abbé reconnaissait ce droit, mais il disait qu'il y allait avec trop de soldats; il fut convenu que le prévôt n'irait qu'avec deux chevaux et quatre hommes, dont l'un pourrait être le péageur, à charge de suivre les ordres de l'abbé ou du cellerier; enfin le sire de Beaujeu accorda à l'abbaye l'exemption de tout péage sur le Rhône.

Vers le même temps, Humbert V acquit le Bourg St.-Christophe.

Sibille de Beaujeu, sa sœur, s'étant mariée avec Rainald, sire de Baugé, Humbert lui donna en dot Châtillon-les-Dombes : c'est depuis ce temps que cette ville a fait partie de la Bresse.

En 1233, il obtint de l'abbé de Cluny la moitié de la ville et de la seigneurie de Thoissey. (Cette ville avait été donnée à cette abbaye, en 939, par Louis IV, roi de France).

Le sire de Beaujeu avait la haute seigneurie sur le château de la Marche, et était en état d'empêcher les déprédations que l'on faisait sur les biens des Religieux. Etienne, abbé de Cluny, résolut de l'associer dans la terre et seigneurie de Thoissey, suivant l'usage de ces temps-là, par lequel l'*avouerie* ou garde des possessions des ecclésiastiques était donnée au seigneur le plus puissant de la contrée. Humbert reconnut, dans cette charte, que l'abbé de Cluny lui avait donné la moitié des fonds fiefs, hommes et propriétés qu'il avait à Thoissey; il fut convenu que chacun y aurait un bailli; que si l'un ou l'autre y construisait une forteresse ou faisait quelque acquisition, la forteresse serait commune et l'acquisition aussi, si l'autre payait la moitié du prix dans le laps de cinq ans.

En 1236, pour terminer toutes les difficultés avec l'abbé de St.-Rambert, au sujet du bourg St.-Christophe, près Chalamont, Humbert reçut de l'abbé la moitié des revenus de cette terre, le droit de garde, la totalité des amendes et droits seigneuriaux. Il fut convenu que si le sire de Beaujeu y bâtissait une forteresse, elle serait commune; que le prévôt qu'il y établirait promettrait par serment, à l'abbé, de percevoir fidèlement les revenus de la terre, lui en compterait la moitié, et qu'il traiterait avec ménagement les hommes de cette terre ; l'abbé se réserva le droit d'exiger justice du sire de Beaujeu, si le prévôt vexait ces hommes.

Par la suite, l'abbé de Cluny abandonna toute la ville à Humbert, pour faire cesser les difficultés qui naissaient entre les officiers de leurs justices.

Le sire de Beaujeu donna en échange des biens dans le Beaujolais. Cet échange eut lieu, en 1239, avant le départ du sire pour Constantinople.

En 1240, Alix, comtesse de Mâcon, lui donna tous les fiefs qu'elle avait à l'orient de la Saône.

Ce prince jouissait de la plus grande considération sous le règne de Philippe-Auguste. Louis VIII le nomma, en 1225, son lieutenant-général dans la guerre qu'il fit aux Albigeois. En 1227, Blanche de Castille, régente de France, lui donna le commandement de l'armée pour faire le siége de la Besse ou Bessade, en Languedoc. Cette ville fut prise malgré la défense opiniâtre d'Olivier de Termes, qui commandait cette place. L'année suivante, le comte de Toulouse s'étant emparé de Castel Sarrasin, le sire de Beaujeu reprit cette ville, ce qui détermina le comte à demander la paix.

Peu de temps après, il se croisa avec plusieurs autres seigneurs, pour rejoindre Baudouin de Flandres, son oncle, qui avait été élu empereur de Constantinople : à cette occasion, Grégoire IX ordonna à l'abbé de Belleville de livrer, au sire de Beaujeu, tout l'argent provenu de la commutation des vœux de ceux qui s'étaient croisés. En 1242, Saint Louis le nomma connétable de France; il l'accompagna en 1248 dans son voyage d'outre-mer. Il fut du nombre des huit preux (entre lesquels était le fameux Geoffroi de Sargines), qui furent choisis pour aller faire le coup de lance avec les plus braves des Sarrasins. Gauthier d'Autriche, de la maison de Châtillon, fut délivré de leurs mains par Humbert; deux ans après, il mourut à Damiette, regretté du Roi et de ses sujets : il fut enterré à Cluny.

Marguerite de Baugé, son épouse, le suivit de près, et fut enterrée dans l'église de la chartreuse de Polletin, qu'elle avait fondée en 1229.

Guichard VI, leur fils, accorda en 1252, aux villes de Miribel et de Chalamont, leurs premières franchises et priviléges; il confirma aux habitans de Villefranche ceux qu'Humbert, son père, leur avait accordés.

Le roi de France l'avait nommé son ambassadeur

en Angleterre, où il mourut en 1265. Il n'eut point d'enfans de Blanche de Châlons, son épouse. Par son testament de 1263, il institua son héritière universelle, Isabelle de Beaujeu, comtesse de Forêt, sa sœur.

Des parens collatéraux contestèrent la validité de ce testament, ce qui donna lieu à un grand procès; Louis IX envoya des commissaires pour prendre des informations sur les droits des parties, et sur leur rapport, le Parlement de Paris rendit, en 1269, un arrêt qui déclara que la terre de Beaujeu était indivisible, et qu'en conséquence elle appartenait à Isabelle de Beaujeu, comme l'aînée de la famille.

Renaud, comte de Forêt, et Isabelle de Beaujeu, sa femme, prirent, en 1268, sous leur garde et protection, les hommes, terres et possessions que l'abbaye de la Chassagne avait dans le mandement de Chalamont; moyennant quoi ces seigneurs eurent le droit de lever, dans chaque maison habitée par les hommes de l'abbaye, où il y aurait un ou plusieurs jougs de bœufs, cinq ras d'avoine par année, leur châtelain deux, et leur chassipol un. Les mêmes cultivateurs durent en outre deux corvées de bœufs d'un jour chacun. Ceux qui n'auraient point de bœufs payeraient une livre de cire ou sa valeur en argent. La justice sur les hommes sus mentionnés fut réservée à l'abbaye, avec l'empire pur et mixte. Elle se réserva en outre le droit d'aliéner à sa volonté ses biens et ses hommes.

Renaud de Forêt reçut, conjointement avec Isabelle de Beaujeu, sa femme, en 1271, les hommages du sire de Thoires et Villars, pour les châteaux de Loyes, Montellier et St.-Hulin, celui du seigneur de St.-Olive, pour le château du même nom. Ils confirmèrent les priviléges des villes de Lent et de Chalamont. En 1272, ils marièrent Louis de Forêt, leur fils, à Léonore de Savoie, et ils lui donnèrent les terres de Beaujeu, de Dombe, de Valromey et du Bugey. Louis de Forêt rendit hommage au comte de Savoie et au duc de Bourgogne, des terres qui relevaient d'eux en Bugey et dans le Beaujolais.

Louis de Savoie, seigneur de Varax, avait épousé Jeanne de Montfort, comtesse douairière de Forêt. Son douaire était assigné sur les châteaux de Laye en Beaujolais et de Champléon en Forêt. Pour avoir ces châteaux, le sire de Beaujeu remit à Louis de Savoie les seigneuries de Château-Neuf, Virieu-le-Grand et Cordon en Bugey; et, pour compenser l'inégalité de l'échange, Louis de Savoie promit dix-huit mille livres au sire de Beaujeu. Des refus d'hommage lui occasionnèrent une guerre avec le sire de Thoires et Villars et le seigneur de Montluel; elle se termina par un compromis dont le Dauphin de Viennois fut l'un des arbitres.

Louis, comte de Forêt, mourut en 1296.

Guichard VII, son fils aîné et son héritier, l'un des plus illustres de cette maison, fut chambellan de cinq rois de France.

Des contestations s'étaient élevées entre Guichard, sire de Beaujeu, et Henri de Villars, archevêque de Lyon; c'était au sujet d'une île, formée nouvellement par le Rhône, ainsi que du château et seigneurie de Meximieux, que le sire détenait au-delà du temps porté par les conventions, au sujet des testamens qu'il prétendait avoir le droit de faire ouvrir, et du château de Beauregard, que Guy de St.-Trivier avait fait construire et reconnaître du fief de Beaujeu, quoique ce château fût situé sur le territoire de l'église de Lyon. Après quelques hostilités, plusieurs seigneurs voisins les déterminèrent à un accommodement. Il fut statué, en 1298, que les sires de Beaujeu et de St.-Trivier reconnaîtraient tenir par moitié le château de Beauregard, en augmentation du fief de l'archevêque, qui donnerait, en dédommagement, cinq cents livres au seigneur de St.-Trivier; que les enseignes du sire resteraient sur le château pendant trois jours, et celles de l'archevêque, deux jours de plus pour marque de son domaine supérieur; que le château de Meximieux lui serait rendu pour le tenir suivant les anciennes conventions. L'île sur le Rhône fut adjugée au sire de Beaujeu; et au sujet des testamens, il fut convenu qu'il en serait informé et décidé suivant les anciennes coutumes. Dans ces temps-là, les testamens étaient presque tous solennels, et les ecclésiastiques, soit à cause des legs pieux, soit parce que la conscience y était intéressée, prétendaient en être les exécuteurs.

Les Nobles avaient le droit de bâtir des maisons fortes dans leurs fonds de franc-alleu, et de les reconnaître, moyennant une somme convenue, du fief du seigneur dont ils consentaient de relever.

En 1302, Étienne de Laye reconnut tenir du fief du sire de Beaujeu, le château de Messimi et ses dépendances, pour le prix de quatre cents livres viennoises, que le sire lui donna; il promit en outre de prendre sous sa protection le reste de cette terre, que le seigneur de Laye possédait en *franc-alleu* dans l'empire; de le défendre, garder de sa main, en temps de guerre, et de le rendre à la première réquisition de ce seigneur.

Par cette espèce de marché, très-commun en ce temps-là, le sire de Beaujeu acquérait un vassal, et le seigneur de Laye un protecteur.

En 1308, Guichard VII remit à l'archevêque de Lyon les cens, servis et justice qu'il avait en la ville de Lyon, tant en terre que sur l'eau, et sur vingt-quatre moulins bâtis sur le Rhône; l'archevêque lui donna en échange, sous la réserve de l'hommage, la moitié du château de Meximieux, du château de Chalamont, et du donjon de Montmerle. (Pierre de Tarentaise, archevêque de Lyon, avait, en 1273, donné l'autre moitié à Louis de Beaujeu). En 1302, il augmenta les franchises de la ville de Lent; en 1309, il en accorda aux habitans de Meximieux, Chalamont et Montmerle; il fit bâtir un château, en 1319, au bourg St.-Christophe.

En 1310, il fit clore de murs la ville de Thoissey, et il lui accorda des priviléges pour y attirer des habitans.

En 1306, il fut, pour le comte de Savoie, un des garans de la paix, que ce dernier venait de conclure avec le dauphin de Viennois. Il assista les comtes de Savoie dans les guerres qui se renouvelèrent entre eux et les dauphins. Guichard VII ayant été pris à la bataille de Varey, perdue par Édouard de Savoie, contre le dauphin, fut obligé de donner pour sa rançon les seigneuries de Beauregard, Chalamont, Miribel, Meximieux et St.-Christophe.

Des difficultés qui survinrent, en 1324 ou 1325, sur les usages de Dombe, occasionnèrent une assemblée générale des gentilshommes du pays; ils se promirent avec serment qu'ils maintiendraient la paix et l'union entr'eux, et qu'ils observeraient les usages et coutumes de Dombe, selon qu'elles seraient réglées et reconnues par cinq d'entr'eux, qu'ils chargèrent de les rédiger. Ces coutumes, en trente-neuf articles, servaient en même temps de lois civiles, criminelles et féodales. C'est par une très-ancienne copie, conservée dans les archives de Dombe, que l'on a eu connaissance de ces coutumes, qui étaient déjà presqu'entièrement tombées en désuétude dans le siècle dernier.

En 1326, le légat du Pape, et d'autres arbitres séculiers, terminèrent les différends qui résultaient du mélange des terres, que le comte de Savoie, le dauphin de Viennois et le sire de Beaujeu avaient en Bresse, dans la Valbonne et la Dombe; ils décidèrent que la seigneurie de Montluel et le lac des Échecs appartiendraient au dauphin; le village de Rillieu à l'abbé de l'Ile Barbe; que le sire de Beaujeu aurait Avancy; que Malbuet, situé au-delà du Rhône, serait indivis entre le dauphin et le sire de Beaujeu; que les îles et bretonneaux du Rhône se partageraient, et que le comte de Savoie aurait le château de Joannage en Dauphiné.

Guichard VII commandait un corps de troupes françaises à la bataille de Mont-Cassel, gagnée par Philippe de Valois, contre les Flamands, en 1327 : il mourut en 1331.

Édouard I.er, fils de Marie de Châtillon, sa seconde femme, lui succéda; il réclama auprès du comte de Savoie l'indemnité qui était due à son père, qui avait été obligé de donner plusieurs seigneuries du dauphin pour sa rançon : il obtint, à titre d'inféodation, les seigneuries de Buenc et de Coligny-le-Neuf, avec toute justice. Il échangea peu après la justice de ces deux terres contre celle des Hérons, dans la paroisse d'Agnéreins : ce qui fut l'origine de la châtellenie de Villeneuve.

Les sires de Beaujeu donnaient à leurs possessions situées à l'orient de la Saône, le nom de Beaujolais, de la part de l'Empire, ne pouvant lui donner celui de Dombe, parce que les sires de Thoires et Villars y avaient alors de plus grandes possessions qu'eux.

En 1340, Édouard suivit Philippe-de-Valois dans la guerre de Flandres. Au siége de Mortagne contre le comte de Hainaut, il renversa douze ennemis dans les fossés.

En 1344, il se croisa, et commanda les troupes du roi de Chypre contre les Mahométans, mais son armée fut battue à Smyrne en 1345, et dissipée.

Il se distingua peu après, sous les ordres du duc de Normandie, au siége d'Angoulême, occupé par les Anglais.

En 1347, le roi de France lui donna le bâton de maréchal de France.

Cette même année, le sire de Beaujeu se plaignit de ce que les seigneurs de St.-Trivier, Beauregard et Groslée avaient fait des dévastations dans ses états. Quoique le dauphin désavouât leur conduite, le sire de Beaujeu ne laissa pas que de s'emparer du bourg et château de Beauregard, qui relevaient alors du fief du dauphin : ce prince résolut de s'en venger par la prise de Miribel, place qui était à sa bienséance. Il ordonna à ses baillis et châtelains de mander à tous ses barons, gentilshommes et *populaires* (ou non-nobles), qu'ils eussent à se trouver à Crémieu le 5 mai, sans pouvoir s'en dispenser sous aucun prétexte. Les *populaires* devaient se fournir de provisions pour un mois, et il était ordonné aux châtelains de défrayer, pendant le même temps, les hommes francs et nobles. Dans cette armée, se trouva Jean de Châlons, avec *deux cents hommes d'armes choisis, avec des casques et des fléaux*. Le comte de Genève y était aussi avec quatre-vingts hommes. Le bourg de Miribel fut pris et brûlé; les habitans se retirèrent dans le château, et capitulèrent quelque temps après. Le dauphin ayant, une année après, donné ses états au roi de France, la guerre cessa.

Lors de la bataille de Crécy, il fut envoyé avec les sires de Noyers et d'Aubigny, pour reconnaître les ennemis. Après la perte de la bataille, il fut un des cinq seigneurs qui n'abandonnèrent pas le Roi dans sa fuite. En 1350, il donna des secours considérables au comte de Savoie contre les Valaisans.

Il mourut en 1351, à l'âge de 35 ans, en attaquant, près d'Ardres, un parti d'Anglais.

Dans son testament, fait en 1346, il avait ordonné de chasser les Juifs de ses terres.

Antoine, son fils, lui succéda : il était né en 1343; il servit très-jeune dans les armées françaises. Il fut d'abord en Normandie et en Bretagne, sous les ordres du comte de Dammartin; il leva sa bannière pour la première fois à la bataille de Cocherel, gagnée en 1364, par Duguesclin, contre les Anglais et les Navarrais : il accompagna ensuite ce grand capitaine dans plusieurs de ses expéditions. En 1369, il conduisit deux cents lances au secours du duc de Bourbon, qui assiégeait Belleperche, occupée par les Anglais; il aida ensuite le connétable Duguesclin au siége d'Uzès. Ce prince mourut à Montpellier. Par son testament de 1374, il institua pour son héritier Édouard de Beaujeu, son cousin, si l'enfant, dont

Béatrix de Châlons, son épouse, se trouvait enceinte, était une fille : ce qui arriva.

Les guerres presque continuelles de ces temps-là, faisaient que les fiefs étaient plus à charge, à cause du service, que les biens de roture : c'est ce qui engagea un nommé Pierre Ansvere, à demander, en 1353, que son fief des Odinières, de la dépendance de Chalamont, fût changé en servitude. On y imposa le cens de quatre rats d'avoine et deux sous d'argent; on voit plusieurs exemples de cette sorte de changement.

En 1362, Seguin de Badesol, l'un des capitaines des Tard-Venus, s'étant rendu maître d'Anse, après la bataille de Brignais, faisait des courses et beaucoup de dégât dans nos contrées. Il fut bientôt contraint de quitter cette place.

En 1371, le sire de Beaujeu vendit la terre de Buenc à Humbert de la Beaume; il avait vendu celle de Coligny-le-Neuf à Jean Dandelot, à grâce de réméré: il en profita depuis.

Édouard II fut traversé dans sa prise de possession par plusieurs de ses parens; le parlement de Paris confirma le testament de son prédécesseur.

En 1375, il se trouva à l'entreprise de St.-Sauveur-le-Vicomte contre les Anglais, avec sept, tant chevaliers que bacheliers, et cinquante-six écuyers.

Il fut sur le point, l'année suivante, de commencer une guerre contre Humbert, sire de Thoires et Villars, par suite du voisinage de leurs terres en Dombe;

mais Amé de Savoie, seigneur de Baugé et de Montluel, termina ce différend, et le détermina à secourir le comte de Savoie, dans la guerre qu'il avait contre les Valaisans.

En 1376, Édouard étant au château de Baugé, se reconnut feudataire du comte de Savoie, pour tout ce qu'il possédait en l'empire deçà de la Saône, moyennant treize mille francs d'or, et le 20 février 1377, il prit du comte Verd, à Paris, au logis de l'Ours, rue St.-Antoine, l'investiture non-seulement des villes de Lent, Thoissey, qu'il tenait déjà en fief du comte, mais en outre des villes de Chalamont, Montmerle, Villeneuve, Beauregard, et tout ce qu'il possédait à l'orient de la Saône.

Une année après, le comte Verd, ayant donné en apanage les seigneuries de Bresse et de la Valbonne, avec l'hommage de Dombe, à Amé de Savoie, son fils, le jeune prince écrivit à Édouard de venir lui rendre hommage, en vertu des traités précédens; Édouard refusa l'hommage, et il y eut déclaration de guerre entr'eux. Le sire de Beaujeu entra dans la Bresse, et fit du dégât du côté de Neuville, Chaveiriat, et autres lieux voisins; le comte de Bresse usa de représailles, s'empara des châteaux de Beauregard, Belvey, Ars, Villars, Lent, et assiégea Thoissey.

Édouard, trop faible pour résister à son ennemi, implora le secours du duc de Bourgogne, dont la médiation fit conclure une trêve le 11 juillet 1378; les châteaux pris par le comte de Bresse furent remis en garde au duc de Bourgogne. La trève, qui avait dû être fort courte, fut prolongée jusqu'au 25 mars 1380.

Le sénéchal de Lyon envoya faire défense, de la part du roi de France, au sire de Beaujeu et au comte de Bresse, de continuer cette guerre, et il menaça le sire de Beaujeu de faire mettre sa terre du Beaujolais sous la main du Roi, s'il enfreignait cette défense; elle n'empêcha pas Amé de Savoie de prendre Thoissey et Montmerle, et d'assiéger Chalamont.

Le roi de France se réunit au duc de Bourgogne pour terminer ce différend; la trève fut renouvelée, et il fut convenu que si, à son expiration, la paix n'était pas faite, les places tenues en dépôt par le duc de Bourgogne seraient remises au comte de Bresse. Le Duc n'ayant pu ou voulu faire cet accommodement, remit les places au comte de Bresse.

Le duc d'Anjou, allant s'emparer des Deux-Siciles, passa à Rivolles, et, à la prière du sire de Beaujeu et de ses amis, la décision de cette affaire fut remise au Pape et aux ducs de Berri et de Bourgogne; les places conquises par Amé de Savoie furent de nouveau mises en dépôt, et la trève, prolongée jusqu'à une année après le retour du comte Verd, qui accompagnait le duc d'Anjou.

Le comte Verd mourut dans le royaume de Naples, au mois de mars 1383. Amé VII, son successeur, continua les négociations commencées avec les médiateurs, et ils terminèrent, le 31 mai 1383, ce différend, par un traité conclu à Chambéry. Le comte de Savoie, y remit au sire de Beaujeu, et en accroissement de fief, les châteaux et villes de Lent, Thoissey et Montmerlo, sans préjudice du droit de souveraineté prétendu par le comte de Savoie, sur ces lieux et sur les fiefs déjà reconnus du comte Verd, tant pour droit d'empereur que pour tout autre; à la charge que si le comte usait de sa souveraineté, et que le sire de Beaujeu crût ne pas y être soumis, il lui serait permis d'en demander jusqu'à trois fois l'éclaircissement au comte ou à ses officiers; le sire de Coucy et le duc de Bourbon, deux des médiateurs, jugeraient irrévocablement cette difficulté, sous cette condition néanmoins, que si la difficulté se jugeait à l'avantage du sire de Beaujeu, et qu'il voulût aliéner ce droit de souveraineté, il serait obligé de l'offrir au comte de Savoie, pour le même prix que lui en présenterait un autre; que, dans un an, le sire de Beaujeu donnerait spécification de tout ce qu'il tenait en fief du comte et de ses prédécesseurs; que le sire de Beaujeu et ses vassaux rendraient hommage au comte de Savoie; que le château et mandement de Beauregard demeureraient au comte de Savoie, sous promesse de les remettre au sire de Beaujeu pour vingt mille livres.

Ce fut par suite de ce traité qu'Amé VIII se fit, en 1398, rendre hommage par tous les seigneurs de la Dombe, qui lui promirent fidélité, à la réserve de celle qu'ils devaient tant aux sires de Beaujeu qu'à d'autres seigneurs dont ils tenaient des fiefs. Cet hommage était dû par le sire de Beaujeu et ses vassaux, pour les terres et villes qui avaient été inféodées au sire de Beaujeu, par le comte de Savoie, comme héritier des maisons souveraines de Villars et de Beaujeu; mais, pour les terres que le sire de Beaujeu ou ses prédécesseurs avaient acquises de ces maisons souveraines ou d'autres, le droit d'hommage dû au comte de savoie, n'eut d'autre origine que les derniers traités, et fut par la suite un objet de contestation.

Édouard ayant enlevé à Villefranche la fille du seigneur de la Bossée, fut décrété au parlement de Paris, où la baronnie de Beaujeu ressortissait; il fit jeter par les fenêtres l'huissier qui lui avait été envoyé. Il ne fallut rien moins que le crédit du duc de Bourbon pour assoupir cette affaire; le sire de Beaujeu donna au sieur de la Bossée la terre de St.-Georges-de-Renom, en réparation de ce rapt.

Le 23 juin 1400, Édouard, en reconnaissance des services que le duc de Bourbon lui avait rendus, lui fit don de toutes ses terres et seigneuries. Il mourut peu après, et fut enterré à Belleville ainsi que ses prédécesseurs.

Chapitre 3.

GOUVERNEMENT DES DUCS DE BOURBON.

Louis XI, duc de Bourbon, se mit en possession de la baronnie de Beaujeu et de la principauté de

Dombe, après la mort d'Édouard II, dernier sire de Beaujeu. Le procureur général du parlement de Paris, prétendit que cette succession était échue au Roi; les seigneurs d'Amplepuis et de Linières, issus d'une branche cadette des sires de Beaujeu, essayèrent de faire valoir une substitution de Guichard VII, dit le Grand. Le duc de Bourbon l'emporta en vertu de la donation qui lui avait été faite; cependant, il fit un accommodement avec les seigneurs d'Amplepuis et de Linières.

Le 11 août 1402, il acheta, moyennant trente mille francs d'or, d'Humbert VII, dernier sire de Villars, les villes, châteaux et mandemens de Trévoux, Ambérieux en Bresse et le Châtelard : ce qui acheva de former la principauté de Dombe.

Le comte de Savoie envoya demander au duc de Bourbon l'hommage pour la seigneurie de Dombe; et sur le refus que celui-ci en fit, le seigneur de Viry entra dans la Dombe, au nom du comte de Savoie, avec mille hommes de cavalerie : il s'empara de Lent et de Chalamont; passa la Saône, prit Anse et Belleville. Le duc de Bourbon était à Vichy lorsqu'on lui porta la nouvelle de cette incursion; il envoya le comte de Clermont, son fils, avec un corps de troupes pour la repousser; il reprit Anse et Belleville; et ayant rencontré Viry au siége de Thoissey, il l'obligea de le lever avec précipitation, et le poursuivit jusqu'à Ambronay en Bugey.

Il prit le château et l'abbé, s'empara de la ville.

d'Ambronay, où il y avait quatre-vingts chevaux d'Améde Viry; il courut toute la montagne pour y faire du dégât; s'étant ensuite rendu maître de Pontd'Ain, il assiégea Ambérieu avec quatre cents hommes d'armes, que le duc de Bourbon lui avait envoyés; il brûla les maisons qui étaient dans le château et le prieuré: les Savoyards se retirèrent dans la tour, où, manquant de vivres, ils se rendirent à discrétion.

Un grand nombre de princes et de seigneurs prirent parti des deux côtés dans cette querelle, et essayèrent de concilier ce différend : dans une première conférence tenue à Villars, il fut reconnu, le 2 mars 1408, que l'hommage de la seigneurie de Dombe était dû au comte de Savoie; mais le duc de Bourbon, insistant pour que le comte lui rendît le château de Beauregard, les médiateurs s'assemblèrent de nouveau, et ils proposèrent, en mai 1409, au duc de Savoie, de restituer ce château avec le port, sans en prétendre aucun dédommagement. Cet accord ayant été accepté par les deux parties, le comte de Clermont, fils du duc, se rendit à Châtillon-les-Dombes le 28 du même mois; et, en présence d'un grand nombre de seigneurs, il fit l'hommage au comte de Savoie, au-devant des halles, dans la grand'rue, pour tout ce que le duc, son père, possédait à l'orient de la Saône, en fief et en arrière-fief; et en même temps, le comte lui donna l'investiture de la seigneurie de Beauregard, par la tradition d'une épée nue.

En juin 1410, les députés du duc de Bourbon et du

duc de Savoie terminèrent des contestations qui s'étaient élevées entre les officiers de justice de Thoissey et de Pontdeveyle, au sujet des limites de leurs châtellenies : ils les limitèrent par le ruisseau d'Avanon et par un fossé tiré depuis la Saône jusqu'à un endroit appelé la Grosse Planche.

Louis, duc de Bourbon, mourut à Montluçon, le 9 août 1410.

Jean, son fils aîné, lui succéda; pendant les guerres civiles, dites des Orléanais et des Bourguignons, il se ménagea une trêve avec le duc de Bourgogne, ce qui donna la paix à ses états. Jean, duc de Bourbon, fut fait prisonnier à la bataille d'Azincourt. Pendant sa captivité en Angleterre, Marie de Berri, son épouse, gouverna ses états; elle traita avec le duc de Bourgogne qui voulut faire comprendre le bailliage de Mâcon dans la trêve précédemment conclue avec son mari.

Il paraît que cette trêve fut rompue; car, en 1412, le comte de Fierbourg ou Ferrabos, commandant d'un corps de Bourguignons, s'approcha de Thoissey pour la piller, ce qui obligea le bailli de Beaujolais de s'y jeter avec sa compagnie d'armes. Ferrabos passa outre, s'empara de plusieurs forteresses en Dombe, brûla, et fit un butin considérable.

En 1417, les Bourguignons détruisirent le port de Thoissey, brûlèrent les bateaux; et, ne pouvant prendre la ville, emmenèrent le conducteur et sa famille prisonniers : ce ne fut que peu après que Marie, duchesse de Bourbon, obtint une trêve.

Cette même année, le bailli de Bresse fit quelques entreprises contre les châteaux de Challes et de Bezenens; les nobles du Beaujolais et de Dombe s'assemblèrent à Villefranche; écrivirent au duc de Savoie de ne rien entreprendre contre leur prince, mirent garnison à Challes, et défendirent au seigneur de ce château de comparaître à Bourg, où il avait été cité.

En 1420, la duchesse de Bourbon fit relever les murs de Thoissey. En 1423, elle leva un don gratuit pour entretenir des garnisons qu'elle mit dans toutes ses places pour les garantir des courses des Anglais.

Les officiers du duc de Bourbon firent battre monnaie à Trévoux : le duc de Savoie envoya porter ses plaintes de cette nouveauté à la duchesse, qui répondit que, quoique le duc, son mari, dût l'hommage pour les terres provenues des sires de Beaujeu, il ne le devait aucunement pour celles provenues des sires de Thoires et Villars, qui avaient toujours été indépendantes des comtes de Savoie; et qu'elle avait, comme les sires de Villars, droit de faire battre monnaie à Trévoux : cette affaire n'eut pas de suite.

Les officiers de justice de la Bresse revendiquaient le droit de ressort pour la seigneurie de Buenc, et ils avaient fait diverses entreprises de justice à Baneins, aux Feuillées, au Mas de Rangon, à Verfey, au préjudice des gens de justice de la Dombe. Des conférences tenues en 1425 et 1428 à Vimi, maintenant Neuville-sur-Saône, ne purent éclaircir ni terminer ces contestations.

Le seigneur de Varambon prit les armes, et, aidé d'un grand nombre de vassaux du duc de Savoie, il surprit la ville de Trévoux le 31 mai 1431, la ville fut pillée, mais le château se défendit, et il ne put y entrer: il commit quelques autres ravages en Dombe.

A la prise de Trévoux, Abraham Levi donna trois mille soixante écus pour la rançon des Juifs dont il était le chef. Il paraît que le seigneur de Varambon commit ces hostilités pour se venger d'avoir été fait prisonnier par les Dauphinois, qui avaient été secourus par un grand nombre de sujets du sire de Beaujeu, et avec sa permission.

Marie de Berri, qui gouvernait pendant la captivité du duc de Bourbon, son mari, se plaignit au duc de Savoie de cette expédition, faite en pleine paix, et qui paraissait faite par ses ordres. Le duc de Savoie désavoua le seigneur de Varambon et ses adhérens, et fit commencer son procès. Des médiateurs, nommés pour empêcher les suites de ce différend, firent obtenir à la duchesse de Bourbon trois mille livres en dédommagement du pillage de Trévoux et des autres lieux.

Peu après, deux vassaux du duc de Savoie prirent le Châtelard par escalade, et le pillèrent; la duchesse de Bourbon renouvela ses plaintes au duc de Savoie, qui désavoua ce procédé, et promit une punition qui n'eut pas lieu.

Le duc Jean mourut en Angleterre; et Charles, son fils aîné, lui succéda. Le duc de Bourgogne et le duc de Savoie firent entr'eux une alliance défensive, pour demander en même temps, au duc de Bourbon, les hommages qu'il devait à chacun d'eux pour les fiefs qu'il tenait, soit de l'un, soit de l'autre; en cas de refus, ils devaient s'aider de leurs troupes, partager les conquêtes qui seraient faites sur le duc de Bourbon, et ne point traiter séparément avec lui.

Charles, duc de Bourbon, pour détacher le duc de Savoie de cette alliance, émancipa Philippe, son second fils, lui donna la seigneurie de Beaujeu, à la part du royaume et de l'empire, par titre du 15 janvier 1434, promit au duc de Savoie que Philippe irait lui rendre l'hommage pour les terres qui dépendaient des sires de Beaujeu; et qu'à l'égard de celles qui avaient été acquises des sires de Villars, et des autres difficultés, on nommerait des arbitres pour en décider.

Le duc de Bourgogne ignorant cet arrangement, entra à main armée dans le Beaujolais, prit quelques châteaux, et vint assiéger Belleville. Le duc de Bourbon, de son côté, prit quelques places dans le Charolais. Une trêve arrêta ces hostilités.

Le duc de Bourbon n'exécutait pas la promesse qu'il avait faite, de faire rendre au duc de Savoie l'hommage qu'il avait promis; cependant, après de vives instances, il envoya à Chambéry le seigneur de Dompierre, qui, le 21 juillet 1436, fit hommage au nom du Baron de Beaujeu, seigneur de Dombe, fils du duc de Bourbon, à Louis de Savoie, prince de

Piémont, lieutenant-général du duc son père. L'hommage fut rendu pour les seigneuries, villes et châteaux de Lent, Thoissey, Montmerle, Villeneuve, Chalamont et Beauregard.

Louis de Savoie étant devenu duc par l'abdication de son père, demanda une seconde fois cet hommage, ce qui donna lieu à des conférences importantes, qui commencèrent à Villefranche, le 25 février 1441. Il y fut résolu, 1.° que Philippe de Bourbon prendrait à foi et hommage, de Louis, duc de Savoie, et de ses successeurs audit duché, les châteaux, châtellenies et mandemens du Châtelard, d'Ambérieux, et toutes les autres terres que les ducs de Bourbon avaient acquises de la baronnie de Villars, à la part de l'empire, excepté les château, ville, châtellenie et mandement de Trévoux, comme encore toutes les autres villes et châteaux, provenant des anciens sires de Beaujeu, désignés en l'inféodation du 20 février 1377; en considération de quoi le duc de Savoie donnerait à Philippe de Bourbon, en accroissement de fief, la tierce partie de trois mille livres tournois, qu'il prenait non-seulement à Lyon et à Mâcon, sur la resve et autres droits qui s'exigeaient au passage du royaume en l'empire, par les rivières de Saône et du Rhône, depuis St.-Jean-de-Losne jusqu'à la gorge de Chanavay, mais encore sur la botte des Lombards; 2.° que le duc se départirait de la souveraineté et du ressort qu'il demandait sur les villes, châteaux, châtellenies et mandemens de Lent, Thoissey, Montmerle, Chalamont, Villeneuve, Beauregard, le Châtelard et Ambérieux, et sur les terres d'empire situées dans les limites de ces châtellenies; 3.º que, pour éviter à l'avenir les différends qui pourraient naître du voisinage des terres de Dombe et de Bresse, elles seraient limitées par des députés; 4.º que le duc Louis quitterait, au baron de Beaujeu, les droits et prééminence qu'il prétendait, à cause du vicariat de l'empire, sur les terres de Dombe, venues tant des sires de Villars que des barons de Beaujeu; 5.º que le baron de Beaujeu et ses successeurs, seigneurs de Dombe, pourraient y faire battre monnaie, à condition que celle de Savoie y aurait cours; 6.º que la souveraineté et le ressort des châteaux, villes, châtellenies et mandemens de St.-Trivier et de Fléchères, demeureraient au baron de Beaujeu; que la souveraineté, le ressort et l'hommage des châteaux, châtellenies et mandemens de l'Abergement, Buenc et Bohas, demeureraient au duc de Savoie; 7.º qu'un an après que le baron de Beaujeu aurait atteint l'âge de quatorze ans, il serait tenu de passer reconnaissance, au duc de Savoie et à ses successeurs, de cet hommage et du droit de resve, avec dénombrement de tout ce qu'il possédait en l'empire, excepté Trévoux; laquelle reconnaissance se ferait à l'avenir sans aucun serment de fidélité des gentilshommes ni des peuples de Dombe; 8.º qu'il y aurait liberté de commercer entre les sujets des deux souverains. Le duc de Bourbon alla à Chambéry ratifier ce traité le 11 septembre de la même année.

Un traité si formel et si authentique ne put prévenir toutes les difficultés. Le duc de Savoie prétendit l'hommage des châteaux de Bereins, de Bezeneus, de Boulignieux, la garde de l'église de Clémenciat, le guet du château de Riottier, le ressort de St.-Olive. Des conférences et des arbitrages multipliés les années suivantes, n'eurent d'autre résultat que d'aigrir les deux souverains l'un contre l'autre.

Charles, duc de Bourbon, mourut en 1456.

Jean II, l'aîné de ses enfans, lui succéda. Ce prince était appelé le Fléau des Anglais; il les défit à la bataille de Fourmigny, n'étant encore que comte de Clermont; il contribua à prendre sur eux les villes de Caen et de Cherbourg, en Normandie; il les chassa de la Guyenne.

Les discussions avec le duc de Savoie continuèrent toujours. Le roi de France ménagea une trêve qui devait durer jusqu'au mois d'avril 1459. Les officiers de Châtillon-les-Dombes avaient fait défense de porter des blés dans la Dombe; ceux de Thoissey, pour user de représailles, avaient défendu d'en porter en Bresse. Les habitans s'échauffèrent à un tel point qu'ils prirent les armes. Le duc de Savoie fit surprendre le château de St.-Olive; il envoya mille ou douze cents hommes du côté de Clémenciat; après beaucoup de ravages, ils enlevèrent le prévôt de Villefranche. D'un autre côté, le seigneur des Juifs, ayant reçu trois cents écus du duc de Savoie, lui fit hommage du château et seigneurie des Juifs, ce qui engagea le duc de Bourbon à confisquer ce château, et à s'en emparer pour cause de félonie. Ceux de Châtillon firent une incursion à St.-Étienne-de-Chalaronne et au Châtelard, d'où ils emmenèrent des prisonniers sous prétexte de contravention. Ceux de Thoissey, sous le même prétexte, en firent autant à Corgenon et même jusqu'aux portes de Bourg, où ils enlevèrent aussi des prisonniers, qu'ils conduisirent au Châtelard.

La médiation du roi de France, qui avait été averti par le duc de Bourbon, fit conclure une nouvelle trêve qui ne fut pas de longue durée.

Les sujets du duc de Savoie se portèrent à Chalamont, Thoissey et autres lieux de la Dombe, y commirent des exactions et en amenèrent des prisonniers. Les garnisons de Pérouges, de Montluel, de Miribel, s'étant réunies, attaquèrent, le 10 mai 1459, le château d'Ambérieux en Dombe; et, n'ayant pu s'en emparer, elles pillèrent l'église de Monthieu. Les garnisons de Bourg, de Baugé, de Pontdeveyle et Pontdevaux, réunirent cinq cents hommes de cavalerie, et pillèrent la ville du Châtelard. Le duc de Bourbon, qui comptait sur la médiation du roi de France, n'opposait aucune résistance; cependant, sur la demande des envoyés du Roi, le duc de Savoie promit de suspendre les hostilités, ce qui n'empêcha pas ses troupes de surprendre le château de Chazelles en Dombe, et d'emmener le seigneur du lieu et ses enfans prisonniers à Bourg; entreprise qui fut désavouée par le duc de Savoie. Les envoyés du Roi se rendirent à Lyon, et signifièrent à ceux du duc de Savoie que les troupes de leur maître devaient préalablement évacuer la Dombe, et que les châteaux des Juifs, de St.-Olive et de Bereins, prétendus par le duc de Savoie, resteraient entre les mains du Roi jusqu'au jugement de ce différend. Les envoyés du duc de Savoie demandèrent du temps pour l'instruire de ces propositions : pendant ce temps-là les hostilités continuaient.

Les troupes du duc de Savoie se présentèrent devant Lent, qu'elles essayèrent de brûler avec des boîtes et poudre; elles assiégèrent et brûlèrent l'église de Dompierre-de-Chalamont, où il y périt plus de quarante personnes; elles se jetèrent ensuite sur le château de Belvey, dont elles ne prirent que la basse-cour : tous les environs furent brûlés et saccagés. De nouvelles instances et menaces du roi de France arrêtèrent ces hostilités, et les châteaux des Juifs, St.-Olive et Bereins, restèrent en séquestre entre ses mains.

Le duc de Savoie avait obtenu du Pape la décime sur les bénéfices de ses états; ses collecteurs voulurent la lever sur les terres en litige avec le duc de Bourbon; l'ambassadeur du Roi, pour arrêter cette dernière entreprise, fit renouveler la trève le 21 décembre 1460, jusqu'au mois de mai suivant. On négocia de part et d'autre, sous la médiation du Roi, dont les commissaires vinrent examiner, en 1464, les fiefs en litige : ils se réunirent, à Lyon, aux envoyés des ducs de Savoie et de Bourbon, eurent de longues conférences qui n'aboutirent qu'à une prolongation de trève.

Les officiers de Bresse et de Dombe prétendaient

en même temps avoir droit de juridiction sur le château de Mons et le village de Clémenciat; il y eut à ce sujet des conférences à St.-Trivier-en-Dombe; le roi de France y envoya un de ses secrétaires comme médiateur : ces conférences se renouvelèrent à Lyon et à Mâcon. Le résultat en fut que les terres de Bresse et de Dombe seraient limitées; que, pour rétablir le commerce entre les deux pays, les foires de Bourg et de Châtillon, qui se tenaient les mêmes jours que celles de Lent et de St.-Trivier, seraient changées, et que, cependant, il y aurait une trêve de six ans: ce traité imparfait eut lieu dans le mois d'octobre 1469.

En 1467, les Juifs furent expulsés de Trévoux; ils payaient 8 liv. de tribut annuel, qui fut rejeté sur les maisons de Trévoux.

Le 7 mai 1473, le duc de Bourbon acheta de Louis, comte de Villars, ce comté, qui était au milieu de ses possessions, à l'orient de la Saône : le duc de Savoie lui contesta la jouissance de cette seigneurie.

En 1476, le duc de Bourbon établit la Cour du Bailliage à Trévoux. On fit, cette même année et suivantes, beaucoup de réparations au château et aux tours de Trévoux.

En 1481, il y eut une maladie contagieuse dans le pays. Quelques juifs demandèrent de rentrer à Trévoux, offrant d'être gardiens du prince. On les reçut à ce titre, moyennant qu'ils payeraient chacun, annuellement, un florin, valant quinze sols.

Jean, duc de Bourbon, décéda sans enfant à Moulins, le 1.er avril 1482. Sur une monnaie de cuivre, dont on nous a conservé la description, il était représenté debout, l'ordre de St.-Michel, dont le Roi l'avait honoré, au col; l'épée nue et levée en la main, l'écu semé de France, et autour cette devise: *Deus noster refugium et virtus in tribulationibus.* Au revers est l'écusson de Bourbon, avec la cotice et quatre grenades allumées, l'une en chef, l'autre en pointe, et les autres de chaque côté; chaque grenade à côté d'une fleur de lys, et autour: *Joannes dux Borbonii et Alverniæ trivolci Dominus.* On croit qu'elle a été frappée en 1477, lorsqu'il accorda des priviléges aux officiers de la Monnaie de Trévoux.

Pierre II, son frère, lui succéda. Ce prince avait épousé Anne de France, fille de Louis XI, régente de France pendant la minorité de Charles VIII, et plus connue sous le nom de Madame de Beaujeu. Ce prince avait d'abord été apanagé, par son frère, du comté de Clermont et de la baronnie de Beaujeu, avec mille liv. de rente; il y ajouta la Dombe en 1482, mais à trois conditions: la première, qu'elle ferait retour à défaut d'enfans mâles; la seconde, qu'il ne pourrait l'aliéner; la troisième, qu'il ne la prendrait en fief de personne, si ce n'est de la même manière qu'il l'avait fait lui-même autrefois.

En 1483, il y eut des ordres dans toutes les places de la Dombe, de faire exactement la garde et le guet à cause des gens de guerre, appelés *Verts Manteaux*, qui pillaient de tout côté: ils venaient du comté de

Foix, et le Roi ordonna de ne les laisser passer que dix à dix.

En 1498, il y eut une visite au château de Montmerle, faite par Jean de Varenne, lieutenant-général du Bailli. Il fut ordonné aux habitans de pourvoir le château de *Barbacanes* et *Rateaux*, dans l'espace de trois jours; de garnir la porte du Petit Boulevart de barres et de coulisses; deux autres portes, de barres, de serrures et fausses brayes, et de refaire les fossés dans dix jours. Tous les habitans de la châtellenie furent appelés, avec injonction de se munir d'armes, et de commencer le guet et la garde dans dix jours, suivant le rôle qui en serait fait.

En 1500, les comptes du receveur de Trévoux font mention d'une somme employée à acheter du papier rouge, pour l'usage des greffes criminels et pour les amendes. C'est l'origine du proverbe : *Qu'il n'est pas bon d'être écrit sur le papier rouge.*

En 1502, deux seigneurs furent emprisonnés pour avoir appelé à la Chambre Impériale, d'une sentence rendue au Conseil du prince; mais ayant reconnu l'illégalité de leur procédé, ils furent élargis en 1503.

En 1504, il y eut une disette: la princesse de Bourbon fit distribuer du blé aux pauvres, et le fit vendre, à un prix médiocre, par des commissaires envoyés à cet effet.

Le Roi ayant ordonné que tous ceux qui possédaient des péages, en représenteraient les titres, la duchesse de Bourbon défendit de porter ceux qui regardaient les péages de Trévoux, Thoissey, La Marche et Chavagnieu, comme situés dans l'empire, desquels elle ne devait aucun hommage.

Les difficultés sur les limites de la Dombe se renouvelèrent. Deux conférences, tenues à Châtillon et à Thoissey en 1496 et 1499, furent sans aucun résultat. Pierre II mourut à Moulins le 10 octobre 1505.

Charles de Bourbon, comte de Montpensier, cousin de Pierre II, en épousant Susanne de Bourbon, sa fille unique, réunit par cette alliance les deux branches de cette Maison. Sans ce mariage, ce prince étant l'aîné des mâles de cette famille, aurait pu former des prétentions sur la succession du feu duc, à l'exclusion de Susanne. Anne de France, femme de Pierre II, avait arrêté ces divisions dans leurs principes; elle avait, dans une transaction passée à Paris le 26 février 1504, promis tous ses biens au comte de Montpensier et à Susanne, avec cette condition, que si Susanne mourait la première sans enfans, le comte de Montpensier serait son héritier; et si le comte mourait sans enfans, ses biens appartiendraient à François de Bourbon, son frère. Ce mariage eut lieu le 10 mai 1505.

Dès l'année 1479, les gens de la Monnaie de Trévoux furent soupçonnés d'avoir malversé; le prince avait nommé trois commissaires pour en informer sur les lieux. On ignore la suite de cette affaire; mais en 1509, ils furent convaincus de malversation, et condamnés à deux mille liv. d'amende : la duchesse en employa mille pour fondation en faveur du curé et des habitués de Trévoux.

En 1513, on fut menacé de la part des Suisses, excités par l'empereur Maximilien. Il y eut convocation du ban et arrière-ban; le bailli de Dombe en fit la montre à Trévoux. Les Suisses allèrent en Bourgogne assiéger Dijon.

La même année, Madame de Bourbon voulut que les notaires prissent leurs provisions d'elle, et non, comme auparavant, des juges, qui y nommaient des barbiers, cabaretiers, cordonniers, etc.: elle leur enjoignit de faire sceller leurs actes.

En 1512, le duc de Bourbon fit limiter, conjointement avec l'archevêque et les comtes de Lyon, les terres qu'ils possédaient en Dombe et dans le Lyonnais. Le duc de Bourbon, plus connu sous le nom de connétable de Bourbon, eut le malheur de perdre son épouse le 28 août 1521; elle l'institua son héritier universel. Par des raisons étrangères à cette histoire, il avait encouru la disgrâce de François I.er et de Louise de Savoie, sa mère. Cette princesse était fille de Marguerite de Bourbon, tante de Susanne. Elle réclama toutes les terres de la maison de Bourbon, qui n'étaient pas d'apanage; le Roi lui redemandait celles qui en étaient, comme ayant fait retour à la Couronne, à défaut d'enfans. Un procès fut commencé à ce sujet au parlement de Paris; il fut plaidé: avant son jugement, Louise de Savoie obtint que les terres en litige seraient mises en séquestre. Le connétable de Bourbon, outré de cette injustice, trahit son Roi, et alla offrir ses services à Charles-Quint.

François I.ᵉʳ mit, en 1523, la seigneurie de Dombe sous sa main : il y envoya le seigneur de La Palice, maréchal de France, qui reçut le serment des gentilshommes, villes et communautés du pays.

La peste ou une épidémie, effet d'une grande disette, ravageait alors la Dombe (les blés avaient gelé en 1521 ou 1522), les Dombistes se rendirent à Ambérieux en Bugey, pour y prêter le serment de fidélité.

Le connétable de Bourbon fut tué le 6 mai 1527, sous les murs de Rome; les troupes qu'il commandait saccagèrent cette ville.

Le 26 juillet 1527, le Parlement de Paris réunit la succession du duc de Bourbon à la Couronne; les terres qu'il tenait en fief du Roi furent réunies à la Couronne par droit de retour, et les autres par droit de confiscation. Le Roi en céda ensuite plusieurs à Louise de Savoie, pour lui tenir lieu de ses prétentions : la Dombe en fit partie.

En 1529, il y eut une grande cherté; Louise de Savoie, régente de France, fit vendre tous ses blés à bas prix : elle remit même en aumône, à ses sujets de Lent, le droit de *moisson prostat*.

En 1533, François I.ᵉʳ étant à Mâcon, confirma les priviléges de la ville de Thoissey; mais, par suite du traité de Cambrai, elle fut comprise dans les terres qui furent restituées, le 17 mai 1536, à Louise de

Bourbon, sœur du Connétable, et à Louis de Bourbon, prince de la Roche-sur-Yon, son fils. L'année suivante, le Roi ayant cassé ce traité, qu'il prétendait lui avoir été imposé par la violence, il reprit la Dombe, y établit un gouverneur, et confirma les priviléges et coutumes du pays.

En 1537, il y eut à Châtillon et autres places voisines, logement de Lansquenets, au nombre de six enseignes, composées de cinq cents hommes chacune. Il leur fallait, par jour, six bœufs, vingt moutons, trois porcs, un veau, six mille pains, dix-huit muids de vin, deux minots de sel, seize charges d'avoine, quatre charrées de foin. Le Forêt contribuait pour les deux tiers; le Beaujolais et la Dombe pour le reste.

En 1545, l'arrière-ban fut convoqué en Dombe; il fut déclaré aux gentilshommes que, suivant leurs priviléges, ils ne serviraient qu'en Dombe, et pour la défense de la souveraineté seulement.

Henri II confirma les priviléges de Dombe à son avènement à la Couronne.

Louis de Bourbon, duc de Montpensier, fils du prince de la Roche-sur-Yon, présenta inutilement, en 1545, une requête à Henri II, pour recouvrer la succession du connétable de Bourbon; il renouvela ses demandes sous les règnes suivans: après de longues procédures, le Parlement de Paris prononça, le 27 septembre 1560, que les duchés de Bourbonnais et d'Auvergne, les comtés de Montpensier, de Gier, de la Haute et Basse Marche étant du domaine du Roi, avaient dû retourner à la Couronne par la mort du connétable de Bourbon, décédé sans enfans mâles; mais que, pour le surplus des autres biens, tels que le duché de Châtelleraut, le comté de Forêt, le Beaujolais et le pays de Dombe, le duc de Montpensier pouvait renouveler ses prétentions; enfin il obtint de Charles IX, par une transaction enregistrée au parlement de Paris le 25 juin 1561, que le duché de Montpensier et les autres terres et seigneuries donnés par François I.er, en 1538, à Louise de Bourbon, princesse de la Roche-sur-Yon, demeureraient acquis au duc de Montpensier, et en outre, les seigneuries de Dombe et de Beaujolais, en l'état que Anne de France et Charles, duc de Bourbon, en jouissaient, voulant, Sa Majesté, que le duc de Montpensier et ses successeurs jouissent à l'avenir, pour regard du pays de Dombe, de tous droits de souveraineté, prérogatives, prééminences, exemptions, immunités, franchises et libertés, tels que les avaient Anne de France et Charles, duc de Bourbon; ne s'y réservant, le Roi, autre chose que la bouche et les mains, avec pouvoir au duc de Montpensier, de retirer toutes les terres engagées. Ce prince envoya prendre possession de la principauté de Dombe dans le mois de mars 1561.

Tous les corps et particuliers notables lui prêtèrent serment de fidélité; les châtellenies envoyèrent des députés à Trévoux pour cet effet. Le prince donna des ordres pour la conservation de la Foi catholique, ce qui fit que sept mulets chargés de livres, venant de Genève, furent arrêtés sur les terres de Dombe, condamnés comme Hérétiques, et brûlés publiquement.

En 1562, Lyon fut pris et pillé par les Huguenots. La Juridiction ecclésiastique fut transférée à Trévoux. Un parti d'Huguenots, sous les ordres d'un officier nommé de Beaujeu, établit son camp à Mogneneins; il pilla toutes les églises voisines. Deux particuliers de St.-Didier furent arrêtés et menacés de mort, s'ils ne livraient les ornemens et vases sacrés de leur paroisse.

En 1564, le prince de Dombe, reçut le 10 juillet, sous la halle de Trévoux, le serment de fidélité de tous ses vassaux. En 1567, il confirma la noblesse aux membres du parlement de Dombe. En 1568, il défendit à ses vassaux et autres sujets, de prendre pendant les troubles d'autre parti que le sien, sous peine de la saisie de leurs biens. En 1571, il ne voulut pas accorder aux Huguenots la liberté de conscience dans ses états, et il défendit à ses sujets d'envoyer leurs enfans dans des colléges où il y aurait des Hérétiques.

Le froid fut si rigoureux en 1573, que les vignes et les blés gelèrent, ce qui occasionna une grande famine. En 1575, le ban et l'arrière ban furent convoqués en Dombe, avec ordonnance de guet et garde, pour s'opposer aux ravages des Huguenots. Ensuite, d'une assemblée tenue à Mâcon pour le règlement des limites entre la Dombe et la Bresse, les députés se firent escorter par des troupes. La gabelle fut introduite en Dombe en 1577. En 1579, il passa beaucoup de troupes dans la Dombe. Les seigneurs allaient au-devant des capitaines pour faire exempter leurs justiciables du logement, ce qui incommodait ceux du prince. Il ordonna que tous les habitans de la Dombe non-exempts supporteraient les logemens à proportion de leurs biens, sans distinction des hommes des seigneurs ou des siens. Il est vraisemblable que ces troupes étaient celles que le duc de Mayenne envoyait dans le Dauphiné, contre Lesdiguières, alors chef de Protestans.

La cure et l'église de St.-Didier avaient été brûlées en 1574, par les Huguenots; le Conseil du prince rendit en 1580, un arrêt qui ordonna aux gros décimateurs, la construction et entretien du chœur et du sanctuaire; aux prébendiers, celle des chapelles; aux habitans, celle de la nef ainsi que les cloches et la clôture du cimetière. Deux habitans s'opposèrent à la refonte des cloches, dans la crainte que les Huguenots ne vinssent encore les enlever.

Ce prince mourut le 22 septembre 1582.

François de Bourbon, son fils, lui succéda. A son avènement, les États de Dombe furent convoqués, une députation lui fut envoyée, ainsi que le don gratuit d'usage : ce prince confirma tous les priviléges de la province, et ordonna que les étrangers contribueraient aux charges de l'État, à proportion des biens qu'ils y posséderaient.

La ville de Lyon ayant, en 1589, pris le parti de

la Ligue, le prince de Dombe interdit son Parlement qui y tenait ses séances. En 1590, le Roi lui transporta la souveraineté de Riottier, St.-Bernard, La Bruyère et ses dépendances.

Le duc de Nemours, gouverneur de Lyon, pour la Ligue, craignant que les denrées qui venaient par la Saône, ne fussent arrêtées à Thoissey, dont le château dominait alors la rivière, assiégea cette ville, et s'en empara : il en fit fortifier le château, et y mit une forte garnison; il en fit autant à Châtillon-les-Dombes et à Belleville. L'année suivante, se croyant en droit de disposer de la souveraineté, il donna ordre aux gens de la Monnaie, de la frapper au coin de la France. Il donna la seigneurie du Châtelard au chevalier d'Urfé, qui ne s'en mit en possession qu'avec beaucoup de peine. François de Bourbon mourut des fatigues de la guerre le 4 juin 1592.

Il laissa, de Rénée d'Anjou, un fils unique, Henri de Bourbon.

En 1593, le prince de Dombe réduisit les gens de la monnaie de Trévoux à six ouvriers et quatre monnayeurs; plusieurs particuliers surprenaient des provisions d'ouvriers pour jouir des exemptions qui leur étaient accordées.

En 1594, le duc de Nemours ayant été chassé de Lyon par les habitans, Henri de Bourbon recouvra la souveraineté de Dombe, et le Parlement fut réintégré dans ses fonctions. Ses sujets lui présentèrent des remontrances sur les maux que les dernières guerres avaient occasionnés. Il obtint du Roi que les monnaies de Trévoux, frappées à son coin, auraient cours dans le royaume, en les faisant de même poids et aloi.

En 1595, la guerre de la Ligue causa beaucoup de dégât dans la Dombe; le marquis de Treffort, gouverneur de Bresse pour le duc de Savoie, prit Chalamont et Lent, dont il fit raser le château, les fortifications et les murs. Les villages de Frens et Belvey furent pillés et brûlés; le Châtelard soutint trois assauts; mais Jean de Chailly, châtelain de Trévoux, qui y commandait, ayant été tué, le château se rendit, et fut entièrement détruit.

D'un autre côté, Champier, gouverneur de Dombe, prenait Châtillon; il s'empara ensuite du fort de Thoissey.

Toutes les places prises de part et d'autre furent rendues en 1598.

Pour réparer les désastres que la Châtellenie du Châtelard venait d'éprouver, Henri de Bourbon affranchit, en 1600, tous ses sujets, non-seulement de mainmorte, mais encore de tous arrérages de cens, rentes et autres droits; l'année suivante, il étendit cette grâce à tous les forains, à charge de venir résider.

La même année, Henri de Bourbon accompagna Henri IV à Lyon; il eut part à toutes les négociations qui eurent lieu pour la réduction de la Bresse. Un capitaine des troupes du Roi ayant assassiné le sieur d'Égletins dans son château, le prince obtint du Roi de le poursuivre : ce capitaine fut arrêté, condamné et puni de mort.

En 1601, Henri de Bourbon accorda des lettres de grâce à divers particuliers, entr'autres, à Thomas Faure, dit le Capitaine la Forge, accusé d'assassinat : ils représentèrent qu'ils n'avaient tué que des gens de la Ligue ou du duc de Savoie, pendant la guerre, pour éviter d'être pris, tués ou brûlés dans leurs maisons.

En 1607, le baron de Belvey représenta au prince de Dombe, que son Château près de Chalamont, avait été pris, brûlé et saccagé plusieurs fois pendant les *****rres, ce qui avait occasionné la perte de ses titres : ....anda et obtint de contraindre ses emphytéotes et autres redevables, au payement des cens et rentes qu'ils lui devaient, sur des lièves et autres renseignemens.

Comme ses prédécesseurs, Henri de Bourbon mourut jeune, le 27 février 1608, des suites de blessures qu'il avait reçues dans les guerres civiles. Ce prince fonda à Montmerle un couvent de Minimes, et y établit deux foires, dont l'une est très-considérable. Il laissa, de Catherine de Joyeuse, une fille unique, Marie de Bourbon; il l'institua son héritière universelle, et il ordonna que si elle mourait sans enfans, la Dombe et ses autres terres appartiendraient au duc d'Orléans, et à son défaut, au Dauphin.

Marie de Bourbon, née le 15 octobre 1605, succéda à son père. Son Conseil envoya M. de Montholon

21

prendre possession de la Dombe en son nom. Il fit des réglemens pour la levée des impôts et l'exécution des lois concernant l'ordre public. En 1609, on proposa aux États de la province la plantation de trente mille mûriers, pour introduire cette culture, qui était inconnue. Ce projet ne fut pas d'abord accueilli.

En 1614, il y eut des bruits de guerre : on donna ordre de monter la garde à toutes les villes, et il fut défendu de laisser passer les inconnus.

Le château de Thoissey était dans une situation avantageuse : il dominait sur la Saône, de manière à pouvoir arrêter tout ce qui y passait, d'où il arrivait que, dans toutes les guerres, il était attaqué de préférence. Ce motif et les dépenses de l'entretien d'une garnison, déterminèrent, en 1615, la princesse de Dombe à ordonner la démolition de ce château. Elle ordonna en même temps au châtelain de Thoissey, de surveiller la construction de l'église de Thoissey, l'éloignement des Huguenots, et la grande pêche de la Saône.

En 1621, elle donna aux habitans de Thoissey l'emplacement du château, pour l'entretien du curé.

Elle épousa, en 1626, Gaston, duc d'Orléans, frère unique de Louis XIII. Pendant sa minorité, on avait procédé à la délimitation de la souveraineté de Dombe avec la Bresse et le Lyonnais, pour empêcher les difficultés au sujet des juridictions. Cette princesse mourut le 4 juin 1627.

Anne-Marie-Louise d'Orléans, sa fille unique, née

le 29 mai 1627, lui succéda. Cette princesse est plus connue sous le nom de MADEMOISELLE. Pendant sa minorité, le duc d'Orléans, son père, eut l'usufruit de la souveraineté de Dombe, et, en cette qualité, il fit plusieurs réglemens pour la justice, et fit battre monnaie à Trévoux, à son coin.

En 1629, le Roi et le duc d'Orléans, son frère, vinrent en Dombe, et firent leur entrée à Trévoux. Un arrêt du Parlement obligea les habitans à se mettre sous les armes et à obéir au commandement du capitaine de la ville.

En 1630, la cherté des grains occasionna des maladies contagieuses. La Cour ordonna de faire des recherches dans les greniers, et de prendre toutes les précautions pour empêcher les accaparemens. Elle rendit un autre arrêt, qui autorisa le châtelain à taxer les vivres. La contagion continuant en 1631, on fut obligé, à Trévoux, de construire des baraques pour loger les pauvres qui en étaient atteints. Il y eut un arrêt rendu contre les vagabonds et gens sans aveu, qui volaient dans les maisons dont les habitans étaient morts de la peste. En 1633, le duc d'Orléans étant sorti du royaume, Louis XIII fit saisir les revenus de la souveraineté. Ce séquestre fut levé l'année suivante.

La duchesse de Pontdevaux et ses fils, tenant pour le roi d'Espagne, Son Altesse Royale fit saisir la terre de Chalamont, qu'elle possédait dans la souveraineté de Dombe.

En 1642, les Chartreux de Lyon firent bâtir le port de Frans.

En 1646, les habitans de Châtillon-les-Dombes ayant acheté la seigneurie de leur ville de Madame de Créqui, ils la donnèrent à Son Altesse Royale, qui nomma aux offices de juge et de châtelain de cette ville.

Mademoiselle fut émancipée en 1650.

En 1652, il y eut des défenses pour le passage des blés sur la Saône, il parait que les troubles de la fronde donnèrent lieu à cette défense. Le Parlement les leva et en écrivit à Son Altesse.

En 1653, Son Altesse ayant pris parti contre le cardinal Mazarin, ce ministre envoya en Dombe M. de Canillac avec un régiment pour l'occuper. Ces troupes firent beaucoup de dégât. Il y eut deux hommes tués à Thoissey, où l'on se battit ainsi qu'à Messimi.

En 1658, Mademoiselle se rendit à Trévoux. Tous les corps, tant ecclésiastiques que séculiers, vinrent lui rendre leurs hommages. Elle accorda à la ville de Thoissey, quatre foires par an.

En 1661, Son Altesse Royale fut disgraciée et reléguée à St.-Fargeau. Cette année, l'hiver fut très-rude et la disette des blés extrême. On fut obligé de monter la garde aux portes des villes, pour empêcher la foule des pauvres qui s'y jetaient. Un particulier de Trévoux ne voulant pas faire le guet, fut tué par l'officier qui le commandait : celui-ci obtint sa grâce moyennant quelques dédommagemens en faveur de la veuve et des enfans. On empêcha la sortie des blés.

Des loups se répandirent en grand nombre dans le pays, et attaquèrent les troupeaux et les bergers.

En 1680, MADEMOISELLE céda la souveraineté de Dombe à Louis-Auguste, duc du Maine, fils naturel de Louis XIV. Elle mourut en 1693.

Le duc du Maine entra en possession de la Dombe au mois d'avril 1693. Les députés des trois ordres de la Dombe lui offrirent le don gratuit, qui se levait de sept ans en sept ans, et qui expirait cette année. Ce prince différa de deux ans l'acceptation de cette offre, à cause de la disette générale qui était en Dombe aussi bien qu'en France.

Il avait épousé, en 1692, Mademoiselle de Charolais, petite-fille du Grand Condé. Elle lui donna, le 27 novembre 1695, un fils qui porta le nom de Prince de Dombe. Les habitans de la Dombe firent des réjouissances, et envoyèrent complimenter leurs souverains sur cette naissance.

Le duc du Maine mourut en 1736.

Louis-Auguste de Bourbon, son fils aîné, lui succéda : il servit avec distinction dans la guerre de 1744, et mourut en 1755.

Le comte d'Eu, son frère, lui succéda. En 1762, Louis XV lui donna les domaines de Gisors, Vernon, Angeli, Lions, la Forêt, avec toutes leurs dépendances, et reçut de lui, en échange, la principauté de Dombe.

Par un édit de 1781, le Roi réunit cette principauté au pays de Bresse, et elle fut comprise dans le gouvernement de la généralité de Bourgogne. Le siége de l'élection et de la sénéchaussée de Dombe fut supprimé et réuni à celui de Bourg: cet édit fut enregistré au parlement de Dijon, le 6 mars 1782.

Chapitre 5.

LE FRANC-LYONNAIS.

Ce petit pays avait trois lieues au plus de longueur, et environ une lieue en largeur. Il était borné à l'orient par la Bresse, au nord par la Dombe, à l'occident par la Saône, et au midi par Lyon et son territoire. Sa capitale était Vimi, à présent Neuville. Cette ville a pris ce dernier nom depuis l'acquisition qu'en fit M. Camille de Neuville, archevêque de Lyon.

Ce pays se composait de treize paroisses ou marches, qui étaient celles de Cuire, Calvire, Fontaine, Roche-Taillée, Fleurieu, Vimi, Genay, Bernoud, Civrieu, St.-Jean-de-Thurignieu, St.-Bernard, Riottier et St.-Didier. Les trois dernières étaient séparées des autres par le territoire de Trévoux. De ces treize paroisses, il n'y en avait que trois qui fussent entièrement du Franc-Lyonnais, celles de Fontaine, Genay et St.-Bernard : les autres n'en dépendaient que pour des portions plus ou moins considérables.

Le Franc-Lyonnais appartenait anciennement aux sires de Villars. Vers l'an 1184, Étienne de Villars ayant été admis au nombre des religieux de l'abbaye de l'Ile-Barbe, c'est-à-dire, reçu chanoine d'honneur, céda à ce monastère une grande partie des propriétés et droits seigneuriaux qu'il avait dans ce territoire. Il se réserva, en outre, le droit de supériorité sur les fiefs qui étaient compris dans cette cession.

Le 19 mars 1201, Guy, abbé de l'île Barbe, assembla tous ses vassaux à Vimi, leur proposa de clore ce village de murs, et régla avec eux les conditions auxquelles ils seraient reçus dans la ville, et jouiraient de sa protection lorsque la guerre les obligerait à venir s'y réfugier. Ils furent soumis à sa justice pour le temps qu'ils seraient obligés de rester dans la ville.

Il fit en outre, avec huit possesseurs de fiefs qui relevaient de lui, quelques autres conventions, dont les principales furent que l'abbé se réservait la haute justice, et que les vassaux ne pourraient prendre en fiefs les alleux et immeubles qu'ils avaient dans la paroisse de Vimi, de qui que ce fût, si ce n'est de l'abbé ou de ses successeurs.

En 1217, les six enfans de Guy de St.-Trivier vendirent, à l'abbé de l'Ile-Barbe, la moitié de la garde qu'ils avaient à Sainte-Euphémie, provenant du chef de leur mère, leur père consentant à cette vente; mais, comme cette moitié de garde dépendait du fief d'Ulrich Palatin et d'Hugues, son neveu, ces deux seigneurs permirent à l'abbé de l'Ile-Barbe, d'en jouir en alleu, s'engageant en outre de ne point diviser l'autre moitié, qui resterait toujours à celui des Palatins qui posséderait leur maison située à Riottier.

En 1221, Guillaume, comte de Mâcon, en considération de l'abbaye de Cluni, donna au village de Montberthoud, dépendant de Riottier, la même liberté qu'on accordait alors aux villes franches.

En 1243, Étienne II, sire de Thoires-Villars, céda, à l'abbaye de l'Ile-Barbe, tout ce que l'abbaye tenait encore en fief de ses prédécesseurs, dans les paroisses de St.-Didier près Riottier, St.-Bernard, Trévoux, Reyrieu, Genay, Vimi et Coson, le péage de Trévoux excepté ; et l'abbé les lui rendit à titre de fief relevant de l'abbaye, s'en investit, et reçut d'Étienne le serment de fidélité à titre d'hommage.

Dans les traités conclus en 1307, 1310, 1320, entre le roi de France, les Lyonnais, le Chapitre et l'archevêque de Lyon, (traités qui établissaient irrévocablement la souveraineté du Roi sur cette ville et une partie des pays environnans), il ne fut question que de la juridiction de l'archevêque, située à la part du royaume, ainsi que de la partie acquise du sire de Beaujeu, qui prenait le long du Rhône, depuis les vieux fossés jusqu'à la côte St.-Sébastien ; mais celle qui s'étendait dans l'empire n'y fut pas comprise : ainsi, la Croix-Rousse, Cuire, Calvire, Fontaine, Vimi, Fleurieu et Genay, continuèrent à suivre leurs anciens usages et leurs priviléges.

Grégoire X avait accordé, en 1274, la garde de Vimi à Humbert de Beaujeu, à l'occasion et pour la sûreté du concile qu'il tint à Lyon en 1274. Depuis cette année, l'abbé de l'Ile-Barbe, au nom des habitans de Vimi, payait toutes les années vingt livres au sire de Beaujeu, pour les soldats qu'il y avait ou devait y entretenir. L'abbé convint, en 1312, avec le sire de Beaujeu, que ce droit de garde ne lui donnerait pas le droit de souveraineté, à condition que si lui abbé voulait se donner un supérieur à Vimi, il ne pourrait en reconnaitre d'autre que le sire de Beaujeu.

En 1344, des sergens du Roi ayant voulu faire quelques exploits à Genay, Bernoud et autres lieux de l'empire, Philippe-le-Bel défendit à ses officiers et sergens de faire aucun acte de justice ou souveraineté *dans les fins et limites de l'empire, au-delà de la rivière de Saône.*

En 1392, les officiers royaux de Lyon firent mettre les armes et panonceaux du Roi sur les châteaux de Roche-Taillée et de St.-Bernard, dont le chantre de l'église de Lyon avait la jouissance. Le comte de Savoie s'y opposa; et n'ayant pu obtenir satisfaction, il s'empara des châteaux de Bernoud et de Genay dans le Franc-Lyonnais : on ignore comment cette affaire fut accommodée.

En 1398, le comte de Savoie prit les habitans de Bernoud et de Genay sous sa protection, moyennant cent livres de cire par an; les habitans de Vimi en firent autant pour le prix de dix livres viennoises; le curé promit une livre de cire, et l'abbé de l'Ile-Barbe dix florins, pour la garde du château; ceux de Roche-Taillée s'engagèrent à quarante livres de cire; et ceux de Fontaine à cinquante : mais les conditions de tous ces engagemens furent, qu'ils ne seraient soumis à aucun droit de fouage, subside ou subvention.

Une grande partie de la sirerie de Villars ayant ensuite passé dans la maison des comtes de Savoie, ils se mirent en possession du reste de supériorité que les sires de Villars avaient sur le Franc-Lyonnais : cela paraît prouvé par deux actes des habitans de Genay et Bernoud : par le premier, qui est du 13 août 1409, ils reconnurent leur devoir chaque année, à perpétuité, cent livres de cire pour le droit de protection qu'ils leur avaient accordé en 1398; avec la clause que cette redevance ne pourrait être augmentée sous prétexte d'augmentation de feux et de familles. Cette reconnaissance fut renouvelée en 1426 et accompagnée d'un don de deux cents florins, qu'ils firent au duc Amédée, pour lui aider à recouvrer les comtés de Valentinois et de Diois.

On croit que c'est en 1515 qu'eut lieu la réunion du Franc-Lyonnais à la France; il est probable que Louis XI, en s'emparant de la Bourgogne, ne voulut pas laisser à un prince étranger un pays qui s'étendait jusqu'aux portes de Lyon : il paraît, par un arrêt du parlement de Paris, rendu en 1525, que cette réunion était déjà faite à cette époque.

Un grand nombre de titres postérieurs nous apprennent que ce pays, appelé petit Franc-Lyonnais depuis sa réunion à la France, fut réuni, à trois conditions principales : la première, que le pays serait regardé à perpétuité comme pays étranger; ses habitans payaient en conséquence le droit de traite foraine, pour toutes les marchandises qu'ils tiraient de Lyon ; par la seconde, ils étaient affranchis de toute espèce d'imposition; par la troisième, ils payaient de huit ans en huit ans, au roi de France, la somme de trois mille livres, pour se reconnaître de sa protection,

Neuville était la capitale de ce petit état : la seigneurie et la justice appartenaient, dans ces derniers temps, à la duchesse de Luxembourg; et l'Église de Lyon possédait la plus grande partie du territoire, tant en seigneuries qu'en domaines. Ce pays était régi par les statuts de Bresse. Le sénéchal de Lyon jugeait les causes en premier ressort, et les instances en appel étaient portées au parlement de Paris.

Livre 6.

DES ABBAYES SOUVERAINES ET DE L'ÉVÊCHÉ DE BELLEY.

Chapitre premier.

ABBAYE DE NANTUA.

La Légende de Saint Amand dit qu'il fonda un monastère dans un lieu nommé Nanto, qui s'appelait autrefois territoire d'Helnon. D'après les titres de cette abbaye, il paraît que Childeric, fils de Clovis et de Sainte Bathilde, donna à Saint Amand ce territoire pour y fonder un monastère; il y ajouta d'autres possessions dans les diocèses de Mâcon, Châlons et Lyon. Cette fondation a dû avoir lieu de l'an 667 à 672. Siagrius, troisième abbé, assista au sacre de Pepin. Ce monarque lui accorda, en 675, pour son monastère, l'exemption de toute juridiction séculière. Dans l'assemblée que Louis-le-Débonnaire tint à Aix, pour distinguer les monastères qui devaient *dona et militiam*, et ceux qui devaient *dona sine militiam*, d'avec ceux qui ne devaient ni l'un ni l'autre, il fut réglé que l'abbaye de Nantua serait mise au nombre des monastères qui devaient les dons sans le service militaire.

L'empereur Lothaire confirma, aux Religieux de cette abbaye, le privilége d'élire leur abbé; il leur accorda en outre l'exemption de tous péages sur le Rhône et la Saône, de tous les vivres qu'ils consommeraient.

Helmedeus, huitième abbé, fit inhumer, au côté gauche du grand autel, Charles-le-Chauve, qui venait de mourir à Briord, près du Rhône : l'abbé fit mettre une épitaphe sur son tombeau.

Charles-le-Chauve laissa à l'église de l'abbaye quatre Évangiles manuscrits, deux encensoirs, un calice d'argent, des chandeliers, habits et ornemens.

Albitius, comte de Genève, donna à Adalrances, onzième abbé, St.-Germain-de-Joux, Échallon et les montagnes voisines, avec toute justice. En 959, Lothaire, roi de France, soumit à l'abbaye de Cluni celle de Nantua, qui dépendait auparavant de l'archevêché de Lyon.

Saint Hugues, douzième abbé de Nantua, en fut le dernier; car, ayant été élu abbé de Cluni, il obtint, en 1100, une bulle de Pascal II, qui ordonna que tous les monastères de la dépendance de Cluni, ne seraient plus régis par des abbés, mais par des prieurs, sous l'autorité de l'abbaye de Cluni.

En 1222, Humbert de Mornay, quatorzième prieur, acheta du seigneur de Coligny, tout ce qu'il avait au village de Brenod, au prix de cent liv.; en 1231, A. du Balmey lui fit don de tout ce qu'il avait au village de Contamine; Hugues et Josserand de Buenc lui relâchèrent le tiers de la dîme de Romanèche, pour la part qu'y pouvait prétendre Guillaume de Buenc, leur frère, religieux à Nantua.

Boniface de Savoie, son successeur, fit céder au prieur, par Béatrix de Savoie, sa mère, tous les droits que les comtes de Genève avaient aux montagnes près Nantua. Ce prieur fit faire, en 1249, les murailles de la ville. Gui de Coligny, dix-neuvième prieur, associa Amé, comte de Savoie, aux seigneuries et châteaux de Nantua, de St.-Germain-de-Joux et aux revenus qui en dépendaient, et le Comte prit le monastère sous sa garde et protection.

Le comte de Savoie ayant fait bâtir quelques forts sur la terre de Nantua, Guillaume, successeur de Gui de Coligny, s'en plaignit, et obtint leur démolition par un traité fait en 1314; il promit de son côté de ne point laisser passer sur ses terres, ceux qui seraient en guerre contre le comte de Savoie.

Les Religieux élurent, vers l'an 1530, François Dubreul pour leur prieur; cette élection fut contestée par l'abbé de Cluni, qui nomma un autre prieur; la Cour de Rome confirma la nomination des Religieux. François I.er, alors maître du Bugey, soutint celle que l'abbé de Cluni avait faite : il s'appuya par la force, envoya Jean de la Beaume se saisir de Dubreul, qui se réfugia en Savoie; il continua à jouir du prieuré jusqu'à sa mort, qui arriva en 1548. Il avait résigné ce prieuré à Pierre Dubreul, son neveu : les contestations se renouvelèrent, et les Religieux tinrent ferme contre le cardinal de Lorraine, abbé de Cluni, et le cardinal de Guise, auquel le Pape avait donné ce prieuré. Ces dissentions ne finirent qu'à la mort de Pierre Dubreul.

En 1786, ce prieuré était un chapitre de Bénédictins anciens, dont le prieur était nommé par l'abbé de Cluni. Ce prieur était co-seigneur de Nantua pour l'honorifique; il y était seigneur haut-justicier, ainsi qu'à Échallon, Belleydoux et St.-Germain-de-Joux.

Chapitre 2.

DE L'ABBAYE DE SAINT-RAMBERT.

L'ORIGINE de cette abbaye remonte jusqu'à Saint Domitien, qui vivait vers l'an 441, dans le temps que Saint Eucher occupait le siége de Lyon. Saint Domitien, fils de Philippe et de Marcianilla, romains, fut élevé secrètement par eux au Christianisme. Après leur mort, il donna tous ses biens aux pauvres, vint à Marseille, et se retira quelque temps au monastère de Lerins; de là il passa à Arles, où l'évêque Hilaire lui conféra l'ordre de prêtrise. La réputation de Saint Eucher l'attira à Lyon; mais son dessein étant de vivre dans la solitude, il choisit d'abord celle d'Uxanéia (maintenant Ancia), dans la Valbonne; il y bâtit une cellule et une église sous le nom de St.-Christophe. Se trouvant trop près de Lyon, il traversa la rivière d'Ain, et se fixa dans un désert, près d'une fontaine appelée Brebonne (c'est St.-Rambert). Ses compagnons l'aidèrent à y bâtir deux chapelles: l'une en l'honneur de la mère de Dieu, et l'autre de Saint Christophe. Il y convertit un seigneur nommé Latinus, et Siagria, son épouse, qui lui donnèrent quelques fonds pour son monastère. Après la mort de Saint Domitien, un nommé Jean fut son successeur.

Dans le septième siècle, Ébroïm, maire du palais sous Clotaire III, persécuta Rambert ou Ragnebert, fils du duc Radbert, gouverneur des provinces entre la Seine et la Loire, et issu de la famille royale: Rambert chercha au loin une retraite, et la trouva dans le monastère de Saint Domitien, dans le Bugey; il y vivait saintement: Ébroïm découvrit son asile, et l'y fit assassiner. Les titres de ce monastère faisaient foi que son corps y était déposé, et le tombeau de ce Saint étant devenu célèbre, et ayant attiré un grand concours de peuple pour l'honorer, il se forma autour du monastère un petit bourg qui, ainsi que lui, ont pris le nom de St.-Rambert.

La seigneurie de ce bourg appartenait originairement à l'abbé; mais en 1096, Régnier y associa Thomas, comte de Savoie, pour avoir un protecteur. Cette abbaye était dite des Bénédictins anciens, et avait été très-puissante; il en dépendait encore, en 1786, quatre prieurés, et l'abbé avait le droit de nommer à vingt-quatre cures des environs.

Chapitre 3.

ABBAYE D'AMBRONAY.

La légende de cette abbaye porte qu'avant son érection, il y avait au même lieu un temple dédié à la Sainte Vierge, qui fut ruiné par les Infidèles.

Saint Bernard, du diocèse de Lyon, après avoir suivi quelque temps les armées de Charlemagne, choisit le territoire d'Ambronay pour s'y consacrer à la vie religieuse. Comme il appartenait à l'abbé de Luxeul, il l'échangea contre son patrimoine; il fut le second abbé de ce monastère, qu'il fonda, et fut ensuite archevêque de Vienne. Il paraît que cette abbaye eut dès-lors les grands revenus et la puissance presque souveraine dont elle avait joui jusqu'aux derniers temps.

En 1286, Guillaume de la Beaume, abbé d'Ambronay, accorda des lettres de franchise aux habitans de cette ville. L'abbaye était de l'ordre de Saint Benoit, congrégation de Saint Maur. L'abbé était seigneur haut-justicier d'Ambronay et de St.-André-sur Surans; quatre prieurés dépendaient immédiatement de cette abbaye; huit autres étaient à la nomination de l'abbé, ainsi que quinze cures, tant dans les environs que dans la Bresse.

Chapitre 4.

DE L'ÉVÊCHÉ DE BELLEY.

En comparant entr'eux quelques passages des anciens écrivains, on a été fondé à croire que l'évêché établi dans les premiers temps de l'Église à Nyon, fut transféré à Belley avant l'an 412. Les évêques de Belley étaient seigneurs temporels de Belley, et prenaient la qualité de prince du saint Empire. En 1285, Philippe, comte de Savoie, fit, en faveur de Pierre de la Beaume, soixante-troisième évêque connu de Belley, une déclaration par laquelle il reconnaissait que ni lui, ni son Chapitre, ni les habitans de Belley, n'étaient tenus à aucun devoir de vassalité ou de servitude à l'égard de la Savoie; et que, s'ils lui avaient procuré du secours dans l'occasion, ou lui en procureraient dans la suite, c'était sans obligation de leur part. En 1290, cet évêque régla, avec Amé V, les limites de la justice de l'évêché d'avec celles de Rossillon qui appartenait au comte.

En 1360, Guillaume de Martel, soixante-septième évêque, acheta du Comte Verd, pour trois mille huit cents florins, une grande étendue de juridiction avec toute justice.

En 1430, Guillaume Didier, soixante-quinzième

évêque, eut quelques difficultés avec les habitans de Belley, pour l'institution du capitaine de la ville, faite par un de ses prédécesseurs; le Conseil de Savoie le maintint dans ce droit : ce fait prouve à-la-fois la souveraineté de l'évêque sur la ville de Belley, et celle que les ducs de Savoie avaient conservée, au moins comme protecteurs.

Je n'ai fait mention de ces trois abbayes et de l'évêché de Belley, qu'à cause de l'étendue de leur pouvoir temporel, qui en faisait des souverainetés presque indépendantes, enclavées dans les états des ducs de Savoie. Toutes les autres abbayes, prieurés et fiefs, participaient plus ou moins aux droits de souveraineté, suivant l'étendue des concessions qui leur avaient été faites. Ceux qui voudront avoir une idée nette de cette division de l'autorité souveraine entre un si grand nombre de corporations religieuses ou de familles, pourront consulter les anciens auteurs, et principalement Guichenon.

LISTE

Des Auteurs que M. Gacon a cités dans son histoire.

Tite-Live.
Commentaires de César.
Justin.
Polybe.
Strabon.
Epître de Saint Pothin.
Grégoire de Tours.
Duchesne, Histoire de Bourgogne.
Vignier.
Aimoin.
Histoire de France, par Velli.
Severt, Histoire des Évêques de Mâcon, etc.; des Archevêques de Lyon, etc.
Julien de Baleuse, Antiquités de Mâcon.
Delbène.
Cesar nostr. Hist. de Provence.
Juenin, Histoire de Tournus.
Chronique de Vezelai.
Du Bouchet, histoire des Sires de Coligny.
Paradin.
Titres de la Chambre des Comptes de Savoie.
Inventaire de la maison de Bourbon.
Spon, histoire de Genève.

Puffendorf, introduction à l'histoire de l'Europe.
Titres de l'abbaye de St.-Sulpice.
Bibl. de Cluni.
Titres de la chartreuse d'Arvières.
Chronique de Savoie.
Titres de l'abbaye de St.-Rambert.
Cartulaire de Cluni.
Titres de la chambre des Comptes du Dauphiné.
  Idem, de Savoie.
  Idem, de l'église de Mâcon.
Palais de l'Honneur.
Titres de l'hôtel de ville de Bourg.
Titres de l'abbaye de Nantua.
Histoire ecclésiastique de Fleury.
Granet, Stilus Regius.
Titres de l'église de Lyon.
Titres de la chambre des Comptes de Dijon.
Froissard.
Ducange.
Mémoires historiques de M. Pérard, missionnaire.
Titres du trésor du Beaujolais.
Monestrales, Jean Chartier.
Titres du château de Baneins.
Titres des archives de Turin.
Titres du parlement de Dombes.
Histoire de Lyon, par le Père Ménestrier.
Mâsures de l'Ile-Barbe, par M. Le Laboureur.
Spicil.
Recueils des titres du Franc-Lyonnais.

M. S. de M. Aubret.
Abrégé historique de Bourgogne.
Chifflet, histoire de Tournus.
Bibliotcca Sebusiana.
Libri incatenati (ou Cartulaire du Chapitre de Saint Vincent, de Mâcon).
Cartulaire de Cluni.
Histoire du Dauphiné.
Titres de Trévoux.
Titres de St.-Trivier.
Histoire de Savoie, par Guichenon.
Titres de la Charité de Lyon.
Titres de Lent.
Ménestrier, histoire de Lyon.
Guichenon, histoire de Bresse, Bugey, etc.

INVENTAIRE

Des joyaux d'or, vaisselle d'or et d'argent, chambres, chapelle et autres choses que mons. le Duc de Bourgogne a fait bailler à madame de Savoie, sa fille, à son allée par devers M. de Savoie, son mari, le 24 octobre 1403.

(Extrait des preuves de l'Histoire de Bourgogne, tome III, page 216.)

Premièrement. Une couronne d'or qui fait chapeau, garnie de huit fermailles du tour d'en bas, de quatre gros balais, quatre gros safirs, de douze autres moindres balais, de douze safirs et de quarante-huit grosses perles, et les quatre grands fleurons d'icelle couronne sont garnis de douze balais, quatre gros safirs et de cent huit grosses perles, et les quatre petits fleurons sont garnis de quatre balais et de vingt-huit perles.

Item. Un hanap d'or tout plain, pesant onze mars six onces quinze esterlins.

Item. Une aiguière d'or toute plaine, pesant un mar cinq onces dix-huit esterlins.

Item. Une nef d'argent doré, à deux lions sur les deux bouts, esmaillée aux armes de ma ditte dame, pesant dix mars quinze esterlins.

Item. Deux grands bacins d'argent doré, tous plains, pesans vingt-quatre mars trois onces.

Item. Deux grands aiguières d'argent doré, pesans ensemble huit mars une once sept esterlins obole.

Item. Une salière d'argent doré, goderonnée, pesant un mar cinq onces quinze esterlins.

Item. Un pot d'aumône d'argent blanc, pesant quatorze mars quatre onces.

Item. Six pots d'argent, pesans ensemble soixante et treize mars une once dix-huit esterlins obole.

Item. Trois douzaines d'écuelles d'argent, pesans ensemble soixante et douze mars cinq onces deux esterlins obole.

Item. Douze platellets de fruitterie, d'argent, pesans ensemble dix-huit mars une once quinze esterlins.

Item. Deux douzaines de tasses d'argent, pesans trente cinq mars sept onces deux esterlins obole.

CHAPELLE.

Premièrement. Une croix d'argent doré, et un bericle ou pié pour mettre reliques, pesans tout neuf mars une once cinq esterlins.

Item. Deux bacins d'argent veré, pesans ensemble cinq mars six onces.

Item. Un benoitier d'argent veré, avec l'aspergès, pesant quatre mars quatre onces sept esterlins obole.

Item. Un calipce d'argent doré, pesant un mar et demi.

Item. Deux chandeliers d'argent veré, pesant quatre mars trois onces.

Item. Une paix d'argent doré, pesant six onces.

Item. Deux burettes d'argent veré, pesans un mar.

Item. Une boette d'argent, à mettre pain à chanter, veré, à lettres, pesant six onces seize esterlins.

Item. Une cloichette d'argent veré, pesant un mar une once quinze esterlins.

CY S'ENSUIVENT LES CHAMBRES.

Premièrement. Une chambre de cendal vermeil tiercelin, ouvrée à cinq compas de brodeure, aux armes de ma ditte dame, garnie de ciel, dossier, de courte-pointe et trois courtines.

Item. Six sarges à compas, armoyées comme dessus, pour tendre autour la ditte chambre.

Item. Une couverture de couche, un banquier et deux marchepiés de même.

Item. Six carreaux du dit cendal vermeil tiercelin pour la ditte chambre.

Item. Un couvertoer d'escarlate vermeille, fourrée de menu vair.

Item. Une autre chambre de cendauls azeurés, armoyée à cinq compas, comme dessus, aux armes de ma ditte dame, garnie de ciel, dossier, courte-pointe et courtines.

Item. Six sarges azeurées de même, pour tendre autour la ditte chambre.

Item. Une sarge pour couche, un banquier et deux marchepiés de même.

Item. Six carreaux de cendal azeurés, tous plains, sans brodeure.

CY S'ENSUIVENT LES ROBES.

Premièrement. Un grand manteau long de velveau cramoisy, fourré d'armines.

Item. Un grand manteau long d'escarlate vermeille, fourré de menu vair.

Item. Un autre manteau d'escarlate vermeille, à mi-jambes, fourré de menu vair.

Item. Un autre manteau d'escarlate vermeille, fourré de gris.

Item. Un autre manteau de vair brun, à mi-jambes, fourré de gris.

Item. Une couple de draps d'or sur velveau cramoisy, figuré, contenant quinze aulnes un quart de Paris, qui font deux pièces deux aulnes et trois quartiers, pour faire robes pour elle toutes les fois qu'il lui plaira.

Item. Une autre couple de draps d'or, velveau noir, figuré de vermeil et autres soies, contenant quinze aulnes trois quartiers, qui font deux pièces deux aulnes et trois quartiers, pour faire robes pour elle toutes les fois qu'il lui plaira.

Item. Une autre couple de Velveau cramoisy, contenant treize aulnes et demie, qui font deux pièces une aulne, pour semblablement faire robes quand il lui plaira.

AORNEMENS DE CHAPELLE.

Premièrement. Un cothidian de chapelle, garni de chasuble à un orfroi de brodeures à apôtres, de frontier, doussier, estelle, phanon, parement d'aube et amict, de drap d'or vermeil.

Item. Un corporalis de même.

Item. Une nappe d'autel, parée de brodeure en compas et souleaux d'or, aux armes de mons. de Bourgogne de ma ditte dame de Savoie.

Item. Deux autres nappes d'autel et deux serviettes pour essuyer les mains du prêtre.

Item. Un Messel tout neuf, à l'usage de ?, garni de fremouers et pipes d'argent doré.

Item. Trois grans courtines de cendal vermeille tiercelin, pour faire oratoire pour ma ditte dame de Savoie.

Item. Deux autres courtines plus petites, pour servir à l'autel de la ditte chapelle.

Item. Un autel benoit pour icelle chapelle.

Item. Quatre carreaux de drap de soie, baudequins, pour l'oratoire de ma ditte dame.

COUSSINS ET TAPIS POUR LE CHARRIOT ET OFFICES DE MA DITTE DAME.

Premièrement. Cinq coussins de drap d'or vermeil en graine, pour le charriot de ma ditte dame; c'est assavoir deux sur quoi elle le serra, un pour mettre derrière son dos, et les deux carrés pour mettre aux deux côtés d'elle.

Item. Six tapis vermaulx, armoyés en cinq compas, aux armes de ma ditte dame, dont les quatre sont pour les quatre sommiers des offices, et les deux sont pour la chapelle; c'est assavoir l'un pour l'oratoire, et l'autre pour mettre devant l'autel.

Item. Six carreaux de tapisserie de grosse laine, armoyés en compas, aux armes de ma ditte dame.

Item. Le charriot de maditte dame, doré et peint, à la devise de mons. de Savoie et aux armes de ma ditte dame, garni par dedans, et les mantelets de drap d'or vermeil en graine, couvert par dessus d'escarlate vermeille, garni de harnois, à timon, et des selles qui y appartiennent.

Item. Deux selles de parement, chevronnées de velveau blanc et vermeil, toutes semées de brodeure, à la devise de mondit seigneur de Savoie, à feuille de chêne et marguerites.

Item. Les harnois des brides, poitreaux et culieres de même.

Item. Quatre autres selles pour les dames, couvertes de drap, de la façon, chevronneure et couleurs dessus dittes, avec les harnois de même.

Et quant aux haquenées de ma ditte dame, de ses femmes, des coursiers de son dit charriot, les gros roucins qui mèneront ces choses, et les sommiers qui mèneront les offices, ont été et sont de piéçà envoyés en Bourgogne.

TOURNOY

Fait à Carignan par le duc Philibert-le-Beau, où se trouvèrent plusieurs seigneurs de la province.

(Extrait des preuves de l'Histoire de Savoie, page 469.)

La renommée des nobles et vaillants de faicts et de couraige dure perpétuellement et que les haults et nobles faicts d'armes soient tousiours remantans pour enhorter les nobles du temps présent, et donner couraige à ceux qui sont advenir d'en suivre les dittes armes. Car il n'est rien que plus corrompe noblesse, comme dit Valère le Grant en son second livre de discipline de chevallerie, que d'être oyseux et demouré sans tendre quelqu'occupation noble : m'a été commandé mettre en escrit aucungs beaux et gents faicts d'armes qui feurent faicts à ce dernier carême prenant en la ville de Carignan, dedans le château d'icelle, tant à pié comme à cheval, tant pour la très haulte et redoubtée personne de mon très hault et très redoubté seigneur monseigneur le duc de Savoie, appelé Philibert second de ce nom, comme en sa présence, pareillement en la présence de ma très haulte et très redoubtée dame madame Marguerite d'Autriche, duchesse de Savoie, de ma très redoubtée dame madame Blanche de Montferra, douyagière de Savoie, et de plusieurs autres belles dames et jeunes demoiselles, desquelles les noms et surnoms seroient prolixes à raconter ; lesquels faicts d'armes feurent entreprins, et faicts tant pour noble occupation que pour l'amour des dames, aussi pour honnoré la feste des nopces du grant écuyer de mon dit seigneur, appelé Laurens de Gorrevod, lequel épousa la fille au feu messire Hugue de la Palu, comte de Varax, et pour son temps maréchal de Savoie, entre lesqueulx faicts, premièrement fut tenu ung pas à la barrière à pied par mon devant dit seigneur, et par messire Siboet de la Balme, en la forme que cy dessous est escripte, et duquel pas les chapitres s'ensuivent.

Or ouyés, ouyés, ouyés, on vous fait assavoir que le dieu Cupido a voulu tenir ses haults jours une grande quantité de ses subjets, lesqueulx se sont comparu, et après plusieurs journées a été dit par arrest, et prononcé par sentence diffinitive en la présence de Juno, déesse de mariage, et de Pallas, habundant en tous biens par la bouche de dame Venus, laquelle en ce faict a conclusion mise que le XVIII jour de février l'an 1504, et le dimanche de carême prenant, serait convention faite par mariage entre une nymphe et son espoux au chasteau de Carignan.

Et pour ce que la déesse fame sans son secrétaire

a donné à entendre ce faict à deux chevaillers, lesqueulx pour honnoré la feste ont entreprins tenir ung pas en la forme que sensuit à tous venans deux à deux, lesqueulx chevaillers se trouveront en la court du chasteau du devant dit lieu de Carignan prés une barrière pour combatre à pié, armé comme à tel cas est requis.

Aux venans sera baillé le choix de lances à fer esmoulu, et sera combatu à pouls des dittes lances, jusque département soit commandé par messieurs les juges à cela commis.

Ce faict sera présenté au dessus dit de dehors des espèes à deux mains tranchantes et poignantes, et la sera donné tant de coups les ungs sur les autres que département soit commandé comme dessus, et cellui qui mieulx fera de dehors à la lance aura le prix d'un riche joyaux de cinq cents écus ou au dessoubs, etc., et qui mieulx fera dudit dehors à l'espée, aura une bague de mille écus ou au dessoubs.

Puis n'est à penser que les dames soyent si ingrattes qu'à ceux dedans que mieulx auront faict, tant à la lance comme à l'espée, à la relation des juges, en lui soit donné un beau et riche présent, pour tousiours donner cueur de mieulx en mieulx faire. Et s'il advenait, que Dieu ne veuille, que l'ung ou les deux tenans eussent inconvénient en fasson que plus ne puissent combatre, à la discrétion des juges, leur sera donné aide, s'il leur plait.

Assavoir que le premier jour du dit pas, qui fut le

dix-huitième jour de février l'an 1504, vindrent sur les rancs les deux devant dits tenans, qui estoient mon très hault et très redoubté seigneur, Mgr. le duc de Savoie, appelé Philibert; l'autre messire Siboet de la Balme, seigneur des Romasses et de Charanzonay, armé de touellet et bacinet, revestus sur leurs arnois de drap d'or frisé, ayant, en lieu de timbre, chappeaux jaunes, cornette et plumasse de même, lesqueulx, après avoir faict la réverence aux dames, comme est deheu, du congié des juges se sont présentés à la ditte barrière.

Et des venans pour la première bande vindrent mon redoubté seigneur Charles Mgr. de Savoie, et l'escuyer Sucre, armés à combatre à pié, revestu sur leurs arnois de velours moitié cramoisy et moitié viollet, timbres de borrelets de mesme.

Lesqueulx venans avoir eu le choix des lances, ont combatu au poulx de la lance, c'est assavoir mon très redoubté seigneur contre Sucre, et Siboet contre Charles monseigneur, lesqueulx ont très bien poulsé les ungs les autres, puis ont tourné les gros des lances, desqueulx ont donné de grans cops les uns sur les aultres, spécialement mon dit seigneur sur Sucre; car des grans cops qu'il a donné, l'a fort ébranlé et presque tombé à terre. Charles monseigneur a bien et gaillardement combatu et bien faict son debvoir, en sorte que départementn'a été commandé et faict. Puis derechef se sont rejoingts à la ditte barrière, les espées aux mains; une bande contre l'autre, desquelles ont de grans et pesans cops donné les ungs aux aultres et surtout mon dit seigneur, lequel d'un cop d'espée a coppé le clos de la visière au dit Sucre et l'en a désarmé, et d'un autre cop a toute ployée son espée et presque rompue pour la croisée, et de ce même cop a presqu'abattu le dit Sucre en terre, tellement l'a estourdy. Charles monseigneur pareillement a bien fort combatu contre le dit Siboet, en sorte qu'ils ont été départy par le commandement des juges.

« Les mêmes tenans joutèrent ensuite contre le
» sieur de Bussi et le grant écuyer Laurens de Gor-
» revod; ensuite contre Sardet de Viry et le petit
» Gramont; contre l'Asne de la Balme et Amand
» Goyet; et contre Bouard et Loriol. Pour abréger,
» on a omis la description de leurs armures et vête-
» mens, et des détails de leurs combats. »

Loriol combatant contre Siboet l'a désarmé de son grant garde bras gauche.

« Le deuxième jour du pas le duc et Siboet jou-
» tèrent successivement contre Musinens et Candie;
» ex chasq. et Feillens; Lullins et Candie. »

Et après que Mgr. le Duc et Siboet tenans eurent dépéchés ces trois bandes dessus dittes, par l'advis de MM. les juges et commandement des dames, fut dit qu'ils auroient deux aides que furent le seigneur de Bussy et le seigneur de Musinens.

« Ces derniers tenans joutèrent ensuite successi-
» vement contre Emericort et Brisille, Quinclet et

» Navarre, le petit Gorrevod et Romans, Descallé-
» gues et de Lévys. »

De sorte que le dit Gorrevod enferra le seigneur de Bussy deux fois, dont à la dernière la lui leva tellement qu'il avait le visage tout découvert.... parquoy furent départis étant les bandes dessus nommées dépêchées, voyans MM. les juges que nul autre n'y avait qui se présentassent pour combattre, ordonnèrent le dit pas être clos; pourquoy considérant, et veu les bien et mieux faisants, à l'ordonnance des dames et advis de MM. les juges, le prix de la lance desdits venants fut donné et delivré au Petit Gorrevod comme au mieux faisant de la lance, nonobstant que tretous les autres qui combattirent eussent bien fait leur debvoir, pourquoy lui fut prié de la part des dites dames qu'il voulsit persévérer de bien en mieux faire.

« Le prix de l'épée fut donné et délivré à Loriol,
» et celui de la défense de la barrière, au poulx de la lance, à Mgr le Duc; » pourquoy les dites dames lui prièrent et supplièrent qu'il voulsit de sa grâce accepter la bague que de leur part lui fut présentée par une belle et jeune demoiselle.

« Charles Mgr. reçut également un riche joyaux de leur part.

» Le 20 février il y eut une joute à cheval, dans
» laquelle se trouvèrent pour tenans les seigneurs de
» Bussi, Balleyson, Montjouvent et Gramont, mon-
» tés et armés à arnois de guerre. La plus part des sei-
» gneurs du pas précédent se présentèrent en diffé-

„ rentes bandes : le prix des tenans fut adjugé à Gra-
„ mont, et celui des venans à messire Gaulvent,
„ sieur de Candie. „

Le dimanche suivant fut donné par les dames une riche verguette pour y debvoir courir, laquelle fut attachée par un hérault d'armes à un perron. « A la
„ cinquième course elle fut emportée par le sieur
„ de Balleyson et par Croque-Mouche.

« Ces différents combats furent terminés par des
„ fêtes d'un autre genre, suivant les usages du temps.
„ Marguerite d'Autriche y parut en amazone, avec
„ plusieurs dames de la cour. On y récita des vers
„ à la louange du Duc et des chevaliers; il y eut des
„ danses et des combats allégoriques : on y soutint
„ la querelle des mariés et non mariés; le seigneur
„ de Corsant tint pour ces derniers; le seigneur de
„ St.-Pol combattit pour les premiers, l'un et l'autre
„ à cheval et armés de toutes pièces. La victoire de-
„ meura au seigneur de St.-Pol. „

PARTIE

De la relation dressée par le hérault d'armes de Savoie, appelé Bonnes-Nouvelles, concernant la cérémonie observée à Genève, quand Laurent de Gorrevod fut créé comte de Pontdevaux..

(Extrait des preuves de l'histoire de Savoie, page 651.)

Il soit notoire et à un chacun manifeste que... notre très redoubté seigneur se trouva en cette cité de Genève, accompagné des plus grands de ses pays, lesquels, par son commandement, se rendirent vers lui.... Après que les seigneurs ecclésiastiques et temporels eurent pris séance, fut présenté mon dit sieur le gouverneur comte advenir; lequel pour lors était vêtu d'une robe d'un fin velours noir, fourré d'une riche panne de jennettes rousses, et là demeura un petit, à tête nue; ensuite, ayant remis sa bannière à monseigneur le duc, puis étant deshabillé par les héraults de Savoye, et vêtu de nouveau d'une cotte ou tunique de beau satin tanné, d'une ceinture qui retroussait la ditte cotte, enfin du manteau comital de fin drap d'escarlate fourré de menu vair, à la réception desquels M. le président patrimonial Gabriel de Lande lui fesait une exhortation, monsieur le gouverneur fut conduit jusqu'aux pieds de monseigneur le duc, devant lequel il se mit à genoux. M. le président, tenant les Sts.-Évangiles, luy dit :

Monsieur le gouverneur, avant que de parvenir à cette hauteur comitale, combien que pouvés assés entendre la qualité d'icelle, néant moins, par manière de souvenance, il est requis d'en faire quelque discours, et pour le mieux entendre, il faut sçavoir qu'il y a en l'état des grands roys et ducs, plusieurs espèces de comtes, les aucuns nés, les autres faits et institués par disposition de droit, et les autres créés par les souverains princes; des deux premiers à présent ne se fait mention, mais tant seulement de ceux qui sont créés...... ce sont ceux qui, par leurs vertus, ont mérité avoir charge de gens députés à la garde tant de la personne que de l'hostel du prince; les autres s'appellent comtes militaires et sont ceux qui, par leur prudence et magnanimité, ont charge de conduire la première comitive en battaille, qu'on dit l'avant garde; les autres, qui sont les principaux comtes consistoriaux, et sont ceux qui, par l'excellence de leurs vertus, sont appelés et créés pour assister au prince, tant au conseil qu'en guerre et bataille, pour la protection de la personne, de l'Estat, de la Justice et de l'honneur du prince, et de ce nombre vous serés, s'il plaît à Dieu et à monseigneur, et pour ce que ceux qui sont constitués en plus hautes dignités, faut qu'ils ayent plus grandes charges, vous devez entendre que vous êtes tenu de faire les cinq sermens qui se font en l'Etat d'un grand prince, c'est à sçavoir les sermens de dignité, d'administration, de vasselage, d'office et de subjection. Lesquels sermens étant prêtés, M.gr le duc lui mit le bonnet comital avec la guerlande, et lui ceignit l'épée en le recevant au baiser et à l'hommage. M. le président lui fit une exhortation à chaque réception, ce qui étant fait, le hérault Savoie publia à haute et intelligible voix.

Or oyés, or oyés, or oyés : l'on vous faict sçavoir de la part de notre très-redoubté seigneur et de son commandement, et aussi pour ce qu'ainsi lui plaist être publié; attendu les louanges et innumérables vertus de messire Laurent de Gorrevod, chevailler, desquelles suffisamment informés, comme celui qui en est bien digne et qui bien le mérite pour ces raisons et autre le mouvant; notre dit très redoubté vicaire du St.-Empire romain, rempli de toute haute magnanimité et généreux vouloir, désirant aussi de son pouvoir accroître, multiplier et exhausser sa noblesse et dignités de ce monde, et principalement ceux qui les ont deservis, a faict, créé, et de nouveau élève présentement ledit messire Laurent de Gorrevod, chevailler en dignité comitale, et lequel doresnavant en cette duché et en tous autres lieux sera tenu, nommé et réputé d'un chacun comte de Pontdevaux à grande joye, liesse et prospérité, et au bon gré de notre seigneur, soit le tout allègrement parachevé et accompli. Vive le Duc notre très redoubté seigneur.

NOTICE HISTORIQUE

Sur les Chefs-Lieux d'arrondissement et de canton du département de l'Ain (1).

ARRONDISSEMENT DE BOURG.

CANTON DE BOURG EN BRESSE.

Bourg, actuellement chef-lieu du département de l'Ain, est situé à 46 degrés 12 minutes 26 secondes de latitude, et 2 degrés 53 minutes 55 secondes de longitude orientale du méridien de Paris.

Cette ville paraît avoir été le *forum Sebusianorum* des anciens. Le plus ancien titre où elle soit nommée, est la légende de Saint Gérard, qui se retira en 927 dans la forêt de Brou; elle y est désignée sous le nom d'*Oppidum Tani*. Elle a dû peu après prendre le nom qu'elle a actuellement, puisque dans un

---

(1) Nous ne pouvons nous dissimuler que cette Notice ne présente la répétition d'un grand nombre de faits déjà consignés dans l'histoire du département. Cependant, malgré cet inconvénient, nous nous sommes cru obligés d'ajouter cette Notice, tant pour compléter cet ouvrage, que pour présenter un cadre où iront naturellement se classer les renseignemens qui pourraient servir à perfectionner cette histoire incomplète des villes et des principaux bourgs du département.

procès-verbal de délimitation de la dimerie de Brou, en 1084, rapporté par Guichenon, il y est fait mention d'un chemin tendant de Bourg à Césériat.

En 1230, Alexandrine de Vienne, qui avait été la seconde femme d'Ulrich III, sire de Baugé, prenait le titre de dame de Bourg : cette seigneurie lui avait été donnée à titre de douaire.

En 1250, Philippe de Savoie, archevêque de Lyon, tuteur de Guy et Renaud de Baugé, donna, en leur nom, aux habitans de Bourg, une charte d'affranchissement analogue à celle qu'il avait accordée la même année aux bourgs de Baugé et de Pontdevaux.

En 1266, par suite du testament d'Alexandre de Baugé, Bourg passa sous la domination de ce même Philippe de Savoie, qui le laissa, par sa mort arrivée en 1285, à Amé IV, comte de Savoie.

Ce prince y établit sa résidence. C'est depuis cette époque, que Bourg, qui n'était qu'un chef-lieu de mandement, s'est considérablement agrandi. L'enceinte de la vieille ville était alors comprise entre la porte de Teynière, la grande arcade des Cordeliers, celle de la Place, à l'entrée de la rue d'Espagne, et celle de Sainte Claire. La ville nouvelle, à laquelle Guy et Renaud de Baugé accordèrent ces franchises, comprenait le château, les quartiers de Bourgmayer, des Halles, de Bourgneuf, du Gouvernement et de Notre-Dame, ainsi que les faubourgs.

Aimon était né à Bourg, en 1291. Amé V donna à cette ville ses premières armoiries; Amé VI y reçut l'hommage de ses vassaux; le château des comtes de Savoie occupait alors l'emplacement de la prison actuelle. Amé VII donna une partie de ce château pour bâtir le couvent de Sainte Claire. Il fit construire le couvent des Jacobins, et il confirma les priviléges de Bourg.

C'est depuis l'inféodation faite de la Bresse, à titre de comté, le 6 février 1460, à Philippe V, fils de Louis, duc de Savoie, que Bourg a pris une importance qu'il a depuis conservée. Philippe y établit sa résidence : depuis ce prince, cette ville a toujours été sous la domination immédiate des ducs de Savoie ou des rois de France.

Il est prouvé, par les recherches faites par M. Riboud, que le château où les comtes de Savoie faisaient leur résidence, avait été primitivement un édifice gaulois construit avec des matériaux très-solides, puisque de nos jours il en subsistait encore environ quatre cents blocs de pierre de taille, dont la plupart étaient d'un volume de quarante pieds cubes au moins; les matériaux de cet édifice furent employés, par les Romains, à en faire une forteresse. Cet édifice fut incendié et ruiné : ce n'est que par conjecture qu'on peut attribuer aux Bourguignons ou à Attila ce désastre, ainsi que l'incendie total de la ville romaine qui existait en face de l'église de Brou. Les sires de Baugé, Sibille de Baugé, et les princes de Savoie, bâtirent un château sur les débris de la forteresse romaine; depuis, cet édifice avait été changé en une prison démolie, et elle a été enfin reconstruite à neuf en 1817. C'est en démolissant complètement l'ancienne prison, que l'existence de ces anciens édifices a été constatée. Nous renvoyons, pour plus amples éclaircissemens, aux mémoires que M. Riboud a insérés en 1817 dans le *Journal d'Agriculture et Arts de l'Ain*, et en 1818 dans l'*Annuaire du même département*.

L'ancienne halle de Bourg était une des plus vastes du royaume ; elle était bordée de boutiques dans toute son étendue ; elle a été démolie en 1793, et remplacée par une rue qui en a conservé le nom.

Pierre Chapon fut, en 1548, un des principaux fondateurs de l'hôpital. Il était situé au milieu de la ville, à l'angle de la rue de l'Etoile et de la rue Neuve. En 1548, on y réunit les maisons des ladres et des pestiférés, et l'administration en fut confiée aux syndics de la ville. Les économies faites par les administrateurs, leur ont permis, en 1782, de le transférer au nord de l'église de Brou, et de le reconstruire sur un plan très-étendu.

L'hospice de la Charité a été fondé par madame Marie-Anne Bollet, veuve de M. Brunet, conseiller en la cour royale de Metz, par son testament reçu de Saint-Jean, notaire royal à Sulignat, le 6 octobre 1687.

Il y avait encore à Bourg un hospice dit de Saint Antoine; son église fut démolie, lors de la prise de Bourg, par le maréchal de Biron.

L'église paroissiale, dite de Notre-Dame, ne fut

d'abord qu'une chapelle dédiée à la Sainte Vierge. Plusieurs autres chapelles furent bâties à côté de celle-ci. Le nombre des prêtres qui les desservaient, s'accrut tellement, qu'on fut obligé d'en réduire le nombre, d'abord à cinquante-quatre, ensuite à vingt-huit, qui devaient être tous enfans de la ville. En 1500, l'église paroissiale de Bourg était encore à Brou. Jean de Loriol, prieur de Brou et évêque de Nice, fit construire le sanctuaire de Notre-Dame. En 1505, Jules II accorda à ce prieur la réunion du prieuré et de la cure à l'église qu'il faisait construire. Elle n'a été achevée qu'en 1690.

Nous avons dit dans *l'Histoire de Bresse*, tout ce qui est relatif à l'évêché de Bourg.

Les monastères de cette ville étaient : Celui des Jacobins, achevé en 1414 par Amé VIII et par Guy de la Palu, seigneur de Varambon; celui des Cordeliers; il était bâti au nord-est de la place du Greffe; il fut abattu en 1604, parce qu'il était trop près de la citadelle; il n'en resta que la chapelle St.-Antoine, dans laquelle on remarquait un saint sépulcre environné de statues des Apôtres et d'autres personnages.

Ce monastère fut rebâti en 1614 dans la rue de la Juiverie, qui en a pris le nom, sous lequel elle est actuellement connue.

Le couvent des Capucins fut bâti en 1614, sur une partie de l'emplacement de la citadelle, et avec des matériaux provenant de sa démolition; le baron de Chandée contribua beaucoup à son établissement.

Sainte Colette fut elle-même la fondatrice du monastère de Ste.-Claire. Dans un voyage qu'elle fit à Bourg, elle obtint d'Amé VIII, la chapelle de St.-Georges, placée dans l'enceinte de son château.

Le couvent des Ursulines était dans la rue des Capucins.

Le couvent des Dames de la Visitation était dans la rue Bourgmayer. Ces Religieuses se consacraient à l'éducation des jeunes personnes.

Les Jésuites avaient bâti le Collége; ils avaient été remplacés par des ecclésiastiques séculiers.

Les Lazaristes avaient aussi un établissement sur les ruines de la citadelle.

Les Protestans ont eu un temple à Bourg, il n'existe plus depuis long-temps; ils y avaient aussi un cimetière particulier.

Les Juifs y étaient autrefois en grand nombre; ils occupaient les rues appelées aujourd'hui des Cordeliers et de la Vieille-Charité; ils ont quitté la ville depuis long-temps.

Au temps de Guichenon, le gouvernement municipal de Bourg tenait un peu de celui d'une république : il se composait d'un maire ou premier syndic nommé à vie par le Roi, de deux autres syndics, d'un procureur de police, d'un châtelain et de quatre conseillers.

La ville était divisée en six quartiers ou *pennons*, qui étaient Teynière, Bourgmayer, Crève-Cœur, la Halle, Bourgneuf et la Verchère. Tous les trois ans, le 2 novembre, on convoquait, au son de la cloche, une assemblée générale des habitans; ceux d'un même quartier nommaient dix représentans appelés *dixainiers*, qui se réunissaient en un comité. Le maire remettait à chacun de ces comités une feuille sur laquelle il avait inscrit les noms de ceux qui pouvaient aspirer au syndicat. Chaque dixainier donnait sa voix; lorsqu'elles étaient recueillies, le maire proclamait syndic celui qui avait réuni la majorité des suffrages. Cette nomination était soumise à l'approbation du Roi, qui confirmait presque toujours ce choix. Les deux syndics n'étaient en place que pour deux ans; et toutes les années, les dixainiers remplaçaient le plus ancien. Les dixainiers n'étaient, comme nous venons de le voir, élus que pour trois années.

Les syndics et le conseil de la ville avaient le droit de taxer les comestibles; leurs jugemens, en matière de police, étaient exécutoires par provision, et nonobstant appel.

Bâgé.

Il paraît que l'ancienne ville de Bâgé ou Baugé, était un village qu'on appelle encore aujourd'hui Bâgé-la-Ville; et que le bourg, qui est actuellement le chef-lieu du canton de Bâgé-le-Châtel, ne fut d'abord que le château, résidence des sires de Baugé. Le château, environné de ses tours, existait encore au moment de la révolution; une des tours, appelée, on ne sait pourquoi, la tour de Biron, était depuis long-temps en partie démolie. Le bourg de Bâgé-le-Châtel a un hôpital fondé en 1422.

Céseriat.

Il est vraisemblable que le bourg de Céseriat, et le village de Mont-Juli, qui en dépend, tirent leur nom de Jules César : cette origine romaine est confirmée par les vestiges d'un camp placé sur le sommet de la montagne.

Céseriat appartenait en 1200 aux sires de Coligny; en 1307, Étienne de Coligny vendit cette seigneurie à Amé V, comte de Savoie; en 1319, ce prince accorda des priviléges à ce bourg : Édouard, son fils, les augmenta en 1329.

Emmanuel-Philibert donna la seigneurie de Céseriat à l'ordre de St.-Maurice et de St. Lazare ; Charles-Emmanuel la reprit par un échange, et l'inféoda au marquis de Treffort; elle fut ensuite achetée par le maréchal de Lesdiguières : M. le marquis de Grollier en était seigneur en 1788.

Coligny.

Coligny fut, vers l'an 1190, divisé en deux seigneuries par les enfans d'Humbert II : depuis, elles ont presque toujours appartenu à des maîtres différens.

Coligny-le-Vieux échut en partage à Humbert III, quatrième fils d'Humbert II; Amé II, fils d'Humbert III, laissa cette seigneurie à Guillaume II, dont la fille unique épousa Guy de Montluel : c'est en cette qualité qu'il donna, en 1289, des franchises aux habitans de Coligny-le-Vieux. Jean de Montluel, son fils, fit donation de cette seigneurie à Etienne II, seigneur d'Andelot et de Jasseron, dont les descendans l'ont conservée jusqu'au dernier siècle.

Coligny-le-Neuf appartint à Guillaume et Hugues, premier et troisième fils d'Humbert II; Guillaume mourut sans alliance, et ses biens passèrent à Béatrix, fille unique d'Hugues : elle porta Coligny-le-Neuf en dot à Albert, sire de la Tour-du-Pin. Humbert, son fils, eut une guerre à soutenir contre Robert, duc de Bourgogne, qui avait élevé des prétentions sur le Dauphiné; le duc de Bourgogne y renonça, et Humbert lui céda Coligny-le-Neuf et les seigneuries dans le Revermont, qui lui venaient de Béatrix de Coligny, sa mère. Le duc de Bourgogne changea, en 1289, Coligny-le-Neuf et ces seigneuries avec Amé V, comte de Savoie, qui lui donna en échange celles de Misery, Sagy et Savigny. Aimon donna Coligny-le-Neuf en fief à Edouard I.er, sire de Beaujeu, dont le fils le donna, en 1421, à Robert de Beaujeu, son oncle; la fille de ce dernier, le porta dans la maison de Cusance. En 1478, le baron de Menthon en était possesseur; un de ses descendans ajouta au château une grosse tour, qui portait le nom de cette famille. Après plusieurs ventes et reventes, l'amiral de Coligny rassembla enfin les deux terres de ce nom, ce fut pour peu de temps. Charles de Coligny, fils de l'amiral, vendit Coligny-le-Vieux au baron de Crécia.

En 1788, ces deux seigneuries étaient encore divisées : Coligny-le-Vieux, avec le titre de marquisat, dépendait de la Franche-Comté; le comté de Coligny-le-Neuf dépendait de la Bresse. M. de Pillot en a été le dernier seigneur.

Montrevel.

Ponce de Châtillon, et Renaud son fils, ont été successivement seigneurs de Montrevel en 1250 et 1277. Alix de Châtillon, fille de Renaud, porta cette terre en dot à Galois de la Baume, grand-maître des arbalétriers de France. Jean de la Baume, son petit-fils, maréchal de France, possédait cette terre, à titre de baronnie, lorsqu'en 1427, Amé VIII, premier duc de Savoie, l'érigea en comté et y réunit les terres de Marbos, Bonrepos, l'Abergement, Montribloud, St.-Etienne-du-Bois, Foissiat et Asnières. Le comté de Montrevel était le plus ancien de la Bresse et du Bugey, et même de la Savoie. Il est resté sans interruption pendant quatorze générations en ligne directe dans la famille de la Baume; elle s'est éteinte de nos jours dans la personne de M. Melchior-Florent-Alexandre de la Baume, comte de Montrevel. Le département de l'Ain regrette encore la perte de cette famille, qui, pendant cinq siècles, avait servi avec honneur ses princes et ses rois.

Pont d'Ain.

Ce bourg a pris son nom du pont qui avait été jeté en cet endroit sur la rivière d'Ain. L'historien *Papire*

Masson dit l'avoir encore vu. On ignore en quel temps il a été ruiné. En 1807, des habitans du Pontd'Ain profitèrent d'une grande sécheresse pour arracher quelques fers des pilotis, derniers vestiges de ce pont.

Le château de Pontd'Ain, un des édifices les plus remarquables de ce département, avait été bâti par les sires de Coligny, à qui ce territoire appartenait; il passa ensuite entre les mains des sires de la Tour-du-Pin, de Robert, duc de Bourgogne, qui le céda, en 1289, à Amé V, comte de Savoie. Aimon, son fils puîné, le fit rebâtir. Les princesses de Savoie venaient souvent faire leurs couches dans ce château, dont l'air était regardé comme très-pur. Édouard, Philibert-le-Beau et Louise de Savoie, y prirent naissance. Marguerite d'Autriche y avait établi sa principale résidence.

En 1586, le duc Charles-Emmanuel le céda à Joachim de Rye, pour faire partie de son marquisat de Treffort : ce seigneur le fit rebâtir. Lors de la subhastation des biens du marquis de Treffort, le connétable de Lesdiguières acheta ce château, y fit des embellisemens, et y ajouta une tour. Une grande partie de ces constructions subsistaient encore au commencement de la révolution. M. de Grollier était seigneur du Pontd'Ain en 1788.

Pontdevaux.

Cette ville doit son origine à un petit village appelé Vaux, et au pont construit sur la Reyssouze.

Une image miraculeuse de la Sainte Vierge attirait dans ce village un grand nombre d'étrangers. Cela engagea plusieurs personnes à y bâtir des maisons qui formèrent par succession de temps la ville de Pontdevaux. Nous avons vu qu'en 1250, les sires de Baugé, ou plutôt l'archevêque de Lyon, leur tuteur, accorda à cette ville ses premières franchises. Le mariage de Sibille de Baugé avec Amé V, comte de Savoie, la fit passer dans cette maison. En 1521, Charles III, duc de Savoie, l'inféoda à Laurent de Gorrevod, en échange de plusieurs terres en Suisse et en Piémont. En 1623, Louis XIII érigea cette seigneurie en duché en faveur de Charles Emmanuel de Gorrevod, marquis de Marnay.

L'église paroissiale de Pontdevaux ne fut d'abord qu'une chapelle dédiée à Sainte Anne. On y plaça l'image de la Sainte Vierge dont nous avons parlé. Cette église fut érigée en collégiale en 1516, à la sollicitation du cardinal de Gorrevod; il entreprit la reconstruction de cette église. Le Chapitre était composé de neuf chanoines.

Cette ville avait un couvent de Cordeliers, fondé en 1472 par Philippe de Savoie, et un couvent d'Ursulines, placé dans un des faubourgs. Elle doit à M. Bertin un canal qui n'a pu être achevé, ce qui nuit au commerce de cette ville.

L'hôtel de ville, le collége, la halle au blé, sont des édifices modernes, ainsi qu'un hôpital, qui contient vingt-huit lits.

En 1771, M. Bertin vint à Pontdevaux visiter cette seigneurie, dont il venait de faire l'acquisition du prince de Beaufremont. Touché de la condition de ses taillables de Boz, il crut l'améliorer en leur rendant la liberté sous une modique redevance; mais ils préférèrent la servitude, prétextant que la fertilité de leurs fonds attirerait les habitans des villes dès qu'ils seraient libres.

Pontdeveyle.

Cette ville était anciennement appelée Bourg de Veyle (*Oppidum Velæ*). Elle avait, en 1100, ses seigneurs particuliers du nom de Veyle. En 1182, une fille de ce nom était l'unique rejeton de cette famille. Cette seigneurie passa, on ne sait comment, dans la maison de Baugé. Sibille de Baugé se qualifia de Dame de Pontdeveyle, dans son contrat de mariage avec Amé V de Savoie; et c'est en cette qualité qu'elle affranchit, en 1280, les habitans de cette ville, moyennant cent dix livres viennoises. Peu après que François I.er, roi de France, se fut emparé de la Bresse, il engagea la seigneurie de Pontdeveyle au comte de Furstemberg, en paiement des sommes qu'il lui devait pour des soldats qu'il lui avait fournis. Charles-Emmanuel, duc de Savoie, racheta cette seigneurie en 1561; il la donna ensuite par échange à Jean-Louis Coste, contre d'autres seigneuries. La veuve du fils de ce dernier épousa Christophe d'Urfé, et la lui laissa par testament. En 1614, le maréchal de Lesdiguières en était propriétaire. Après l'édit de Nantes, les Protestans devinrent, dans cette ville, aussi nombreux que les Catholiques.

L'hôpital de Pontdeveyle a été fondé en 1322, par suite du testament de Pierre de Bey; il est actuellement bâti sur l'emplacement du temple des Huguenots.

Treffort.

La seigneurie de Treffort appartenait aux comtes de Bourgogne avant de faire partie de la sirerie de Coligny : Guerric de Coligny en jouissait en 1150. Béatrix de Coligny la porta, par son mariage, à Albert de la Tour-du-Pin, qui, en 1259 et 1264, accorda des libertés et franchises aux habitans de Treffort. Peu après, Robert, duc de Bourgogne, et le Dauphin de Viennois, se disputèrent la souveraineté du Dauphiné; ils traitèrent en 1285 : par ce traité, Treffort passa sous la domination du duc de Bourgogne. Celui-ci, quatre ans après, remit cette seigneurie à Amé V, comte de Savoie; ce bourg ne fut, sous ses successeurs, qu'une simple châtellenie. De 1574 à 1580, le duc Emmanuel-Philibert vendit cette seigneurie à divers particuliers; il la racheta. Enfin, en 1586, il l'inféoda, ainsi qu'à plusieurs autres, à Joachim de Rye, qui prit le titre de Marquis de Treffort; il laissa, en mourant, des dettes considérables, et ses héritiers furent obligés de vendre judiciellement ce marquisat, qui fut acheté par le maréchal de Lesdiguières. Son petit-fils vendit la seigneurie de Treffort, en 1648, au seigneur d'Aigue-Bonne : le marquis de Groilier a été le dernier seigneur de cette ville.

Il y avait à Treffort un prieuré très-ancien, qui, suivant le cartulaire de Nantua, existait au temps de Gondicaire, roi de Bourgogne; son église était dans le lieu appelé aujourd'hui le Monestai. Les abbés de Nantua y envoyaient des religieux et un prieur qui remplissaient les fonctions curiales sous la protection des seigneurs. Le bourg de Treffort est bâti en amphithéâtre, au pied du Revermont; les eaux y sont rares, quoiqu'en 1786 on y ait amené celles d'une fontaine.

St.-Trivier-de-Courtes.

St.-Trivier-de-Courtes est ainsi appelé, pour le distinguer de St.-Trivier en Dombe. Cette seigneurie, qui avait un château, était l'apanage des puînés de la maison de Baugé; Sibille la porta avec le reste de ses possessions dans la maison de Savoie. Ce bourg tire son nom d'un saint personnage, nommé Trivier, qui faisait des courses apostoliques dans la Bresse et dans la Dombe : en 517, il fit bâtir l'église qui est à présent dans le bourg; auparavant la paroisse était à St.-Hilaire-de-Courtes, village à une demi-lieue de St.-Trivier.

En 1376, le comte Verd permit aux habitans de se clore de murs. En 1564, le duc Emmanuel-Philibert les affranchit moyennant une certaine somme, qui fut employée à la construction de la citadelle de Bourg.

En 1568, ce prince inféoda cette seigneurie à Marie de Gondi, veuve de Nicolas de Grillet, écuyer. Par son testament, elle fut dévolue à Peronne de Grillet, épouse de Guillaume de Crémaux, baron d'Entragues, dont les descendans ont possédé cette terre à titre de comté jusqu'à nos jours.

Il y a à St.-Trivier un hôpital fondé en 1687 par les riches habitans.

ARRONDISSEMENT DE NANTUA.

Nantua.

César, Strabon et Pline, placent les *Nantuates* parmi les peuples qui habitaient les Alpes. D'après le texte de ces auteurs, plusieurs géographes ont regardé les Nantuates comme les anciens habitans du Chablais et du bailliage de Terni. D'autres savans, plus frappés de la conformité de nom, ont décidé que le chef-lieu des Nantuates était la ville de Nantua; enfin, d'autres ont prétendu qu'une colonie de Chablaisiens est venue s'établir, au septième siècle, dans ce pays, après que Saint Amand y eut fondé l'abbaye d'Helnon, et que ces colons ont donné l'ancien nom de leur pays à leur nouvelle patrie. Les abbés et prieurs de Nantua ont toujours été seigneurs de cette ville jusqu'à nos jours. Nous avons donné l'histoire de cette abbaye; celle de la ville n'en serait qu'une répétition. Il y avait à Nantua un couvent d'Augustins, et un collége dépendant de la congrégation de Saint Joseph.

Les historiens nous ont conservé l'épitaphe du tombeau de Charles-le-Chauve, qui avait été enterré à Nantua. Elle est ainsi conçue :

Hoc Domini Caroli servantur membra sepulchro,
Conspicuus Romæ qui fuit imperio,
Dardanidæque simul gentes, non sceptra relinquens,
Sed potiùs placidè regna tenens alia.
Ecclesiamque pio tenuit moderamine Christi,
Semper in adversis tutor et egregius.
Italiam pergens febribus corrumpitur atris,
Et rediens nostris obiit in finibus.
Quam Deus excelsis dignetur jungere turmis,
Sanctorumque choris consociare piis.
Quinta dies mensis lumen cùm panderet orbi,
Octobris spatium reddidit iste Deo.

Brenod.

Brenod était un prieuré dépendant de l'abbaye de Nantua. Guichenon, dans son histoire de Bresse et de Bugey, parle d'une auge ou tombe en pierre, de 21 mètres de longueur, et de 2 mètres 35 centimètres de largeur, qu'on voulut, en 1572, changer de place à Brenod, pour y recevoir l'eau d'une fontaine. Il fallut y employer cent soixante-cinq paires de bœufs.

Châtillon-de-Michaille.

Le mandement de Michaille, l'un des plus anciens du Bugey, était limitrophe de la Savoie et du comté de Bourgogne; il comprenait le pays entre le Rhône, la Valserine, le mandement de Seyssel et le territoire de Nantua. Châtillon, qui en était le chef-lieu, a été possédé par une famille de ce nom. Ce bourg passa à la famille de Bouvens, par le mariage d'Hélène de Châtillon avec Jean Amé de Bouvens, gouverneur de la citadelle de Bourg.

Mornay.

En 1285, Évrard de Mornay possédait ce bourg à titre de fief, relevant de la sirerie de Thoires. Il passa en 1380 aux seigneurs de Grand Val. Amé VIII, premier duc de Savoie, l'inféoda au seigneur d'Arbent. Les familles de Chalon, de Verjon et de Feillens, l'ont successivement possédé. Cette seigneurie avait le titre de baronnie.

La commune d'Izernore dépend de ce canton. Elle était sous les Romains une ville dont on reconnaît encore les ruines qui ont été l'objet des recherches des savans.

Poncin.

Dans une vie de Saint Oyen, écrite au septième siècle, ce lieu est appelé *Parochia Pontianis*. C'était un petit village dépendant de la seigneurie de Beauvoir. En 1292, Humbert IV, sire de Thoires et Villars, y bâtit un château, et accorda des franchises à ceux qui viendraient habiter ce bourg : il y transporta la châtellenie de Beauvoir. Le château de Poncin était le plus beau et le plus vaste de tous ceux du Bugey. Les sires de Villars affectionnèrent cette demeure, et ils y tenaient leur chambre des comptes pour le Bugey. Ce château commença à se dégrader après l'an 1402, lorsque la seigneurie de Poncin passa entre les mains des ducs de Savoie. Elle fit partie du douaire d'Anne de Chypre, veuve de Louis Ier; ensuite de celui de Claudine de Bretagne, veuve de Philippe. Celle-ci voulut habiter le château, mais elle vécut trop peu pour pouvoir le réparer.

En 1564, le duc Emmanuel-Philibert fut obligé de donner la seigneurie de Poncin, à titre de baronnie, au duc de Nemours, son cousin, qui réclamait un supplément d'apanage. Cette baronnie était possédée, en 1788, par la famille de Quinson.

Guillaume de Bolomier, chancelier de Savoie, avait, en 1440, fait ériger l'église en collégiale, et y avait fondé un chapitre de six chanoines.

ARRONDISSEMENT DE BELLEY.

Belley.

Plusieurs inscriptions romaines attestent l'antiquité de cette ville. Des vestiges de construction ont fait conjecturer qu'elle a été plus considérable, et qu'elle a eu une enceinte différente de celle qu'elle a actuellement. On y voyait les ruines de plusieurs temples : les mots *matri Deorum*, qui faisaient partie de l'inscription de l'un d'eux, annonçaient qu'il était consacré à la mère des Dieux. Il est prouvé, par différens passages d'auteurs anciens, que le siége épiscopal y était déjà établi en 412. Amé VIII, premier duc de Savoie, donna des ordres pour faire environner Belley de murailles flanquées de tours.

On ne sait en quel temps l'église cathédrale a été fondée. En 722, Ansemond, treizième évêque de Belley, consacra le grand autel de l'église et huit chapelles : c'était probablement à la suite d'une reconstruction. Les chanoines du chapitre suivaient anciennement la règle de Saint Augustin, qui leur avait été donnée, en 1142, par le pape Innocent II. En 1578, Grégoire XIII les sécularisa, et en fixa le nombre à 19.

Le couvent des Franciscains fut fondé en 1430; celui des Capucins en 1620; celui des Ursulines en 1629. Les habitans de Belley ont fait bâtir, il y a plus d'un siècle, l'église de Saint-Laurent, où les Pénitens tenaient leur confrérie. Le palais épiscopal a été bâti vers la fin du siècle dernier. En 1788, Belley était le siége d'un bailliage avec lieutenant civil et criminel, avocat et procureur du Roi. Les justices seigneuriales des environs y ressortissaient, excepté celles des marquisats de St.-Rambert, St.-Sorlin et Vairomey, qui ressortissaient au présidial de Bourg.

Ambérieu.

Les plus anciens seigneurs d'Ambérieu paraissent avoir été les sires de Coligny. Béatrix de Coligny porta cette seigneurie en dot à Albert, sire de la Tour-du-Pin. En 1317, Amé V, comte de Savoie, assiégea et prit cette place. Il avait dans son armée le duc de Bourgogne, le prince de la Morée, le comte de Genève, le seigneur de Faucigny, le seigneur de Vaud, le duc d'Autriche et l'archevêque de Lyon. Le comte de Savoie fit bâtir le château dont les ruines subsistent encore aujourd'hui. Ambérieu fut donné en apanage à Aimon, qui, en 1328, accorda à ses habitans des franchises semblables à celles des autres villes. Ce bourg a toujours été une simple châtellenie, qui avait fini par dépendre du marquisat de St.-Rambert.

Champagne.

Cette seigneurie appartenait à une maison de ce nom. Elle fut vendue, vers l'an 1400, à Catherine de Savoie, veuve du seigneur de Luirieux; un mariage la fit passer dans la maison de Montluel. Ses derniers possesseurs ont été les comtes de Groslée. Il ne reste plus que quelques masures de son ancien château. Des vestiges nombreux de constructions romaines, trouvés dans le voisinage de ce bourg, indiquent qu'il était plus considérable sous la domination des Romains : on ignore par quel événement il a été réduit à son état actuel.

L'Huis.

Cette seigneurie appartenait, vers l'an 1200, aux sires de la Tour-du-Pin; ensuite elle a successivement appartenu aux dauphins, au roi de France, Jean II, qui la céda en 1354 à Amé VI. Amé VII l'inféoda à Aymond de Groslée, et elle a été réunie au comté de ce nom.

Lagnieu.

La seigneurie de Lagnieu appartenait, en 1200, à la maison de Coligny, et elle dépendait de la châtellenie de St.-Sorlin. Béatrix de Coligny la porta en dot à Albert, sire de la Tour-du-Pin. Peu après, elle passa sous la domination des dauphins par le mariage d'Humbert, sire de la Tour-du-Pin, avec Anne, héritière du Dauphiné. En 1309, le dauphin Jean donna à ses habitans des priviléges et franchises, telles qu'on les accordait dans le temps. Elle suivit le sort du Dauphiné, lors de sa réunion à la France : le Roi Jean et le dauphin, son fils, cédèrent, en 1354, Lagnieu au comte de Savoie, en même temps que plusieurs autres places de la Bresse et du Bugey.

Les comtes et ducs de Savoie inféodèrent successivement cette seigneurie à Odo de Villars, et à Gaspard, comte de Varax : elle revint aux ducs de Savoie par l'extinction de ces maisons; elle fit partie ensuite du douaire de Claudine de Bretagne; et, en 1571, de l'apanage du duc de Nemours. En 1788, les Chartreux de Portes étaient seigneurs du bourg de Lagnieu; M. de Valernoz l'était du château.

L'église de Lagnieu avait été érigée en collégiale, en 1476, par les soins du seigneur de Montferrand, qui y avait fondé un chapitre de huit chanoines; il y avait en outre un prieuré réuni à la mense abbatiale d'Ambronay.

Lagnieu est arrosé par deux fontaines considérables, qui contribuent à sa salubrité, arrosent ses prairies, et alimentent quelques usines.

St.-Rambert.

Nous ne répèterons pas, sur ce bourg, ce que nous en avons dit à l'article de l'abbaye de St.-Rambert. En 1288, Amé V donna aux habitans de St.-Rambert des franchises semblables à celles de Bourg et de Baugé : cette charte était scellée du sceau du comte de Savoie, qui y était représenté à cheval avec ces mots : *Sigillum Amedei, comitis Sabaudiæ ;* la croix de Savoie était au revers dans un sceau plus petit. Claudine de Bretagne eut quelque temps cette châtellenie à titre de douaire. Le duc Emmanuel-Philibert l'inféoda, avec le titre de marquisat, en 1576, à Amé de Savoie, son fils naturel; il y réunit St.-Germain-d'Ambérieu.

En 1601, Amé vendit ce marquisat à Henri de Savoie, duc de Nemours, qui en fit hommage, en 1605, à Henri IV.

L'année suivante, toutes les justices qui appartenaient dans le Bugey au duc de Nemours, furent réunies en une seule, qui s'exerçait à St.-Rambert. Cette justice fut réunie en 1640, au présidial de Bourg.

Le dernier seigneur de St.-Rambert était M. d'Argil.

Le château de St.-Rambert avait été démoli par le maréchal de Biron, lorsqu'il s'empara de la Bresse et du Bugey, au nom d'Henri IV.

Il y avait à St.-Rambert un hôpital et un collége.

Seyssel.

Seyssel est une ville très-ancienne ; il est prouvé, par une inscription antique, rapportée par Guichenon, que, sous les Romains, cette ville s'appelait *Senum*. Les chroniques de Savoie disent que lorsque Berold, comte de Saxe, entra en 1100 dans le Bugey, il fut reçu à Seyssel par le seigneur du lieu. En 1285, Amé V accorda ou plutôt étendit les franchises et priviléges que ses prédécesseurs avaient accordés à cette ville. Ils furent confirmés par ses successeurs, et notamment par le duc Emmanuel-Philibert, qui, en 1573, ordonna que cette ville serait perpétuellement unie à sa couronne ducale. Le duc Charles-Emmanuel ayant inféodé Seyssel à titre de comté au marquis d'Aix, les habitans s'opposèrent à cette inféodation, et la firent révoquer en vertu de leurs priviléges : ils furent encore confirmés, en 1604, par Henri IV.

Il y avait à Seyssel un château sur les ruines duquel les Capucins avaient bâti un couvent. Les Augustins avaient aussi, dans cette ville, un monastère fondé en 1348 par les habitans. Il y avait encore un prieuré de l'ordre de Saint-Benoit; il dépendait anciennement de l'abbaye de St.-Chef en Dauphiné; et le prieur de Seyssel était obligé d'envoyer toutes les années une truite à l'abbé de St.-Chef.

Avant l'échange de 1601, Seyssel était sur la ligne de communication la plus directe entre le Midi de la France et la Suisse. Cette route s'étendait de Valence à Genève, et passait par le pont de Beauvoisin, Belley, Seyssel et Frangi. Le pont de Seyssel a diminué d'importance depuis l'abandon de cette route.

Virieu-le-Grand.

Virieu-le-Grand a appartenu aux princes de Savoie jusqu'en 1432. Depuis cette époque, cette seigneurie a été souvent inféodée par les ducs de Savoie. Elle fut érigée en comté en 1584; elle fut érigée en marquisat, sous le titre de Valromey, en 1612. C'est au château de Virieu qu'Honoré d'Urfé, marquis de Valromey, a composé le fameux roman de l'Astrée.

ARRONDISSEMENT DE TRÉVOUX.
Trévoux.

Nous avons rapporté, dans le cours de cette histoire, plusieurs faits relatifs à cette ville. Les sires de Villars y avaient fait bâtir un château dont il subsistait encore une tour à la fin du siècle dernier.

L'église paroissiale de cette ville était une collégiale, fondée en 1525. Ce Chapitre avait douze chanoines: l'hôpital a été bâti et fondé par MADEMOISELLE, princesse de Dombe. Il y avait aussi à Trévoux un couvent du tiers ordre de Saint François, un de Carmélites, et un d'Ursulines.

L'établissement pour l'affinage et le tirage de l'or et de l'argent, fut introduit à Trévoux, vers l'an 1400, par des Juifs. Ce genre d'industrie a été depuis perfectionné.

En 1696, Louis-Auguste de Bourbon, prince souverain de Dombe, transféra son parlement dans cette ville, y fit bâtir un palais de justice, et établit une belle imprimerie. La première édition du *Dictionnaire universel de Trévoux* est sortie de ses presses.

Le journal de Trévoux, qui était composé de mémoires pour l'histoire des Sciences et des Beaux-Arts, était dirigé par une association de Jésuites. Il avait commencé en 1701, et avait été imprimé pendant trente ans à Trévoux; depuis, il avait été rédigé et imprimé à Paris.

Il y avait à Trévoux un usage qui n'a cessé que vers le milieu du siècle dernier. Le dimanche qui suit le 22 août, fête de Saint Symphorien, le Chapitre, les officiers de justice, les principaux habitans de la ville, et toute la Jeunesse sous les armes, allaient processionnellement en bateau jusqu'au milieu de la Saône. Là, on plantait un arbre sur un petit roc, appelé *la Roche de St.-Symphorien;* un chanoine récitait des prières; on faisait une décharge de mousqueterie; on abattait ensuite l'arbre au bruit des acclamations, et la procession s'en retournait dans le même ordre qu'elle était venue. On croit que les sires de Villars avaient imaginé de constater leur souveraineté sur la moitié de la Saône, par cette procession, à laquelle leurs officiers de justice devaient assister.

Chalamont.

On ne sait rien sur la famille de ce nom, qui a possédé ce bourg jusqu'en 1220.

En 1222, Humbert, sire de Beaujeu, se qualifiait de seigneur de Chalamont. En 1252, Guichard VI donna à ce bourg le titre de ville, et accorda des priviléges à ceux qui viendraient y habiter. Il avait ensuite été cédé aux archevêques de Lyon; car on voit, en 1308, un de ces archevêques le donner en échange à Guichard VII, sire de Beaujeu. En 1326, Chalamont fit partie de la rançon que le sire de Beaujeu fut obligé de payer au Dauphin de Viennois, qui l'avait fait prisonnier à la bataille de Varey. On ne voit pas comment les sires de Beaujeu recouvrèrent ce bourg; cependant il est constant que, le 6 février 1374, Edouard II, sire de Beaujeu, par lettres données sous la halle de Chalamont, et en présence de plusieurs seigneurs, confirma et étendit les priviléges de ce bourg.

Le connétable de Bourbon vendit, le 5 février 1523,

cette seigneurie à Laurent de Gorrevod, comte de Pontdevaux. Cette vente fut faite à Tolède, en Espagne. Cela n'empêcha pas François I.er de s'en emparer ; il en donna la jouissance à Louise de Savoie, sa mère. Un article secret du traité de Cambrai, en ordonna la restitution au comte de Pontdevaux ; sa veuve s'en prévalut pour obtenir, de Louise de Savoie, la faculté de réachat perpétuel de cette terre, qui passa peu après à Laurent de Gorrevod. Au dix-septième siècle, Chalamont était rentré dans le domaine direct des souverains de Dombe. Il ne reste plus que quelques traces des murs d'enceinte du château. L'hôpital de ce bourg, au commencement du dix-septième siècle, ne possédait que quelques rentes et ne se soutenait que par des quêtes. Louise Saunier, veuve Simonin, fit une donation de bâtimens et de rentes, pour établir régulièrement cet hôpital ; Louis Auguste, prince de Dombe, en autorisa l'établissement, et il y réunit les fonds, rentes et autres biens donnés antérieurement aux pauvres dans l'étendue de cette seigneurie.

Châtillon-les-Dombes.

Cette ville a presque toujours fait partie de la Bresse : sa proximité de la Dombe l'a fait appeler Châtillon-les-Dombes, pour la distinguer de plusieurs seigneuries du même nom de Châtillon. Nous avons vu que, dès l'an 1070, cette ville était la capitale d'une sirerie à laquelle elle avait donné son nom. Plus anciennement, elle avait appartenu à la famille des Enchaînés. Renaud, sixième sire de Baugé, vendit Châtillon-les-Dombes à Sibille de Baugé, qui la céda à Philippe, comte de Savoie. Cette châtellenie resta dans la maison de Savoie jusqu'en 1535, époque où François I.er s'en empara, ainsi que du reste de la Bresse. Henri II l'aliéna, en 1555, au seigneur de Chaillouvres en Dombe; mais, en 1559, elle fut rendue au duc de Savoie, Emmanuel-Philibert. Ce prince la céda à Jean-Louis Coste, et elle fit partie du comté de Pontdeveyle. Les habitans refusèrent de reconnaître ce nouveau seigneur; cependant, en 1563, ils transigèrent avec lui, moyennant la confirmation de leurs priviléges : cette ville passa ensuite à Christophe d'Urfé, au maréchal de Lesdiguières et à la maison d'Orléans.

Il s'était établi un grand nombre de Juifs à Châtillon; ils habitaient une rue qui a conservé le nom de rue de la Juiverie; ils furent chassés, en 1329, en même temps que ceux de Trévoux, à la suite de procédures criminelles faites contr'eux. Pendant que Châtillon appartenait au maréchal Lesdiguières, le calvinisme s'y était introduit : Saint Vincent-de-Paule, pendant le temps qu'il fut curé de Châtillon-les-Dombes, convertit une partie des Calvinistes; les Jésuites achevèrent l'ouvrage qu'il avait commencé.

Une donation faite en 1652, par M. Blanchard, châtelain de la ville, permit de faire ériger l'église en collégiale; le chapitre était composé de six chanoines. Il y avait en outre à Châtillon un couvent de Capucins et un couvent d'Ursulines.

L'hôpital de cette ville fut fondé en 1432, par Amé VIII, duc de Savoie; François I.er et Henri II confirmèrent ses priviléges : les titres de dotation de cet établissement furent brûlés ainsi que ses édifices, dans l'incendie qui consuma la ville en 1652.

La halle de cette ville est remarquable par sa grandeur; elle donne une idée de la forme de ce genre d'édifice dans le Moyen Age. Les ruines du château des sires de Châtillon occupent encore un espace considérable sur un côteau au sud-ouest de la ville.

Meximieux.

Humbert, premier archevêque de Lyon, fit bâtir le château de Meximieux vers l'an 1072. En 1270, un de ses successeurs associa à la moitié de cette seigneurie, Louis de Forêt, sire de Beaujeu. En 1307, Guichard VII, sire de Beaujeu, obtint l'autre moitié, de Pierre de Savoie, archevêque de Lyon, par suite d'un échange : l'archevêque se réserva l'hommage. En 1309, le sire de Beaujeu accorda à ce bourg ses premières franchises. Meximieux fut compris dans le nombre des seigneuries que Guichard VII fut obligé de donner au dauphin pour sa rançon. En 1337, après la réunion du Dauphiné à la France, et par suite des échanges qui furent faits entre le roi de France et le comte de Savoie, cette seigneurie fut remise à Amé VI, qui, en 1368, l'inféoda à Guillaume de Chalamont, dont la fille la porta en dot, en 1383, à Jean Maréchal; elle fut érigée en baronnie en 1514 : elle a passé depuis dans plusieurs familles.

L'église fut érigée en collégiale en 1515 : le chapitre était de 6 chanoines à la nomination du seigneur.

Le château subsiste encore, mais rebâti dans le goût moderne.

Montluel.

Montluel était la capitale du petit pays appelé la Valbonne. En 1276, Humbert IV, sire de Montluel, accorda à cette ville ses premières franchises, du consentement du comte de Savoie, et de l'avis des sires de la Tour-du-Pin et de Thoires et Villars, ses parens; il y joignit des lois civiles et criminelles, telles qu'on les donnait alors. Il fut défendu aux habitans d'aller s'établir dans les terres du sire de Beaujeu, qui possédait alors une partie de la Dombe et la seigneurie de Miribel.

Le dernier sire de Montluel céda cette ville, en 1326, à Guigues, dauphin de Viennois. Ce prince, par une Charte de 1328, confirma et augmenta les priviléges des habitans de Montluel; il les déclara, eux et leurs biens, exempts à perpétuité de tous péages, gabelles, leyde, cartelage et autres exactions, lorsqu'ils iraient en Dauphiné; ils obtinrent, en outre, qu'en cas de guerre, ils ne seraient pas obligés d'aller au-delà du Rhône et de la rivière d'Ain. En

1354, Jean II, roi de France, qui venait d'acquérir les états du dernier Dauphin, céda Montluel à Amé V, omte de Savoie.

Louis XIII donna Montluel et la baronnie de Gex, à Henri de Bourbon, prince de Condé, en échange de la seigneurie du château Chinon.

On croit, mais sans preuves suffisantes, que la grosse tour de Montluel servait de phare, au temps des Romains.

Dans l'acte de translation du corps de Saint Taurain, fait en 1158, on lit la description suivante du château de Montluel : *A prædictâ civitate* (Lyon) *castrum quoddam Montloelli, non multis millibus distat, positione suâ satis jucundum. Hinc habet vineas, inde prata multiplici flore ridentia, proximitas Rhodani fluvii, piscium penuriam pati non permittit. Hoc militaribus viris plenum et pudicitiâ fœminarum adornatum, dulcem solet præstare advenientibus mansionem.*

Cet acte existait dans le cartulaire de l'abbaye de Gigny. Nous avons vu que ce fut au château de Montluel, que l'empereur Sigismond érigea, en 1416, la Savoie en duché, en faveur d'Amé VIII; c'est encore dans ce château que se tint, en 1424, une importante conférence entre le comte de Richemond, Amé VIII, et les ambassadeurs de Charles VII, roi de France, pour détacher Philippe-le-Bon, duc de Bourgogne, de l'alliance des Anglais. Cette négociation réussit et prépara l'expulsion des Anglais du territoire français.

Delexius (*in chronographiá Sabaudiæ*) dit que, de son temps, Montluel servait de refuge à une partie des Génois et des Florentins, qui furent chassés de France. Au temps de Guichenon, il y avait encore à Montluel beaucoup de familles italiennes.

L'église principale de cette ville avait été érigée en collégiale en 1510; les chanoines, qui étaient d'abord au nombre de quinze, furent réduits à six. L'église de St.-Étienne fut érigée en paroissiale en 1518. Celle de St.-Barthelemy avait été fondée, en 1289, par le sire de Montluel.

Cette ville a un hôpital.

Il ne reste du château de Montluel, que quelques murs des tours et une partie de l'enceinte.

Thoissey.

Ce bourg dépendait anciennement du comté de Lyon; il fut donné, en 939, à l'abbé de Cluny, par Louis d'Outremer, roi de France, à la sollicitation du duc de Bourgogne et du comte de Mâcon. En 955, Adhémar, comte de Lyon, qui avait essayé de troubler les religieux de Cluny dans la possession de ce bourg, fut obligé de se départir de toutes ses prétentions, en présence du comte de Mâcon et du sire de Baugé. Nous avons vu qu'en 1233 l'abbé de Cluny associa le sire de Beaujeu à la moitié de cette seigneurie, et qu'en 1239, il lui céda l'autre moitié.

En 1300, Guichard VII, sire de Beaujeu, fit clore de murs le bourg de Thoissey; il lui accorda, en

1310, ses premières franchises. Le château était très-fort et servait de principale retraite aux troupes des sires de Beaujeu, lorsqu'ils avaient quelque guerre avec leurs voisins; il fut assiégé plusieurs fois, et inutilement par les comtes et ducs de Savoie; le bourg fut souvent ruiné.

Après la confiscation de la Dombe au préjudice du connétable de Bourbon, Henri II engagea cette seigneurie à Antoine de Garnai, seigneur du Perron. En 1558, une demoiselle Bonajuli, italienne, dame d'atour de Catherine de Médicis, en avait obtenu la jouissance : les princes de Dombe y rentrèrent quelques années après.

Pendant la ligue, le duc de Nemours fit fortifier le château, et il y tint, pour les ligueurs, une forte garnison.

L'église paroissiale de Thoissey était anciennement une chapelle fondée par Guichard VII. Elle a été beaucoup agrandie par Marie de Bourbon, duchesse de Montpensier.

Le collége de Thoissey a été fondé en 1680, par Anne-Marie-Louise d'Orléans (MADEMOISELLE). Elle y mit un principal et des prêtres, agrégés en communauté pour l'enseignement. En 1769, ils furent remplacés par des Bénédictins, ensuite par des Josephistes.

Il y avait aussi un couvent d'Ursulines.

* Ce bourg faisait autrefois un grand commerce de toiles avec l'Espagne et autres pays étrangers.

St.-Trivier-sur-Moignans.

Les Bollandistes rapportent que deux jeunes militaires, du pays de Dombe, appelés Radiginde et Salsuphe, avaient été faits prisonniers par les troupes du roi Théodebert, et que St.-Trivier les racheta et les ramena dans leur patrie. Ils voulurent lui témoigner leur reconnaissance par le don d'une partie de leurs biens, mais il se contenta d'une cellule, où il mourut en odeur de sainteté. Sécundinus, évêque de Lyon, consacra en 608 une chapelle dans cet endroit, qui prit le nom de St.-Trivier; il portait avant le nom d'Utingu. Les comtes de Lyon, et après eux les comtes de Forez, ont possédé St.-Trivier. En 1118, Guy de Forez céda cette seigneurie à Guichard II, seigneur de Beaujeu, à charge d'hommage. Celui-ci l'inféoda à Dalmaces de Beaujeu, son oncle. Une petite fille de ce dernier porta cette seigneurie en dot dans la maison de Chabeu. En 1253, Guichard VI, sire de Beaujeu, tint quitte de l'hommage le seigneur de St.-Trivier, en récompense de ses services. Catherine de Chabeu, héritière de cette seigneurie, la porta en dot à Philibert de Lugny, dont la fille la porta en dot à Philibert de la Chambre, qui la vendit à Pelonne de Bonzin, veuve de Jean Cléberg, dit le bon Allemand. Marie de Cléberg, héritière de cette famille, porta cette seigneurie en dot à Théodore de Châlon, qui, en 1625, la vendit à Jacques Moiroud, lieutenant-général en la sénéchaussée de Lyon, qui la donna à la Charité de Lyon par son testament fait en 1631. La Charité de Lyon vendit cette seigneurie à MM. de Tavernost, qui en ont été les derniers seigneurs.

Les plus anciennes franchises de ce bourg lui ont été accordées par Guillaume de Chabeu; les dernières le furent par Pelonne de Bonzin, en 1560. Le château est totalement ruiné : Il y avait un prieuré de l'ordre de St.-Benoît.

ERRATA ET ADDITIONS.

Pages.　　lignes.

6 --- 21 Après cette ligne, ajoutez : Le premier acte de puissance des Romains dans notre pays, paraît avoir été une muraille ou retranchement de 19,000 pas de longueur, que César fit faire par Labiénus, son lieutenant, entre le lac Léman et le Jura, pour fermer ce passage aux Helvétiens.

Lorsque César revint d'Italie pour repousser ces peuples dans leur pays, il passa le Rhône au-dessus de Montluel, avec cinq légions, et traversa la Bresse, où Labiénus, son lieutenant, se réunit à lui. Ils atteignirent les Helvétiens, qui n'avaient pas encore achevé de passer la Saône, et ils leur firent essuyer une première défaite : on conjecture, d'après un passage de Martian, que ce combat eut lieu vis-à-vis Tournus.

Un an après, en l'an de Rome 696, cinquante-huit ans avant J. C., Sergius-Galba, un des lieutenans de César, au retour d'une expédition contre les Valaisans, vint hiverner dans la plaine

Pages.	Lignes.	
		du Bas-Bugey, et y établit un camp, dont il reste encore quelques vestiges. Il est indiqué dans la grande carte de la Bresse et du Bugey (1), sous le nom de fort Sarrasin, à deux kilomètres ouest d'Ambronay. Plusieurs auteurs, et notamment M. Riboud, ont discuté les probabilités du séjour de César ou d'un de ses lieutenans dans un camp dont on reconnaît encore l'enceinte sur la roche dite de *Cuiron*, à l'Orient de Céseriat.
10	10	Ce n'est point Abdérame (Abdel-Rahman) qui fit cette incursion dans les contrées voisines du Rhône et de la Saône : ce fut Othman, gouverneur d'Espagne pour le calife Hescham, qui, en 729, envoya des troupes qui prirent Arles d'assaut, et ravagèrent les contrées voisines.
		En 736, Okbah, émir nommé par ce calife, envoya des troupes qui traversèrent le Rhône, et s'emparèrent d'Avignon par la trahison du comte de Marseille. Cet émir se ménagea des alliances dans

---

(1) Cette carte vient d'être réimprimée ; elle est composée de quatre feuilles grand-aigle ; prix 15 francs, à Bourg, chez Bottier, imprimeur-libraire.

Pages.	Lignes.	
		les contrées voisines; ses troupes pénétrèrent en Dauphiné.
		Charles Martel chassa ces Arabes en 737.
11	—	L'avant-dernier alinéa doit être replacé à la page 10, après le troisième alinéa.
14	— 19	Bur, *lisez* : Bar.
20	— 2	Le véritable sens de cet hommage spirituel à Saint Vincent de Mâcon, est confirmé par ce passage d'une lettre du duc de Savoie, en 1570, en réponse à une requête d'Almani, évêque de Mâcon : « Après nous être apparu par plusieurs titres, nous avons reconnu que c'était une oblation en l'honneur de Dieu, et une aumône ci-devant faite par nos prédécesseurs. »
20	— 6	Il faut se rappeler, pour l'intelligence de ces mots : « Craignant le jugement à venir et la ruine du siècle présent » qu'à l'époque de la donation faite par le seigneur Agrin, on croyait généralement que la fin du monde et le jugement dernier devaient arriver en l'an 1000.
24	— 5	Ganselin, *lisez* : Gauselin.
26	— 3	Cet alinéa doit être replacé au chapitre de la sirerie de Châtillon, page 116, ligne 11.

Pages.	Lignes.	
32	6	Humbert, oncle de Renaud, avait été évêque d'Autun, ensuite archevêque de Lyon, enfin chartreux à Seillon, où il mourut prieur de ce monastère : ceci explique les donations considérables faites par Renaud aux chartreux de Seillon.
34	8	Renaud Hugues, *lisez* : Renaud, Hugues.
42	26	1255, *lisez* : 1266.
48	21	du *lisez* : de
49	14	Après cette ligne, *ajoutez* : Ces chevaliers promirent de se rendre en ôtages partout où l'abbé l'exigerait, si leur maître manquait à cet engagement.
55	17	*effacez* : en 1246.
76	28	Montrevel, *lisez* : Montmoret.
78	21	Labassie, *lisez* : Labastie.
81	16	des aides, *lisez* : de leyde. La leyde était un droit sur le bétail et autres marchandises qui se vendaient dans les foires.
86	26	Cet Hugues, sire de Thoires, paraît être le premier sire connu de ce nom.
87	18	leurs, *lisez* : ses.
Id.	19	leur fit élever une maison spacieuse, *lisez* : fit élever une maison spacieuse pour les religieux de cette abbaye.
Id.	23	Après cette ligne, *ajoutez* : En 1150, Guy

Page.	Lignes.	
		de Coligny, prieur de l'abbaye d'Innimont en Bugey, eut un différend avec les Chartreux de Portes, au sujet de la Combe St.-Martin et du champ des Avenières; les Chartreux prouvèrent qu'ils tenaient l'un et l'autre de la libéralité des seigneurs de Briord.
93	10	homme, *lisez*: officier.
98	9	Etienne Ier avait épousé Isabelle de Forqualquier, dont il eut Jean Ier, qui mourut avant lui et laissa cinq enfans, savoir: Beraud, qui fut seigneur de Crécia et de Beaupont; Jeanne, mariée au seigneur de St.-Amour; Marguerite, mariée au seigneur de Fromente; Aimée, mariée au seigneur de Mornay. Etienne Ier légua à sa femme quatre cents livres tournois, ses meubles et l'usufruit de quelques terres.
99	4	Mettre un point sur la virgule.
106	30	Brantôme a dit de Gaspard Ier, qu'il a été un bon et sage capitaine, du conseil duquel le Roi s'est fort servi tant qu'il a vécu: comme il avait raison, car il avait bonne tête et bon bras.
107	3	occupait, *lisez*: occupa.
108	3	Châlons, *lisez*: Chalon.
111	7	Paul, *lisez*: Gui XX.

Pages.	Lignes.	
115	2	*Remplacez* la virgule par un tiret—.
121	2	Ce fait est ainsi rapporté dans la vieille Chronique de Savoie :

« De nuit, au lit, par plusieurs fois sos-
» pirait la comtesse, dont l'y demanda
» le comte ce qu'elle avait : mon
» sieur, dit-elle, paour que nous ne
» scadvienne de Humbert, notre fils.
» Pourquoi, dit-il, pour, ce dit la
» dame, que vous avés voué à notre
» Seigneur un ordre de l'habit au sieur
» prodomme, sire Bernard, abbé de
» Clervaux, se Dieu nous prêtait li-
» gnée, et vous n'en avés encore rien
» fait, et le mettés en non chaloir;
» lors répond le comte : Ne vous doub-
» tés, car je le accomplirai, au plai-
» sir Dieu, brièvement, si eut le comte
» conseil à plusieurs, en quel lieu il
» fonderait l'abbaye belle; puis in-
» formé du lieu, la transporta sur une
» montagne située en Bugey, où il
» fonda une abbaye belle et solen-
» nelle, sous le nom du confesseur
» Monsieur Saint Sulpice, laquelle il
» furnit et dosta convenablement, et y
» mit abbé et religieux prodommes à
» louer Dieu de sa lignée qu'il lui avait
» prêtée.

Pages.	Lignes.	
131	13	*Supprimez* la virgule.
142	4	Coligny-le-Vieux, *lisez :* Coligny-le-Neuf.
144	23	Coligny-le-Vieux, *lisez :* Coligny-le-Neuf.
145		Je dois observer que les faits rapportés dans le second alinéa de cette page, sont contredits par ce qui précède et par ce qui suit.
162	6	f-ndé, *lisez :* fondé.
187	9	priviélges, *lisez :* priviléges.
196	27	Après Milan, *ajoutez :* du canton de Berne.
197	5	accordement, *lisez :* accommodement.
199	23	Montcalprel, *lisez :* Montcaprel.
214	15	Après ces mots, sa seconde femme, *ajoutez :* Elle était fille de Jean de Brosse de Bretagne.
216		Après les mots, au Pont d'Ain, *ajoutez :* Le 10 septembre 1504.
231	13	Le camp de Polviller était placé au domaine Dufort, à un quart de lieue de Bourg et à 200 pas du chemin de cette ville à Mâcon. En 1822, le propriétaire de ce domaine, en faisant des réparations, a trouvé des débris considérables de poutres et autres bois, reste des retranchemens du baron de Polviller,
372	9	*Ajoutez :* Le jour que la première pierre

Pages.	Lignes.	
		de cette citadelle fut posée, il y eut une procession générale à laquelle le prince assista. Il donna à cette citadelle le nom de Fort St.-Maurice. Ses gouverneurs ont été sous la domination des ducs de Savoie, Philibert de Montjouvent, Jean de Seyturier, François de Menthon et Jean Amé de Bouvens, qui la remit à Henri IV.
250	11	*ajoutez :* Le château d'Hauet, situé dans la commune de Condessiat, fut rasé dans le même temps.
268	2	Remboursés, *lisez :* remboursés;
277	8	Supprimer les mots : on raconte que.
281	30	*Ajoutez :* Etienne de Villars et Boniface de Miribel furent présens à ce traité comme témoins, ainsi que plusieurs autres seigneurs.
284	2	L'année commençait alors à Pâques ; ces servis sont énoncés dans l'ordre des époques de leur paiement, à compter du premier jour de l'an.
Id.	9	Cet Achard de Montmerle est appelé ailleurs Achard l'Enchaîné.
299	6	*Ajoutez :* il commanda au sire de Beaujeu, de licencier les Anglais et Bretons qui étaient auprès du Puy en Velai, et il le menaça, etc.

Pages.	Lignes.	
301	1	Cet hommage fut rendu à Bourg en Bresse, dans la maison du seigneur de Corgenon, et en présence de la noblesse du pays.
Id.	23	Ainsi que, *lisez* : comme.
Id.	26	Louis XI, *lisez* : Louis II.
305	2	Après Challes, *ajoutez* : près de Thoissey.
317	22	Tante 35 Susanne, *lisez* : tante de Susanne.
330	5	Chapitre 5, *lisez* : chapitre 4.
Id.	25	Après cette ligne, *ajoutez* : les comtes de Vienne et de Mâcon avaient eu aussi des possessions dans ce petit pays ; ils les cédèrent successivement aux archevêques de Lyon.
331	3	Après cette ligne, *ajoutez* : Ulrich de Villars, qui avait vendu à Etienne le château de Lignieu et quelques autres terres comprises dans cette donation, l'approuva, et promit que si Etienne voulait enfreindre ce traité, lui, Ulrich, se rendrait à l'Ile-Barbe en ôtage, au premier avertissement de l'abbé, avec 22 chevaliers, et qu'ils y resteraient jusqu'à ce qu'on eût fait trève ou qu'Etienne de Villars eût rétabli le trouble. Cette charte fut signée par 30 témoins et scellée en 1186 par Jean, archevêque de Lyon.

Pages.	Lignes.	
332	3	Après cette ligne, *ajoutez* : en 1239, Alix de Vienne, comtesse de Mâcon, et Jean de Brenne, son mari, vendirent Riottier à Guichard, archevêque de Lyon.
340	1	1096, *lisez* : 1196.
341	9	*Ajoutez* : en 778, Pepin, roi de France, accorda aux évêques de Belley, le droit de fabriquer la monnaie. Charlemagne confirma leurs priviléges et augmenta le domaine de l'évêché.

En 1106, le Pape, Pascal II, confirma la donation faite à l'abbaye de cluny, par l'évêque de Belley, des églises de Peyrieux, Camullieu, Primisel, St.-Berudit, Conzieu, Rossillon, Prumillieu, Rumillieu, et Innimont.

TABLE
DES MATIERES.

LIVRE I.er

ÉTAT DE LA BRESSE ET DU BUGEY, DEPUIS LES GAULOIS JUSQU'AU MOYEN AGE.   5

LIVRE II.

ÉTAT DE LA BRESSE ET DU BUGEY, SOUS DES SOUVERAINS PARTICULIERS.

Chapitre 1.er — *Sirerie de Baugé*	15
Chapitre 2. — *Sirerie de Thoires et Villars.*	44
Chapitre 3. — *Sirerie de Coligny.* . . .	85
Chapitre 4. — *Sirerie de Montluel* . . .	111
Chapitre 5. — *Sirerie de Châtillon* . . .	115
Chapitre 6. — *Principauté du Bugey* . .	118
Chapitre 7. — *Le pays de Gex sous ses seigneurs particuliers* . . .	139

LIVRE III.

GOUVERNEMENT DE LA MAISON DE SAVOIE SUR LA BRESSE ET LE BUGEY.

Amé V	141
Edouard	151
Aimon	158

Amé VI, surnommé le Comte
    Vert 165
Amé VII, surnommé le
    Comte Rouge. 173
Amédée, premier duc de Sa-
    voie. 175
Louis I.er 183
Amé IX. 195
Philibert I.er 197
Charles I.er 201
Charles (Jean Amé). . . . 202
Philippe II. 202
Philibert II, dit le Beau. . 214
Charles III. 219
Emmanuel-Philibert . . . 228
Charles-Emmanuel . . . 239

LIVRE IV.

LA BRESSE, LE BUGEY, LE VALROMEY ET LE PAYS DE GEX, SOUS LA DOMINATION FRANÇAISE.

Henri IV. 264
Louis XIII. 268
Louis XIV. 270
Louis XV. 274

LIVRE V.

Chapitre 1.er --- Les anciennes révolutions de
    la Dombe. 278

Chapitre 2. — *Le gouvernement des Sires de Beaujeu.* 281
Chapitre 3. — *Le gouvernement des Ducs de Bourbon.* 301
Chapitre 4. — *Le Franc-Lyonnais.* . . . 330

LIVRE VI.

DES ABBAYES SOUVERAINES ET DE L'ÉVÊCHÉ DE BELLEY.

Chapitre 1.er — *Abbaye de Nantua.* . . . 335
Chapitre 2. — *Abbaye de St.-Rambert.* . 338
Chapitre 3. — *Abbaye d'Ambronay.* . . 340
Chapitre 4. — *Évêché de Belley.* . . . 341

Liste des auteurs que M. Gacon a cités dans son histoire. 343
Inventaire des joyaux d'or, vaisselle d'or et d'argent, etc., donnés par le duc de Bourgogne à Madame de Savoie, sa fille, en 1403. . . . 346
Tournoi fait à Carignan par le duc Philibert-le-Beau, en 1504. . . . 352
Laurent de Gorrevod, créé comte de Pontdevaux 358
Notice historique sur les chefs-lieux d'arrondissement et de canton du département de l'Ain 362
Errata et additions 398

FIN DE LA TABLE.

www.ingramcontent.com/pod-product-compliance
Lightning Source LLC
Chambersburg PA
CBHW051835230426
43671CB00008B/967